KB239991

김정일, 서울 핵공격하면 미국, 북한 말살공격한다

북핵 판도라 X파일

강석승

강석승(姜錫勝)

단국대학교 행정학과와 같은 대학원 행정학과를 졸업. 인하대학교 대학원에서 행정학박사 학위를 받았다. 서경대학교·인천대학교·경기대학교 겸임교수 역임. 통일원 상임연구위원, 북한문제연구소 연구위원, 통일부 통일교육원 연구개발과장, 통일부 정보분석본부 정세분석팀장을 역임했으며 현재는 통일부 사이버 교육과장으로 재직하고 있다. 지은책《북한학개론》《국제사회와 북한》《방위연감 2002》《북한총람》《북한대사전》, 옮긴책《로마제국쇠망사 (E. 기번)》, 근간《조선민주주의인민공화국쇠망사》 등이 있다.

김정일, 서울 핵공격하면 미국, 북한 말살공격한다

북핵 판도라 X파일

엮어지음 강석승

1판 발행/2008년 7월 15일

발행인 고정일

발행처 동서문화사

창업 1956. 12. 12. 등록 16-345(윤)

서울강남구신사동540-22 ☎ 546-0331~6 (FAX) 545-0331

www.epascal.co.kr

잘못 만들어진 책은 바꾸어 드립니다.

＊

이 책의 한국어 문장권 의장권 편집권은 저작권 법에 의해 보호받으므로
무단전재 무단복제 무단표절 할 수 없습니다.

＊

사업자등록번호 211-87-75330

ISBN 978-89-497-0484-5 03340

김정일, 서울 핵공격하면 미국, 북한 말살공격한다
북핵 판도라 X파일
차례

제3장
한국의 북한 핵전략
한국은 지금 당장 남북통일 할 생각이 없다

책머리에

북한핵 공격을 받으면 우리의 운명은 어찌될 것인가? 사느냐! 죽느냐! 이것이 문제가 아닐 수 없다. 항상 깨어나 긴장하며 살아갈 수밖에 없다. 지금 한반도의 주변 정황은 과거 어느 때보다도 다양하고도 긴박하다. 특히 지난 20여 년간 전 지구촌의 '뜨거운 감자'로 인식되어 왔던 북핵문제는, 우리나라는 물론이고 미국-일본-중국-러시아 등 한반도 주변4국에게, "완전하고도 검증 가능하며, 돌이킬 수 없는 방식으로 폐기해야 할 중대한 사안(事案)"으로 인식되어 왔다.

1945년 일본 히로시마 등에 투하된 원폭(原爆)은 그 '무시무시하고도 가공(可恐)할 만한 위력'을 유감없이 보여주었으며, 아직도 그 폐해와 후유증이 잔존하고 있다. 그런 만큼 북핵문제는 한반도는 물론, 동북아 전체에 미칠 영향이 심대한 것이 아닐 수 없다. 미-일-중-러는 이를 다른 어떤 국가보다 잘 알고 있고, 또 그 영향권 내에 직-간접적으로 편입되어 있기 때문에 그동안 북한 핵개발문제를 평화적으로 해결하기 위한 대책 마련에 부심해 왔다. 그 결과 탄생한 것이 2003년 8월에 태동한 '6자회담'이다.

즉 북핵문제는 1993년 3월 북한의 핵확산금지조약(NPT) 탈퇴선언과 국제원자력기구(IAEA) 핵사찰 거부 등 '벼랑끝 외교'(Brinksmanship Policy)를 통해, 미국과 직접 협상하여 '제네바합의'를 도출하는 등 한동안 순항(巡港)하는 듯했다. 그러나 2002년 부시대통령이 연두교서에서 북한을 이라크, 이란과 함께 '악의 축'을 이루는 국가로 규정하자, 북한은 이를 '선전포고'로 비난하면서 양국관계는 또다시 교착 국면에 빠졌고, 급기야 2003년 2월 북한이 NPT 탈퇴를 선언하면서 이른바 '제2핵위기'가 도래하였다. 이런 가운데 한반도 주변 4국을 중심으로 북핵문제를 해결하기 위한 '평화적 로드맵'으로 6자회담이 출범하였으며, 이 회담에서는 '9.19공동성명'(2005)과 이 공동성명 이행을 위한 초기 조치인 '2.13합의'(2007), '10.3합의' 등을 잇따라 도출함으로써 북핵문제 해결 실마리를 만들어냈던 것이다.

이럼에도 불구하고 북한이 한반도 비핵화를 위한 핵프로그램 신고 시한(2007.12.31)을 넘김에 따라 북핵문제는 다시 교착 국면에 빠지는 등 그야말로 수많은 우여곡절을 겪었다. 그러다가 지난 6월 북한이 뒤늦게 신고를 완료하고 영변의 냉각탑을 폭파함으로써 시각적 효과를 노렸지만 이것이 발전적 변화로 나타날지는 더 두고 볼 일이다.

바로 이런 시점에서 본인의 제자인 강석승박사가 24년여의 통일부에서의 실무경험을 토대로 「북핵 판도라 X파일」이라는 책자를 발간하게 되었다. 이를 본인에게 일독할 기회를 주어 며칠간 정독한 후 이 글을 쓰게 되었다. 본인 역시 십여 년간에 걸쳐 오스트리아에서 국제정치학을 연구하고 귀국한 후 학계에서 한동안 후학들을 가르쳤던 교수로서, 그리고 국회 '외무통일위원장'을 두 차례 역임하였던 국제정치학도이기에, 이 책의 내용은 매우 큰 관심을 불러일으키기에 충분하였다.

특히 지난 수십 년 동안 마치 '판도라 상자 속에 있는 X파일'처럼 베일에 가려져 있던 북한 핵의 실상은 우리나라 국민이라면 누구나 한번쯤 관심을 가져볼 만한, 아니 관심을 가져야 할 국가 안보와 직결되는 이슈가 되어 왔다. 따라서 이 책은 우리 모두의 '알고 싶어하는 욕구'를 충족시켜줄 수 있는 시의적절한 책이라 판단된다.

"도대체 북한은 핵을 얼마나 가지고 있는 것일까? 그 핵무기는 일본이나 미국이 두려워할 정도일까? 북한은 이 핵무기를 어디에 쓸 것인가? 동족인 우리나라를 향해 사용할 것인가? 그렇다면 우리나라를 비롯한 미국, 중국 등은 북한 핵무기에 대해 어떤 평가를 하고, 또 어떤 대책을 세우고 있는 것일까? 만약 북한 최고지도자인 김정일이 궁극적인 상황에서 핵무기를 사용한다면, 그 결과는 어떻게 나타날 것인가?"

이런 '꼬리에 꼬리를 물고 일어나는 의문들'에 대해 이 책자는 대단히 유익한 정보와 해답을 줄 것으로 보인다. 다만 북핵문제가 국가안보상의 문제나 자료상의 제한성 등 여러 현실적 한계 때문에 논의가 구체적이고 세부적이지 못한 점은 아쉬운 점으로 남지만, 이 책자가 적어도 북핵문제를 파악하는데는 어느 정도 궁금증을 풀어줄 수 있으리라 믿는다.

모쪼록 이 책자가 "민족 공멸(共滅)의 가공할 재앙을 가져오게 해서는 안된다"는 우리 국민 모두의 열망이자 명제(命題)인 북한핵문제 해결을 위한 참고 자료 내지 '알 권리를 충족시켜줄 수 있는 양식'으로 활용되기를 기대하는 간절한 마음으로 머리글에 가름하고자 한다.

2008년 7월 10일
국제외교안보포럼이사장(전 국회외무통일위원장) 김 현 옥

프롤로그
한반도 정세와 김정일 핵카드

지난 세기말부터 최근에 이르기까지 북한에서는 역사상 유
례없는 200만 명 이상의 아사자가 발생했다고 외신은 전하고
있으며, 금년에 들어 그 수는 계속 늘고 있다고 한다. 굶주림
을 참다못해 목숨을 걸고 탈북하다 중국군에 붙들려 개머리판
으로 맞으며 북에 끌려가 총살당하는 참사가 벌어진다. 이 처
참한 상황에서도 김정일은 세계 최고 와인인 로마네 콩티(1병
700만원)를 마시고 벤츠 승용차 200대를 충복들에게 나누어
주는가 하면, 엄청난 돈을 투입한 핵카드를 꺼내들고 한국을
압박하며 국제사회와 '벼랑 끝 흥정'을 벌이고 있다. 북한의
참혹한 실정을 그린 영화 '크로싱'(2008년 제작)을 본 박근혜
의원 등은 가슴 아픔을 참지 못해 눈물을 흘렸다고 한다. 국
민들이 연명하는 데 필요한 최소한의 끼니조차 해결 못하면
서, 이 무슨 참담한 오만인가! 참으로 분노를 금할 수 없다.

2005년 김정일은 드디어 핵무기보유사실을 선언함으로써 한
반도를 비롯 동북아시아지역에 극도의 긴장감을 불어넣었다.

이런 가운데 2006년 10월 9일에는, 북한이 전세계의 여망에
정면으로 반하는 핵실험을 강행하여 통산 세계 여덟 번째 핵
보유국이 되었다. 폭발의 규모가 작아 실험 그 자체는 실패했
다고 하지만, 적어도 실제로 폭발하는 핵폭탄을 북한이 손에
넣었다는 사실에는 변함이 없다.

2006년에 이어 또다시 강행되고 있는 일련의 북한 미사일 발

사는 세계를 뒤흔들었다. 국제사회는 북한에 제재를 가하며 핵 포기를 촉구하는 등 강경론으로 기우는 듯했다. 그러나 그 뒤의 흐름은 변화되는 추세이다. 부시 정권은 대북 강경파 대신 국무부 실무담당자를 기용하며 2007년에 들어서면서 BDA(방코델타아시아)의 금융제재를 해제하고, 북한과 협상을 통한 문제해결로 명백히 방침을 전환했다. 한국 노무현 정권도 남북정상회담을 여는 등, 뚜렷한 대북 융화자세를 보였다.

한편 북한도 태도를 갑자기 바꿔, 핵시설을 무력화함과 더불어 농축우라늄을 포함한 핵개발계획을 전면 신고하기로 합의했다. 마침내 김정일은 미국의 요청을 받아들여 '핵신고 문건'을 2008년 5월 8일 미국 측에 전달했으며, 6월 27일 북한 핵개발의 상징이던 영변 원자로용 냉각탑을 폭파하였다.

2008년 5월 14일 조선중앙방송은 김정일이 "현 시기 인민들의 식량문제를 해결하는 것보다 더 절박하고 중요한 일은 없다"고 말하였다고 보도하였다. 이런 김정일의 발언은, 북한 식량난이 더욱 악화되어 국민들이 굶어 죽는다는 전언이 들리고, 김정일의 '핵신고 문건'이 미국에 도착한 뒤 미국 측에서 식량 50만 톤을 지원키로 확정한 가운데 나온 것이다.

그러면 정말로 핵문제가 해결되고 위기가 걷히는 것일까? 김정일이 절대 핵을 포기하지 않을 것이라는 것이 미국의 핵 전문가들과 학자들의 일반적 의견이다.

북한의 '노동' 미사일은 약 200기가 배치된 것으로 보이는데, 핵탄두가 탑재되어 있을 가능성은 충분하다. 우라늄농축 시설도 비밀리에 가동하여 핵분열 물질이 증산되고 핵탄두나 미사일 개발·생산도 지속적 추진되고 있음이 틀림없다. 미사일 개발·생산·배치도 여전히 계속되고 있을 것이다. 2007년 군사 퍼레이드에서는 옛 소련에서 사용된 잠수함발사 탄도미사일 SSN-6의 개량형으로 보이는 신형 탄도미사일이 등장하였다. 잠재적 위협은 오히려 고조되고 있는 셈이다.

북한이 농축우라늄을 포함한 핵계획을 신고한다 하더라도 어디까지나 자율신고이다. 그 밖의 핵 관련 시설이나 핵무기 또는 그런 것을 배치한 핵미사일 기지 등의 존재의혹이 있어도 확인할 방법이 현재로서는 명확하지 않다. 북-미회담 미국 측 대표 힐 국무차관보도 IAEA(국제원자력기구) 등이 의혹시설에 대한 현장사찰을 자유롭게 수행할 수 있을지, 또 그것을 북한이 수용할지에 대해서 명확한 답변을 피하고 있다.

2008년 5월 북한이 핵무력화에 합의하였다는 영변의 핵 관련 시설은 1970년대 건설된 노후시설이며, 1990년대 중반의 잇따른 홍수로 원자로가 침수되어 가동이 어려울 만큼 피해를 입었다고 전해지고 있다. 어차피 해체 예정인 원자로나 핵시설을 공개하는 것이 무슨 실질적인 핵포기란 말인가? 한국과 미국, 일본 등의 자금과 기술로 노후화된 영변의 흑연 감속형 원자로를 해체하는 한편 그 보상으로 경수로 건설이나 중유, 쌀까지 무상지원 받으려는 것이 북한의 시나리오라는 게 대다수 전문가들의 의견이다.

국제사회는 엄연한 실수를 하고 있는 것일까? 어떻게 북한으로 하여금 핵 능력을 전면적으로 포기하도록 하고, 그것을 어떻게 검증할 것인가 하는 문제점에 대한 구체적인 해결책이 현재의 북-미회담에서는 엿보이지 않는다.

미국은 1990년대 중반 북한에 대규모 식량지원을 했다. 그러나 식량을 국민들에게 배분하지 않고 군수용으로 전용했다는 판단 아래 2005년 식량지원을 완전히 중단하였다.

이번에 미국이 식량지원을 재개하기로 한 것은, 북한 식량 난이 심각한 데다 북한 측이 식량분배의 투명성을 제고하겠다고 약속한 데 따른 것이다. 이보다 앞서 부시 대통령과 이명박 대통령은 한-미정상회담에서 북한이 식량분배의 투명성만 담보할 수 있다면 인도적 차원에서 식량을 보내는 것이 좋겠다고 논의하였다.

지난 10년 동안 김대중 정권과 노무현 정권은 북한의 군사도발 억제 또는 인도적 지원 등의 명분으로 많은 자금과 비료, 식량 등을 북한 측에 지원하였다. 그러나 북한이 이를 핵개발과 선군강화에 전용한 흔적이 발견되었다.

온 세계에서 유례를 찾아볼 수 없는 부자세습 독재국가 북한은 지금 핵개발로 인해 세계에서 완전히 고립되었으며, 설상가상으로 한국에 새 정부가 들어서면서 대북지원 조건을 '핵폐기'와 연계시켜 더 이상 핵카드의 효용가치가 무산되려 하자 더욱 다급해하고 있다. 이에 따라 서울을 '불바다'로 만들어버리겠다는 공갈이 이제 핵무기로 '잿더미'를 만들어버리겠다는 협박으로 변하고 있다.

이 책은 2008년에 들어서 급박하게 돌아가는 한반도 정세 변화 속에서, 북한 핵문제에 따른 한국·미국·중국·러시아·일본 등의 전략을 다각적 분석하여 진정한 한반도 평화구축을 모색하고자 펴내는 것이며, 아울러 김정일체제가 붕괴되었을 때의 상황을 가상(假想)하여 나름대로의 시나리오를 전개해 본 것이다. 모쪼록 이 책이 한반도 주변정세, 특히 김정일체제의 속성을 이해하고, 그토록 갈구하는 한반도 평화정착에 필요한 참고자료로 활용되기를 바라는 마음 간절하다.

2008년 7월 7일 엮어 지은이

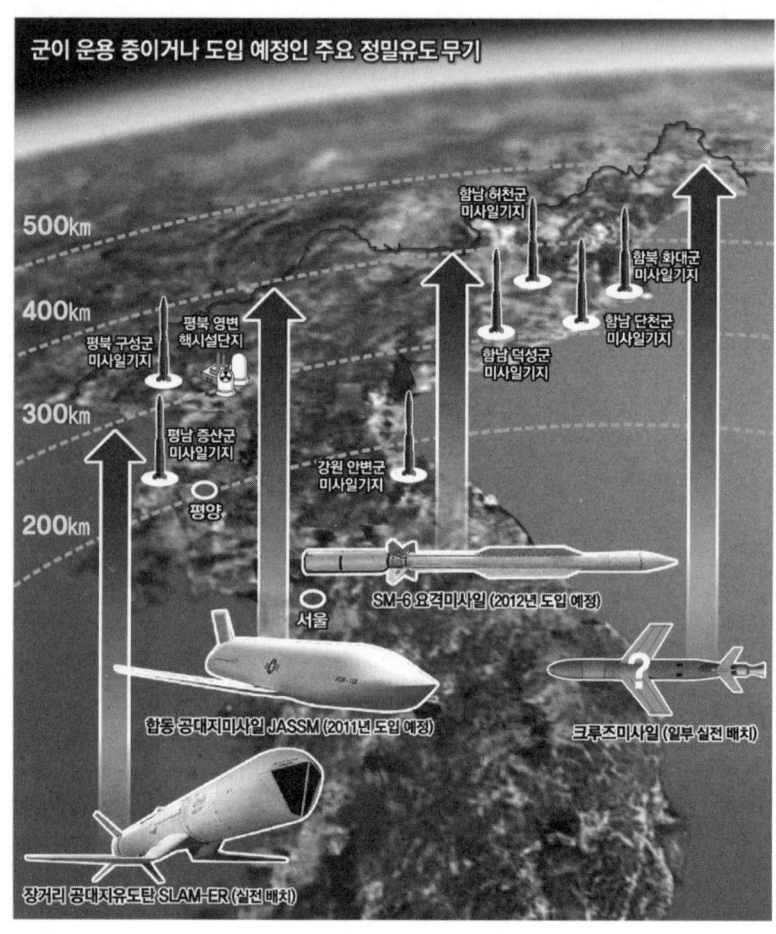

군이 운용 중이거나 도입 예정인 주요 정밀유도 무기

- 500km
- 400km
- 300km
- 200km

평북 구성군 미사일기지
평북 영변 핵시설단지
평남 증산군 미사일기지
평양
강원 안변군 미사일기지
서울
함남 덕성군 미사일기지
함남 허천군 미사일기지
함남 단천군 미사일기지
함북 화대군 미사일기지

SM-6 요격미사일 (2012년 도입 예정)
합동 공대지미사일 JASSM (2011년 도입 예정)
크루즈미사일 (일부 실전 배치)
장거리 공대지유도탄 SLAM-ER (실전 배치)

18 북핵 판도라 X파일

제1장
한반도 핵위기 상황
한반도 전쟁이 일어나면, 김정일 정권은 붕괴된다

2010년 북한전역 족집게 타격

2006년 북한의 미사일 발사와 핵실험 이후 한국군은 하늘과 땅, 바다에서 핵시설 등 북한의 핵심 목표물을 5~10미터 오차로 파괴할 수 있는 정밀유도무기의 확보에 주력했고 상당한 결실을 거뒀다.

공군은 F-15K 전투기에 탑재되는 사거리 270여 킬로미터의 장거리 공대지 유도탄(SLAM-ER) 수백 기를 실전배치했다. 이 미사일은 2006년 미국 현지에서 진행된 시험발사에서 목표물을 몇 미터 오차로 파괴해 군 당국을 놀라게 했다.

2011년까지 SLAM-ER보다 사거리가 100킬로미터 이상 길고 적 레이더 회피능력까지 갖춘 합동 공대지 미사일(JASSM)이 도입되면 유사시 서울 상공에서 함북지역의 '노동'과 '대포동' 미사일 기지를 직접 타격할 수 있는 능력을 갖게 된다.

또 2010년까지 900여 발이 도입되는 합동정밀직격탄(JDAM)도 유사시 공군 전투기에서 발사돼 수도권 최대의 위협인 휴전선 일대 북한의 야포를 '족집게 타격'할 수 있다.

한국 육군의 경우 지난해 사거리 500킬로미터의 크루즈(순항)미사일인 '천룡' 수십 기를 실전배치한 데 이어 몇 년 안으로 사거리 1,000킬로미터의 크루즈미사일도 개발해 실전배치할 것으로 알려졌다. 한국군 당국은 2006년 말 사거리 1,000킬로미터급 크루즈미사일의 시험발사를 성공한 바 있다.

크루즈미사일은 적 레이더망을 피해 100미터 안팎의 저고도로 비행할 수 있고, 자체 장착된 카메라로 촬영한 지형과 사전 입력된 지형데이터를 비교해 목표물을 정확히 찾아내 타격할 수 있다.

한국은 2001년 가입한 미사일기술통제체제(MTCR)에 따라 사거리 300킬로미터 이상의 탄도미사일을 개발할 수 없지만, 크루즈미사일은 탄두중량이 500킬로그램만 넘지 않으면 사거리에 제한이 없다.

한국 해군도 2012년쯤 SM-6 함대공 미사일을 도입해 한국형 이지스함인 세종대왕함에 탑재할 계획이다. 현재 세종대왕함에 탑재된 SM-2 미사일은 사거리가 148킬로미터에 불과하지만 SM-6 함대공 미사일은 사거리가 400킬로미터에 달해 북한의 탄도미사일을 발사초기에 격추할 수 있다.

한국군 관계자는 "한국군이 2010년대 초반이면 북한 전역의 군사목표물에 대한 완벽한 정밀타격 능력을 갖출 것으로 예상된다"며 "한국군의 전력이 21세기 첨단장비로 '업그레이드'되는 전기가 될 것"이라고 말했다.

한-미연합군에 의한 대북한 군사작전
한-미연합군에 의한 대북한 군사작전은 'Operation Plan (OPLAN)-5027'이라고 불린다.

'OPLAN-5027'의 'OPLAN'은 미 국방부(펜타곤)가 제2차 세계대전 이후, 분쟁이 일어날 가능성을 생각하여 작성한 주요 군사작전이다.

　50은 아시아지역, 27은 아시아에서 27번째로 작성된 군사작전이라는 의미이다. 다시 말해 아시아에서 일어난 분쟁에 대처하기 위한 작전 가운데, 한반도는 27번째에 해당한다는 의미이다. 이것은 펜타곤에 의해 1974년에 작성되었으며, 김일성에 의한 휴전선에서의 잦은 분쟁이 계기가 되었다. 북한에는 김일성이 이끄는 군사공산정권이 존재했음에도 불구하고 그 군사작전 작성이 늦어진 데에는 이유가 있다. 그것은 제2차 세계대전이 끝나고 얼마 지나지 않은 1950년에 한국전쟁이 일어났고, 1953년에 휴전협정이 발효되었다는 점, 바로 한국전쟁에서의 군사적 작전경험을 이미 충분히 쌓았다는 것이다. 그리고 한국전쟁이 일어난 후 지난 20년 동안 '한반도 유사시(有事時)'의 가능성이 낮게 평가되었기 때문이다. 하지만 베트남전쟁에서 미국이 패배함에 따라 북한내에는 "미군, 겁낼 것 없다"라는 분위기가 고조되어 김일성에 의해 때때로 휴전선에서 작은 충돌이 일어났다. 이것이 한반도 유사시 한-미연합군에 의한 대북한 군사작전 'OPLAN-5027'이 작성된 계기다.

　그 뒤, 'OPLAN-5027'은 한반도에서 불온한 움직임이 일어날 때마다 개정되어 왔다. 그 때문에 첫 작전계획은 'OPLAN-5027-74'라고 한다. 74란, 1974년에 작성된 작전을 나타낸다. 그 뒤 1994년에 작전이 개정되었다. 1994년은 처음으로 북한의 핵의혹이 부상하여 미군의 대북한선제공격이 검토된 해다. 'OPLAN-5027'은 1996년, 1998년, 2000년, 2002년, 2004년으로, 2년마다 개정되어 한반도정세가 절박할 정도로 커다란 군사적 변화를 맞이하고 있음을 나타낸다.

'OPLAN-5027'은 한-미연합군에 의한 기본적인 전쟁계획이다. 이 계획하에서 미 정부는 한국이 외부의 적에게 공격당했을 경우 군사부대에 대한 증강을 계획한다. 증강되는 미군이 전장인 한반도에 도착하는 데 필요한 시간이나 병력이 면밀하게 계산되어 있다. 12시간에서 2주간이면 주력부대는 전투에 참가하게 된다. 다른 증원부대나 보급부대 등도, 1개월 정도면 한국군과 합류할 수 있게 된다.

북한군은 일반적 무기만으로도 서울을 함락시킬 수 있다고 장담하고 있다. 북한군은 휴전선을 중심으로 하여 즉각적인 전선을 구축할 것이다. 그러나 북한이 서울을 함락시킨 후에 공격을 계속할지, 또는 남쪽으로 진군을 계속할지에 대해서는 의문시되고 있다.

왜냐하면 한국군과 미군이 반격을 가하며 제공권을 장악하고 북한의 지상부대를 파멸시킬 가능성이 높기 때문이다. 미군은 한반도에 끊임없이 원군을 보내어 북한군이 진군하면서 탈취한 남부의 요충지를 재탈환하며 북한 측에 공격을 가하게 될 것이다. 북한군은 서울이나 휴전선을 확보하기 위해 핵탄두나 화학무기, 생물무기를 탑재한 장거리미사일을 사용하지는 못할 것이다. 만일 그런 무기를 사용한다면 미군은 본격적인 전쟁에 돌입, 북한군을 공략하면서 핵무기로 대응하게 될 것이 예상되기 때문이다.

그러므로 이 전쟁에서 북한이 핵무기를 사용한다면 바로 그 시점에서 북한의 패배가 결정된다. 평양은 전쟁을 시작할 수는 있으나, 그 후는 북한이라는 국가가 지구상에서 사라질 때까지 전쟁은 계속될 것이다.

북한은 500기 이상의 장거리포로 서울을 공격할 것이다. 240밀리 다연장(多連裝)로켓이나 170밀리 포 등은 장거리사 정화포이다. 북한군은 이들 로켓포를 휴전선 가까이에 배치하여 서울을 사정거리에 두었다. 전쟁이 일어난다면 그것은 파멸적인 공격이 될 것이다. 북한군이 보유하고 있는 로켓포가 대부분 구식이라고는 하나, 그것들이 일제히 불을 뿜는다면 1시간에 50만 발 이상의 포탄이 한-미연합군의 머리 위로 쏟아지게 된다.

북한군은 전쟁초기 진격작전으로 서울기습 공격에 성공하여 미군의 지원부대가 한반도에 도착하기도 전에 한국의 일부분, 또는 대부분을 점령하게 될 것이다. 북한의 지상군 110여 만명은 170여 개 사단·여단으로 편성되어, 보병·포병·전차·기계화 각 부대와 특수부대로 구성되어 있다. 그 가운데 60여개 사단·여단이 평양 이남에 배치되어 있으며 공격부대의 대부분은 휴전선 부근에 배치되었다. 그것은 전체 기동부대의 70% 정도이다.

그것은 70여 만 명의 병력과 8,000여 기의 로켓포, 2,000여량의 전차 등 기갑전력이 4킬로미터 폭으로 243킬로미터 길이에 걸친 휴전선(DMZ)으로부터 약 160킬로미터 이내에 배치되어 있는 것이다. 그들 부대는 4,000미터 이상의 지하시설에 숨어 있어, '전투개시'가 되면 순식간에 지하에서 전투태세로 변환할 수 있도록 훈련되어 있다. 이것은 북한군이 그럴 마음만 먹으면 배치전환 없이, 지원군을 기다리는 일도 없이, 언제 어느 때라도 한국으로의 기습작전을 실행할 수 있음을 의미한다.

북한 해군은 430여 척의 공격함과 90여 척의 잠수함의 약

60%를 한국에 가까운 전선기지에 배치했다. 거기에 전투기 790여 기의 거의 40%가 전선에 배치되어 북한 공군은 매우 짧은 시간에 한국을 기습공격할 수 있다.

서울을 중심으로 640킬로미터 이내에 한국 인구의 약 40%가 집중해 있어 서울 공방은 전쟁의 커다란 고비가 된다. 서울로의 침략 행로로 서울 북방은 논이 펼쳐져 있어 자동차 등으로의 이동에는 적합하지 않아 기동성이 높지 않다. 서울 동북은 해안선에서 멀어서 한-미연합군의 경비도 약하지만 가파른 산이 막아서 있어 서울까지 이르기에는 시간이 걸린다.

그 점에서 서울 서방은 곧바로 해안선으로, 좁기는 하지만 평지가 펼쳐져 있어 북한군에게는 알맞은 공략 행로이다. 이 때문에 처음 전쟁이 시작되었을 때의 주된 전장은 서울 서방이 될 것이다. 북한군은 해로나 육로에서 서울공략을 노릴 것이 틀림없다. 그리고 한강을 건너 서울로 덤벼들 것이다. 한강은 겨울에는 얼어붙지만, 자동차나 전차가 건널 수 있을 만큼은 얼음이 두껍지 않기 때문에 한-미연합군은 1950년의 한국전쟁 때처럼 한강의 대교들을 폭파하여 북한군의 침공을 막게 될 것이다.

한-미연합군의 작전계획은 산지가 많은 한반도의 지형을 고려하면서 북한에 군사적인 위협을 가하는 것이다. 한반도는 기동력을 최대한 활용할 수 있는 지상전과 맹렬한 공중폭격을 행하기에는 적합하지 않은 지형이다. 그럼에도 북한군은 병력을 집중시켜 국지적으로 한-미연합군을 정면 돌파하려 할 것이다. 그렇게 되면 병력이 매우 좁은 지역에 집중해야 하고, 좁은 곳에 북한군이 몰리게 되는 형태가 된다. 그때 미군은 공군력을 집결시켜 북한의 지상군을 파멸시키는 작전을 생각하고 있다. 이런 의미에서 '제2차 한국전쟁'은 1950년의 전쟁과는 전혀 다른 양상을 띠게 될 것이다.

적극 공격전략으로 전환

2000년 12월 4일 발표된 한국의 〈국방백서〉에서 한반도 유사시 미군은 한국방위를 위해 69만 명의 병력을 더 파견할 계획임이 밝혀졌다. 〈국방백서〉는 한반도의 군사정세나 안전보장정책을 개괄한 것으로 한반도에서 전면적인 무력충돌이 일어나면 미군은 이미 한국에 주둔하고 있는 주한미군 3만 명 및 한국군 65만 명을 지원하기 위해 육·해·공 3군 및 해병대 69만 명을 추가투입하게 된다.

한반도에 파견되는 미군은 육군 몇 개 사단, 항공모함 전투군 몇 개, 해병대 원정군 몇 개로 이루어지고, 미군은 해군병력의 40%, 공군병력의 50%, 해병대병력의 70%를 한국방위전에 투입한다. 이 중에는 오키나와에 주둔하는 미 해병대도 포함되어 있다. 〈국방백서〉는 '미국은 단연코 한국을 지킬 결의다'라고 강조하고 북한을 '주적(主敵)'으로 규정한다.

〈국방백서〉의 분석에 의하면 북한 병력은 117만 명으로 세계 제5위의 규모다. 북한은 26개 사단, 약 100만 명으로 중국에 이어 세계 제2의 육군병력을 자랑한다. 해군은 약 730척의 함정을 보유하고 있으나 미사일 고속정 등의 소형함정이 주력이다. 이 밖에 특수부대가 사용하는 잠입용 소형잠수함 약 60척이나 양륙정 약 30척 등도 보유하고 있다. 공군이 보유하는 작전기 약 610기도 '미그-29'나 '스호이-25' 등 일부 제4세대기를 제외하면 대부분은 중국이나 옛소련의 낡은 전투기에 지나지 않는다.

북한군은 최근 몇 년 동안 화력의 증강에 힘써, 거의 같은 수준의 화력을 가진 화포·다연장로켓포 등을 1,000문 정도 증가시킨 것으로 보인다. 여기에 북한군은 미사일사령부문을 신설하는 한편 옛소련제 '스커드B' 미사일을 개량한 사정거리 500킬로미터의 '스커드C' 미사일을 제조·배치, 사정거리 1,300킬로미터의 '노동1호'도 배치하고 있다. 또한 사정거리 2,500킬로미터의 '대포동1호'에 이어 6,700킬로미터의 '대포동2호'도 개발하고 있다. 〈국방백서〉는 핵무기급의 플루토늄 10~14킬로그램을 이미 추출한 가능성이 있다고 보고 있다.

북한군의 증강에 따라, 미군은 1990년대 초반에 한반도 지원 병력수를 48만 명에서 1990년대 중엽에는 63만 명으로 증파, 거기에 2000년에는 한반도에서 전쟁이 일어나면 90일 이내에 병력 69만 명, 160척의 해군군함과 1,600기의 공군기를 한반도에 배치한다는 임전태세를 갖추고 있다.

이것은 미군의 새로운 군사독트린인 '2정면전략'에 따르고 있다. 미군은 두 개의 지역에서 동시에 전쟁을 수행할 능력을 갖는다는 것으로, 구체적으로는 중동의 이라크와 동아시아의 한반도이다. 미국이 두 개의 위기에 동시에 대처하고 승리하는 '2분쟁 동시대처전략'을 검토하여 완성시킨 것은 1993년 9월이다. 당시 레스 애스핀 미 국방장관은 그때, 대응해야 할 냉전 후의 위협의 필두에 '대량살상무기(WMD) 확산'을 꼽았다.

그로부터 10년 이상이나 지난 지금, 사담 후세인 이라크 정권의 붕괴로 중동의 위협은 제거되었으나 여전히 동아시아에 있어서는 '북한위기'가 남겨져 있다. 현재의 북한정세를 고려하면 미군에 의한 한반도 유사시를 상정한 군사작전이 현실이 될 가능성은 적지 않다.

2001년 9월 11일의 미국 동시다발테러 이후 미군의 군사작전은 많은 변화를 맞게 되었다. 당연히 OPLAN-5027도 대폭 개정되었다. 새롭게 부가된 것이라면 한반도에서 전쟁이 일어나면, 미군은 "김정일 정권을 붕괴시킨다"는 것이다.

2002년 럼스펠드 미 국방장관은 북한의 대량살상무기를 파괴하기 위한 군사작전에 관하여 브리핑을 행했다. 그때 이 군사작전에는 미군에 의한 선제공격이 포함되어 있음을 분명히 했다. 그것도 미군의 동맹국인 한국측에 사전 통보 없이 선제공격을 실행할 가능성도 있다는 내용이었다.

그렇다면 선제공격을 결정하는 자는 누구인가? 미 정부의 주요 각료인 국방장관·국무장관·주한미군 등을 총괄하는 미태평양군사령관과 같은 극소수의 미 정부와 군 간부이다.

미 국방부는 2003년 'OPLAN-5027-02'를 다시금 대폭 수정했다. 개정된 것은 지금까지의 'OPLAN-5027'에서는 미군의 지원부대가 도착할 때까지 한-미연합군은 북한군의 공격을 막아내야 하는 방어를 강요받아 왔다.

하지만 새로운 군사작전에서는 그때그때의 상황에 따라 공격을 할 수 있게 되었다. 공격이나 응전을 할 수 있을 뿐 아니라, 보유세력으로 적의 주력군을 집중공격하거나 미사일공격을 하여 파멸적인 손상을 줄 수 있게 되었다.

초기공격에서 평양제압에 이르는 과정은 다음 4단계로 분류된다.

① 군사분계선에 집결되어 있는 북한군 부대와 북한영내의 군사적 요충지에 대한 집중공격,

② 북한영내의 군사기지나 핵시설 등 주요시설파괴를 위한 집중공습,

③ 한국군과 주한미군, 오키나와 주둔 해병대 등의 해상부대 투입,

④ 평양제압 순이다.

공격의 제1단계는, 전투기에 의한 북한의 군사시설에 대한 집중공략이다. 북한은 GNP(국민총생산)의 30% 이상이 군사비로 쓰이고 있으며, 국민 100명 중 4명이 군인으로 현역 병력은 약 110만 명이다. 그 병력의 대부분이 휴전선의 반경 64킬로미터 지점 이내에 배치되어 있으며, 8,400개 이상의 포와 2,400개의 로켓발사대 등이 이 지역에 집중되어 있다.

또한 북한은 군사분계선 아래에 40개 이상의 땅굴을 파놓고 있으며, 이것은 매우 큰 군사적 위협이 되고 있다. 이 다수의 땅굴은 북한이 특수부대를 앞세워 침입을 전개하거나, 또는 한국기습공격 등의 비밀기지로 쓰일 위험성이 높다. 때문에 초기공격에서 군사분계선에 배치되어 있는 군사력에 대해, 얼마나 큰 타격을 줄 수 있는가가 그 후의 전투에 큰 영향을 주게 될 것이다.

집중공격에서는 로켓발사대와 화포기지, 땅굴 근처에 설치된 군사기지 등을 집중적으로 파괴한다. 더구나 북한영내의 로켓기지나 핵개발공장 등도 집중공격의 대상이 된다.

다음으로 북한영내의 주요군사기지나 핵시설 등을 파괴하기 위한 집중공습이 이루어진다. 이것은 전투개시로부터 24시간 이내에 행해지며, B-52폭격기 등이 출동한다. 더구나 북한군이 해안선을 따라 한국영내로 침입할 경우를 생각하여, '인디펜던스'나 '키티호크' 등의 항공모함이나 연해부의 잠수함으로부터의 공격도 실행된다. 이런 폭격은 약 1주일 정도 이루어질 예정이나, 북한군에 준 손상이 적을 경우 장기화될 가능성

도 있다.

　한편 지상에서는 한국군과 주한미군이 군사분계선을 따라 방어선을 구축하여 북한군과 백병전을 거듭하게 된다. 그러나 공중에서의 공격이 끝난 단계에서 지상군은 북한영내로 진격하게 된다.

　한국군은 67만 명, 주한미군은 3만 5천 명 이상으로 이외에도 오키나와 주둔 해병대 등 미군기지에 주둔하고 있는 미군의 약 4만 명 이상이 투입된다. 캘리포니아 등의 미 본토 기지에서도 지원군이 속속 전투에 참가하게 된다. 특히 북한은 동서가 바다에 면해 있기 때문에 공격할 경우, 군사분계선을 넘어 공격하는 것 이외에도 해안선으로부터의 북한영내로의 상륙이 가능하다. 일찍이 있었던 한국전쟁에서도 미군은 수륙양용작전을 펼쳤었다.

　공격이 순조롭게 진행되면 총력전으로 한-미 양군에 의한 평양제압작전이 펼쳐진다. 이 작전이 실행될 쯤이면 평양은 공중폭격에 의해 폐허가 되어 있을 가능성이 높다. 하지만 평양의 땅 깊숙이 지하기지가 건설되어 있어 그 안에서 보병이나 화기 등의 무기를 포함한 일단의 군사력이 남아 있을 것도 고려되고 있다. 그런 만큼 신중한 작전전개가 요구된다.

　미 국방부의 시뮬레이션에 의하면 약 2개월 정도에 한-미 양군의 승리로 끝이 난다. 북한군과 한국군은 수적으로 2대 1의 비율이지만 한-미 양군의 군장비가 압도적으로 우수할 뿐 아니라, 공군력에서 북한을 압도하는 미군의 지원이 크기 때문이다. 그러나 만일 전쟁이 일어난다면, 북한의 스커드미사일에 의해 서울 시민은 수만 명, 미군에는 지원군을 포함한 5만 명 이상의 사상자가 나올 것으로 예상되고 있다. 전투가

장기화될 경우, 희생자는 민간인을 포함하여 수십만 명에 이를 것이다.

북한 장사정포 사정권내 서울의 대응전략

1994년 북한의 한 회담대표가 이른바 '서울 불바다' 발언으로 논란의 초점으로 떠오른 이래, 광화문에서 직선거리 40킬로미터 내외에 불과한 휴전선 일대의 북한 장사정포가 서울을 불안하게 만드는 주요 군사위협으로 자리매김했음은 주지의 사실이다. 총 1,100문으로 추산되는 서부전선의 장사정포 가운데 서울을 사거리 안에 둔 것은 170㎜ 자주포와 240㎜ 방사포를 주축으로 한다. 2004년까지 170㎜ 자주포가 100문, 240㎜ 방사포가 200문으로 알려졌지만, 최근 군 정보당국은 170㎜ 자주포가 150문으로 늘어 총 350문이 서울지역을 사거리 안에 둔다고 판단을 조정한 것으로 전해진다.

이들 장사정포는 전쟁이 일어날 경우 서부전선의 한-미연합군 전력은 물론 서울의 주요 국가시설을 타격할 수 있다는 점에서 그 위협이 자못 심각하다. 워낙 숫자가 많아 짧은 시간 안에 막대한 피해를 줄 수 있다. 이들이 서울 시가지를 타격할 경우 한국 측 전쟁지도부나 시민들에게 끼칠 공포효과가 엄청날 것이라는 데는 이견이 없다. 개전 초기 1~2시간의 장사정포 집중사격으로 한-미연합군 전력이 타격을 입을 경우 피해 규모가 문제가 아니라 전쟁의 승패 자체를 가리는 변수가 될지도 모른다는 우려가 나온 이유다.

이런 심각성 때문에 한반도에서 전쟁이 일어날 경우 그 작전을 지휘해야 하는 한-미연합사는 장사정포 논란이 불거지기 시작한 1993년부터 '지상구성군사령부(지구사) 대화력전수행본부'를 설치해 운영했다. 미 제2사단에서 운영한 지구사 대화력전수행본부는 한강 이북에 있는 미군 포병화력과 한국군 군단의 화력을 종합적으로 통제하는 것이 주목적이었다. 개전 초기 북한의 장사정포 공격에 대해 그때그때 가장 효율적인 대응수단을 골라 가장 빠른 시간 내에 무력화하는 것이다. 이를 위해 각 군단과 부대가 보유한 탐지·타격자산을 수행본부가 최우선순위로 동원할 수 있는 권한을 부여했다.

그러나 미 제2사단의 철수를 포함한 주한미군 감축계획과 맞물려 지구사 대화력전수행본부는 2005년 한국군이 그 임무를 인수하게 되었다. 이른바 '10대 임무전환'의 핵심이었던 대화력전 임무인수를 앞두고 과연 한국군이 이를 수행할 능력이 있는지에 대해 논란이 벌어졌고, 이 때문에 다른 임무와 달리 대화력전 임무는 2004년부터 몇 차례의 합동훈련 끝에 임무인수일자를 확정할 정도로 난항을 겪었다.

우여곡절 끝에 2005년 10월 휴전선 서부지역을 관할하는 제3군사령부에 지구사 대화력전수행본부가 설치되어 임무인수가 완료되었다. 2010년 무렵 제3군사령부와 제1군사령부가 지상군작전사령부(지작사)로 통합되면, 수행본부 임무도 당연히 지작사가 수행하게 된다. 2005년 임무인수를 즈음해 국방부와 합동참모본부·육군 등은 '난제를 매우 성공적으로 끝마쳤다'고 자평했다. 미군이 수행하는 대화력전과 한국군이 인수한 후 대화력전 사이에 능력이나 대비태세에 아무런 차이가 없을 것이라는 자신감이었다.

실제로 지구사 대화력전수행본부의 체계나 작동방식은 2005년 10월 이전과 이후에 별 차이가 없다. 제1·5·6군단 등 제3군사령부 예하 주요 정찰수단이나 타격자산 가운데 필요한 부분을 수행본부가 사용할 수 있도록 최우선순위를 부여하는 방식이다. 물론 대화력전을 수행본부만이 담당하는 것은 아니다. 수행본부가 사용하지 않는 화력은 각 군단장이 자신의 작전판단에 따라 군단 차원에서 지역별로 활용할 수 있고, 이런 '군단 대화력전'의 효율화를 위해 군단별로 수행본부를 만들어 훈련하는 등 많은 노력을 기울여 왔다.

지구사 대화력전이든 군단 대화력전이든 구성은 똑같다. 무인정찰기(UAV)나 특공조 등을 통해 북한군 포병진지 동향을 확인해 공격징후가 명확한 경우 한국군의 K-9 자주포나 MLRS(다연장로켓탄) 등으로 이를 격파하는 '공세적 대화력전'과, 북한군이 포를 발사했을 때 그 궤적을 TPQ-36/37레이더로 역추적해 포의 위치를 찾아내 타격하는 '대응적 대화력전'이다. 이를 위해 사전에 어떤 진지를 공격할 것인지 설정해 그 대응방법을 '결정'하고, 정찰수단으로 동향을 '탐지'하며, 화포나 공군력으로 이를 '타격'한 다음, 최종적으로 그 결과를 '평가'하는 4단계가 기본적인 처리절차다. 작전을 수행하는 도중에 미처 알지 못했던 새로운 표적이 등장하는 경우에는 이런 처리절차를 실시간으로 진행해 될 수 있는 대로 빨리 무력화하는 것이 핵심이다.

눈여겨볼 것은 바로 이 '실시간 처리'다. 지구사 대화력전수행본부가 존재하는 이유라고 해도 과언이 아닌 것이다. 정찰기 등에서 수집한 정보를 종합적으로 검토하고, 한-미연합군이 보유한 대응자산 전체에서 어떤 것을 동원하는 것이 가장 적절한지를 선택하고, 그 타깃의 좌표를 내려보내 사격명령을 내리는 일을 중앙에서 일괄적으로 처리하는 개념이다. 각 군단이 이를 개별적으로 판단해 수행하는 것보다 훨씬 빠르고 효율적으로 진행할 수 있다는 취지에서 지구사수행본부를 운영하는 것이다. 한 마디로 '두뇌'기능이다.

앞서 얘기한 것처럼 북한 장사정포는 그 압도적인 수량이 위력적이므로 대응속도와 시간이 대화력전 성패의 관건이 된다. '1초라도 빠르게'라는 말이 과장일 수 없다. 따라서 대화력전을 구성하는 세 부분, 즉 두뇌에 해당하는 수행본부와 눈에 해당하는 정찰자산, 주먹에 해당하는 타격자산이 얼마나 실시간으로 연동되어 있는지가 매우 중요한 문제가 된다. 매끄럽게 연결돼 있는 경우에는 장사정포가 많은 포탄을 날리기 전에 제압할 수 있지만, 연결에 시간이 많이 걸린다면 대응속도도 떨어질 수밖에 없고 예상피해도 기하급수적으로 커지기 때문이다. 눈과 뇌, 뇌와 주먹을 연결하는 신경망에 해당하는 C4I(전술지휘통제체계)가 중요할 수밖에 없는 이유다.

이 때문에 2005년 10월 이전 수행본부를 운영하던 미 제2사단은 ADOCS(자동화종심작전협조체계)라는 C4I체계를 운용했다. 이를 통해 정찰위성과 U2기 등 한반도 전역을 감시하는 탐지자산이 수집한 장사정포의 동향과 미 제2사단이 자체적으로 운용하는 무인정찰기, TPQ-36/37레이더가 확인한 관련정보를 실시간으로 한데 모으는 것이다.

또한 ADOCS는 미 제2사단 예하 포병연대가 보유한 MLRS 30여 문과 팔라딘 자주포 30여 문으로 연결되어 있었다. 정찰기가 새로운 목표물을 확인하면서 ADOCS가 가장 적합한 타격방식을 자동으로 선정해 해당 포대에 타깃좌표까지 단번에 보내주는 방식이다. ADOCS에서 사격명령을 받은 미군 포병여단은 AFATDS(첨단야전포병전술자료체계)라는 C4I체계를 통해 어떤 포에서 어떤 포탄을 발사할지, 그 결과는 어떤지 확인하는 과정을 자동으로 수행한다. 극단적으로 말하자면 사람이 할 일이 별로 없는 수준의 자동화를 바탕으로 미군의 대화력전은 탐지부터 격파까지 2~3분이 걸리는 것을 목표로 시행되었다.

그러나 이런 C4I 연결은 미군끼리만의 이야기였다. 한국군이 운용하는 탐지자산과 타격자산은 ADOCS에 연결되어 있지 않고, 한국군 포병화력은 AFATDS와 연동되지 않기 때문에 별도의 연락반을 배치하고 유무선통신으로 좌표를 '부르는' 방식이었다. 연결이 자동화되지 않은 상태이다 보니 격파하기까지의 시간은 상당부분 지연될 수밖에 없었다.

2004년 10월 국회 국정감사에서 윤광웅 당시 국방부장관은 "북한 장사정포가 구체적인 포격 움직임을 보일 경우 240㎜ 방사포는 6분, 170㎜ 자주포는 11분 이내에 격파가 가능하다"고 발언한 바 있다. 통신병이 좌표를 부르거나 단말기에 일일이 입력했기 때문에 자동화된 미국과 엄청난 차이가 있을 수밖에 없었던 것이다.

앞서도 말했듯 군 당국은 그동안 수행본부가 한국에 인수된 이후에도 대응능력이나 대비태세에 전혀 변화가 없다고 강조해 왔다. 탐지자산을 운용하는 미군부대는 그대로 한국에 남아 수행본부에 정보를 제공하고, 장기적으로 MLRS 등 타격자산의 운용부대가 철수한다 해도 장비 자체는 대여 형태로 한국군이 인수할 가능성이 커서 대응화력의 규모에는 큰 문제가 없다는 이야기였다. 여기에 한국군이 최근 수년간 TPQ-36/37레이더와 MLRS를 꾸준히 늘려 왔기에 전체적인 대화력전 전력 규모는 오히려 증가한다고 설명하기도 했다.

그러나 눈과 주먹은 그대로일지 모르지만 두뇌와 신경망의 경우는 이야기가 다르다. 2004년 10월 대화력전 임무 인수가 결정된 이래 미국측이 과연 ADOCS나 AFATDS를 한국군에 넘겨줄 수 있는가는 '알 만한 사람들 사이에서' 초미의 관심사였다고 당국자들은 전한다. 대화력전이 결국은 C4I의 문제라는 사실을 감안하면 이들 C4I체계와 관련 임베디드 소프트웨어의 이전 여부에 시선이 집중될 수밖에 없었다는 것이다.

2005년 한 해 동안 진행된 양측의 관련협상에서 최종적으로 이는 불가능한 것으로 결론이 났다. 우선은 미국측이 자신들의 고유한 C4I체계를 한국측에 통째로 넘겨주는 것을 원치 않았고, 한국측으로서도 기술적으로 한국군 전체의 C4I체계와는 다른 미군측 체계를 이전받아 예하부대에 연결하는 것이 불가능에 가까운 작업으로 결론났기 때문이었다. 남아 있는 미군 자산과 한국군이 담당하게 된 수행본부의 연결을 위해 이동형 ADOCS 몇 세트를 한국측에 대여해 JADOCS(합동자동화종심작전협조체계)로 만들고 연락반 등의 형태로 활용하는 타협안으로 결론지어졌다는 후문이다.

한국군이 대화력전수행본부를 인수한 이후 대응화력의 주축은 주한미군 화력에서 한국군 포병으로 넘어왔다는 것이 군 관계자들의 공통된 설명이다.

국방부의 공식 설명 가운데 지적해야 할 또 한 가지 부분은 대화력전 임무 인수를 앞두고 있던 2005년 당시의 것들이다. 대화력전 C4I 능력에 대해 당시 국방부와 합참은 여러 차례 한-미 연합지휘소 훈련을 열어 아무런 문제가 없는 것으로 결론 내렸다고 설명했다. 특히 미국측은 한국군의 ADOCS 활용능력을 염려했지만, 실제로 한국군 인원들이 이를 운용해보니 충분히 가능하더라는 이야기였다.

북한을 중심으로 한 탄도미사일의 사정거리

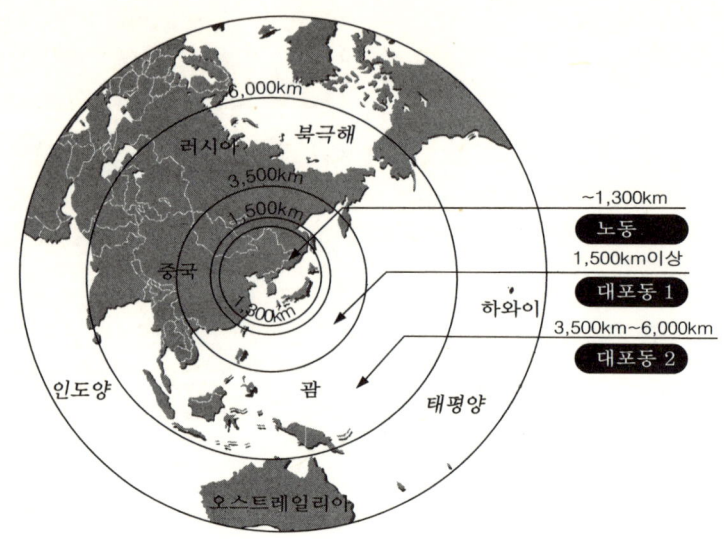

한국군은 이미 몇년 전부터 10대 임무전환에 대비하는 차원에서 국방중기계획 등을 통해 막대한 군사비를 투입하여 관련 장비를 사들여 왔다. 여기에 투입된 예산이 10조 원 가까이 된다는 게 대화력전 임무 당시 군 당국 관계자들과 산하 연구기관 전문가들의 말이었다. 1개 대대에 4,300억 원이 넘는 데다 탄약 구매를 위해 1조 원 이상의 지출이 계획되어 있는 MLRS를 비롯해 한 발에 2만 5,000달러가 넘는 JDAM(통합집속탄), 120만 달러가 넘는 에이태킴스(ATACMS), K-9자주포와 현무미사일 등이 대표적이다.

군사긴장 노린 도발, 북 경비정 2척 서해 NLL 또 침범
북한 경비정 2척이 2008년 5월 6일 서해 북방한계선(NLL)

을 침범해 우리 해군 함정들이 대응에 나선 사실이 뒤늦게 발표됐다.

북한 경비정의 NLL 침범은 이명박 정부 출범 이후 처음으로, 2005년 5월 이후 3년 만이다.

5월 21일 정부 소식통에 따르면 6일 오전 11시 4분경 북한 경비정 2척이 서해 대청도 동남쪽 18.5마일(약 29.6km) 부근에서 NLL 남쪽 2마일(약 3.2km) 지점까지 침범했다.

북한 경비정들이 NLL을 넘자 군 당국은 해군 초계함과 고속정, 헬기 등을 현장에 출동시켜 만일의 사태에 대비했으며 북측 함정에 즉각 북상할 것을 요구하는 경고 통신을 보낸 것으로 알려졌다.

한국 측의 경고 통신을 받은 북한 경비정들은 NLL을 침범한 지 16분 만인 이날 오전 11시 20분쯤 NLL 이북으로 되돌아간 것으로 전해졌다.

NLL을 침범한 경비정들은 1999년 1차 서해해전과 2002년 2차 서해해전을 일으킨 북한의 서해 함대사령부 예하 8전대 소속으로 알려졌다.

군 소식통은 "여러 정황을 감안할 때 북한 경비정들이 NLL 인근에서 조업 중이던 몇 백 척의 중국 어선을 단속하는 과정에서 단순 월선한 것으로 판단된다"며 "당시 서해지역 북한군의 특이 동향도 없었던 점으로 미뤄 고의적인 침범은 아닌 것으로 보인다"고 말했다.

그러나 정부 소식통에 따르면 군 당국은 북한 경비정들이 의도적으로 NLL을 침범한 정황을 뒷받침하는 관련첩보를 입수한 것으로 알려졌다.

당시 북한군 상부에서 경비정에 대해 "한국 측 함정이

NLL 침범에 대해 경고하더라도 무시하라"는 지침을 내렸다는 것이다.

다른 정부 관계자는 "3월 말 서해상 단거리미사일 발사에 이어 새로 출범한 이명박 정부를 압박하기 위한 북한의 무력시위로 보인다"고 말했다.

북한 서해서 또 미사일 시위

3월 이어 어제 1발 발사, 대남비방 강화

북한이 2008년 5월 30일 낮 12시 반경 평안남도 남포시 인근의 서해 초도 앞바다에서 미사일 1발을 발사했다.

북한의 미사일 발사는 지난 3월 28일 같은 지역에서 해군 함정을 동원해 단거리유도탄 3발을 발사한 지 두 달 만이다.

정부 소식통은 "북한이 발사한 미사일의 종류와 낙하지점 등은 관련 첩보의 입수 과정이 노출될 우려가 높아 밝히기 어렵다"며 "북한의 미사일 발사가 통상적 훈련인지, 대남 압박용인지를 파악하는 한편 북한군의 동향 등을 면밀히 살피고 있다"고 말했다.

군 소식통에 따르면 이날 북한이 발사한 미사일은 3월에 발사한 사거리 40여 km의 옛 소련제 스틱스 함대함 미사일과 동일하거나 유사한 종류의 단거리유도탄으로 알려졌다.

초도는 북한군의 미사일 시험 발사기지가 배치돼 각종 미사일 발사시험이 이뤄지고 있는 곳이다.

다른 정부 당국자는 "북한군이 북방한계선(NLL) 인근의 군사적 긴장과 불안을 조성하기 위해 미사일을 발사한 것으로 보고 있다"며 "이는 최근 대미 대남 정세에 강경한 입장을 고

수하고 있는 북한 군부가 주도한 것으로 분석된다"고 말했다.

남 여론분열—미 북핵협상 양보 겨냥한 듯

일각에선 북핵 협상에서 핵 폐기 대상을 둘러싼 북-미 견해차가 드러난 가운데 미사일 발사가 이뤄졌다는 점에서 북핵 6자회담을 겨냥한 대미 압박용이라는 분석이 나오고 있다.

미국산 쇠고기 수입 재개 파동으로 혼란을 겪고 있는 남측 여론을 분열(악화)시키기 위한 계산이 깔려 있다는 견해도 있다.

이런 측면에서 북한 경비정들이 올해 들어 4차례나 서해 NLL을 침범한 것도 대남 압박전을 본격화하기 위한 신호탄이라는 관측이 제기되고 있다.

북한은 또 30일 군부 명의의 전화통지문과 조선노동당 기관지인 노동신문의 논평을 통해 3월 말 이후 계속해 온 대남 비난의 수위를 높였다.

남북군사실무회담 북한 측 단장인 박임수 대좌(대령)는 이날 전화통지문을 보내 "이명박 정부가 군부와 우익 반공단체들을 동원해 우리의 체제와 제도를 악랄하게 비방 중상하는 반(反)공화국 삐라 살포행위에 매달리고 있다"고 주장했다고 조선중앙통신이 보도했다.

노동신문도 이날 '남조선 당국의 반민족적인 실용주의를 단죄함'이라는 제목의 '논평원의 글'을 내고 이명박 정부의 대북정책을 조목조목 비판하면서 "실용주의 따위로는 언제가도 북남관계가 풀릴 수 없을 것"이라고 주장했다.

북한 노동당 고위층 강연녹취록

북한 지도부는 도대체 무슨 생각을 하고 있을까? 북한발 정보는 적고, 모호하다. 상대적으로 한국은 많이 알려져 있다. 북한을 둘러싼 한국 사회의 갈등 속에서 북한은 많은 정보를 얻어낼 것이다.

이처럼 우리는 북을 잘 모르고, 북한은 우리를 잘 안다. '지피지기(知彼知己)면 백전불태(百戰不殆)'라는 손자병법의 어구(語句)를 염두에 두면 우려할 일이다.

〈월간중앙〉은 최근 중국을 거쳐 들여온 평양발 강연테이프 하나를 입수했다. 전문을 풀어 녹취한 결과물은 북한 핵심지도층 인사의 강연녹취록으로 북한 지도부의 생각을 직접 대할 수 있는 드문 자료라는 점에서 주목된다.

'장군님께서 접견해 주시었던' 장순용이라는 인물의 강연이다. 장순용은 〈중앙일보〉가 갖고 있는 인물 데이터베이스에는 이름이 나오지 않는다. 그러나 그의 발언 내용은 대단한 수준이라는 것이 전문가들의 평이다.

이 녹취록을 확보한 북한 소식통은 "장순용이 노동당 내 부부장급으로 전해듣고 있다"며 "그러나 최종 확인은 되지 않는다"고 말했다. 그러면서 "북한 내 인물이 모두 확인되는 것은 아니다"라면서 "강연 자체는 북한에서 행한 것이 분명하다"고 말했다.

'강연자에 대한 정보를 제공받지 않은 상태'에서 녹취록을 분석한 한 전문가는 장순용을 '6자회담 북측대표인 김계관 밑에서 회담을 챙기는 보위부 고위간부'로 추정했다. 그런가 하면 또 다른 한 전문가는 그를 '김정일에게 사업전형을 보고하는 외무성 부상급'으로 추정했다. 이유는 공통으로 연설 내용이 '보통간부라면 알 수 없는 특별한 내용'을 담고 있기 때문이다.

북한 소식통에 따르면 장순용의 강연은 과학계 박사와 교수급 등을 대상으로 했다. 강연에 이를 짐작할 수 있는 발언들이 언급된다. 이런 강연은 자주 있다. 연설에 "여러분이 이미 6자회담에 대해 들었으니까 이번에는 ~만 집중한다"는 말이 나온다. 이 강연도 그 일환이다.

강연은 북한의 '핵문제와 대미관계'에 집중돼 있다. 핵문제와 관련한 김정일의 '어록'을 소개함으로써 나라 방침을 밝히고 이어 당의 지도 지침을 거론한 뒤 '여러분이 해야 할' 일을 단호하게 요구한다.

북에서 김정일의 말은 곧 법이다. 김정일의 발언이 '정치적 목적'을 위해 창조된다고 해도 이 역시 김정일의 발언이다. 10여 항목에 걸쳐 인용된 김정일의 발언은 지금 '꼬여 있는 대외관계'의 원인이 무엇인지 짐작하게 해 준다. 주된 초점은 미국 비판이다.

국내의 한 전문가는 "북한 내부의 발언록이 몇 차례 소개되기는 했지만 내부 연설이 이처럼 적나라하게 외부로 유출된 경우는 처음"이라고 평가했다. 나머지는 '인민들을 교육하는' 자료다. 사실을 많이 왜곡해 놓고, 아전인수식으로 해석한 대목도 많다. 인민을 선전·선동하겠다는 지도부의 의중이 담겨 있다.

이 강연은 2007년 12월에 있었던 것이어서 오늘의 현실을 덜 반영하고 있으나, 사실이다. 그러나 1시간 10분에 걸친 장순용 강연의 맥락은 현시점에도 유효하고, 앞으로 평양의 의중을 읽을 때도 마찬가지다. 녹취록은 크게 7개 항목을 중심으로 구성돼 있다.

1. 대미관계

북한은 대미관계 개선에 제1목표를 두고 있다. 마치 '목을 매는 듯한' 행태는 핵문제 해결 전 과정에서 꾸준히 반복된다.

문제는 그러면서도 '하자는 것인지 아닌지' 가늠할 수 없을 만큼 멋대로 행태를 보인다는 점이다. '보수적 관점'에서 보자면 대화하자고 해놓고, 막상 미국이 대화에 나오면 '벼랑 끝 외교'로 판을 깨는 식이다. 연사에 따르면 그 이유는 단순하다. "미국을 믿지 말라"는 김정일의 지침 때문이다. 연사는 이렇게 김정일의 말을 인용했다.

"미국놈과의 관계문제에 대해 위대한 장군님께서는 다음과 같이 말씀을 주신 바 있습니다. 미국 것들이 선심을 쓰는 것처럼 나오지만 그 본심이 변한 것은 절대로 아닙니다. 그들의 기본 목적은 어디까지나 우리를 내부로부터 와해시키고 사상적으로 무장해제시켜 녹여내자는 것입니다."

상대를 믿지 못하면 매사가 의심스럽다. 일이 되는 쪽보다 판이 깨지는 쪽으로 갈 가능성이 더 높고, 실제로도 그래 왔다. 얼마나 미국을 믿지 못하는가? 이런 단면을 소개했다. 역시 김정일의 지시로 이뤄진 일이다.

그는 "벌써 오래 전에 위대한 장군님께서 미국 것들이 우리 내부를 들여다보면 안개 속에 잠긴 것처럼 흐리멍텅하게 만들어 놓으라고 가르치심을 주시었습니다"라고 했다. 실례로 중앙방송을 들었다.

"중앙방송, 하루 종일 노래만 하지 않습니까? ……미국 것들이 우리 내부를 들여다보고 뭐라고 하는 줄 압니까? 아하! 공화국 인민들은 요새 흥얼흥얼 콧노래만 하고 있구먼……. 종전까지 방송으로 논평하고 있지 않았습니까? 어떤 문제를 설정하고 왜 해야 하는가, 그러자면 어떻게 해야 하는가, 다 논평이 있었다 이 말입니다. 여기서 미국 것들이 우리 비밀자료의 60~70%를 빼나갔다는 말입니다. ……장군님께서 가르치심을 주신 다음부터 우리는 방송원이 해야 할 소리들을 노래와 가사로 대신합니다. ……이제부터는 TV에서 방영되는 노래 한 편 영화 한 편 저것이 현시점에서 나에게, 우리에게 무엇을 요구하는가 새겨 보시고 새겨들어야 합니다. 이게 정책적인 정세의 요구라는 말입니다."

'미국과 전쟁 불사'라는 천명은 새로운 것이 아니지만 들을 때마다 섬뜩하다.

"미국놈이 정세를 악화시켜 제2의 조선전쟁이 벌어지는 경우 우리는 미국 본토, 일본 본토, 남조선 동시에 타격을 합니다. 타격할 수 있는 힘 얼마든지 있다, 미국 본토를 타격하자면 1만 3,000㎞면 됩니다. 위성을 쐈다, 이건 열두 번을 타격하고도 남습니다."

다시 다른 대목을 살펴보자.

"미국 것들이 우리를 먹겠다고 하는 조건 아래서는 군수공업을 민수로 돌릴 수 없다는 말입니다. 그래 우리가 자꾸 물건을 아끼고 허리띠를 졸라매자고 하는 것입니다. 여기 나이 지숙한 선생님들 모두 저 사람 정신 빠지지 않았는가? 정전 직후부터 물건을 아끼고 허리띠를 졸라매라고 해서 이제는 졸라맬 구멍이 없다, 도대체 언제까지 졸라매라는 건가? 제가 선생님들에게 명백하게 말씀 드릴 수 있는 건 조국이 통일되는 날까지 졸라매자. 구멍이 없으면 뚫으면서라도……."

미국에 대해 이처럼 기세등등한 것을 보면 대미교섭에는 관심없어 보이지만 칼날을 세우는 진짜 뜻은 다른 데 있는 것으로 보인다.

"우리 당의 입장은 무엇인가? 이 기회를 놓치지 않고 미국 놈들과 총결산하자는 것이다. 총결산하는 방법은 두 가지가 있다. 하나는 불가침조약을 체결하는 것, 다른 하나는 전쟁이다. 우리 당의 입장은 이 기회를 놓치지 않고 하자는 겁니다. 어느 쪽을 택하는가? 부시가 대가리 속 결심하기에 달렸다는 말입니다."

결국 '대화를 하는 듯하다 불쑥 미사일을 발사해 판을 깨는' 오락가락 행태는 유인책인 셈이다. "원하는 대로 해줄 때까지 미국을 믿지 않고, 전쟁까지 각오하면서 인민을 끌고나가겠다"는 것이다. 대화국면이라고 해서 한시름 놓을 수 없으며, 본질적으로 북한의 태도변화가 없는 한 언제든 긴장국면이 조성될 수 있다는 뜻이기도 하다.

북한은 남한에 대해서는 어떻게 생각할까?

"유럽동맹과 일본은 끌어 잡아당기기 외교를 하신다고. 미국은 견제하기, 중국은 안타깝게 만들기, 남조선은 주무르기. 이게 김정일 국방위원장님의 외교의 특징이라고 이렇게들 말합니다."

2. 핵무장 스토리

제네바합의의 파기 책임에 대한 북-미 간의 논쟁은 보는 입장에 따라 해석을 달리한다. 한국측이나 미국 당국의 입장은 북한책임론이다. 그래서 2002년 제임스 켈리 미 국무부 동아태 차관보는 평양에서 북한에 "왜 핵을 개발했냐"고 따졌다.

이에 대해 북한은 '미국책임론'을 줄기차게 거론한다. 시원한 답은 없다. 그러나 녹취록은 북한 핵무기개발의 출발점과 경과를 짐작하게 해준다.

강연자 장순용은 핵개발 초기사에 대해 이렇게 말했다.

"위대하신 장군님께서 미 제국주의자들의 침략책동을 간파하시고 고난의 행군 시기 선군정치를 하시면서 핵과학자들을 친히 육성해 주시었습니다. 이들이 30·40대 청년과학자들……."

'고난의 행군'은 북한의 식량난으로 1990년대 중반에 시작돼 5~6년 정도 계속돼온 암흑기다. 이 기간 300만 명의 북한 주민이 굶어죽었다는 집계도 있다. 국민이 죽고, 나라의 기둥이 뿌리째 흔들릴 때 김정일은 핵개발에 박차를 가했다는 뜻이다.

김정일의 의지는 단호했다.

"우리 로켓 발사기지가 동해안 바닷가 따라 조금 올라가면 함경북도 파대군 무수단리에 있다는 말입니다. 여러 차례 불바다가 됐습니다. 그 때마다 과학자들은 어쩔 줄 몰라 하고 장군님께서는 일없다고 계속하라고…….."

미사일개발을 위해서는 엄청난 돈이 든다. "로켓 한 발 개발에 김책제철연합기업소 같이 큰 공장 한 50개 팔아도 보장하지 못할 만큼 많은 돈이 들어간다"고 했다. 그 많은 돈의 출처가 불법무기거래, 한국의 지원으로 마련한 것이 아닐까? 연사는 실마리를 준다.

"장군님께서 고난의 행군 시기 가슴 아픈 말씀도 주신 바 있습니다. 공장은 못 돌아가고 인민들이 굶는 것을 자신께서는 뻔히 아시면서도 돈이 조금 생기면 여기다 다 집어넣었다고. 이렇게 했기 때문에 우리가 놈들에게 먹히지 않았지, 그렇지 않았다면 벌써 오래 전에 놈들에게 먹혔을 것이라고. 우리 인민들은 이것을 이해할 때가 반드시 있을 것이라고……."

3. 핵전술과 6자회담

연사가 집중 설명한 대목은 강연의 주목적인 6자회담이다. 김정일은 이런저런 지시를 내렸던 모양이다. 특히 주목할 점은 2002년 10월 켈리 차관보의 평양방문 당시다. 북한은 그때까지 핵무기개발 사실을 부인했는데 10월 3일 회담에서 돌연 "핵무기가 있다"고 입장을 바꿨다. 왜 돌변했는지 추측만 무성했는데, 연사의 말은 궁금증을 상당히 해소해 준다.

장순용은 "위대한 장군님께서 우리 외무성부상(강석주 제1부상)에게 '거 왜 미국놈에게 핵무기가 없다고 자꾸 말해 주는가? 미국놈에게 핵무기가 없다고 하면 진실을 말해 주는 것이 아닌가? 무엇 때문에 미국놈에게 진실을 말해 주는 것인가? 차라리 우리도 가질 수 있다고 말해 주라' 이런 뜻의 말씀을 주셨다는 말입니다"라고 했다.

6자회담과 관련해서는 2003년 8월의 베이징 1차회담의 좌석 배치에 대해 지시한 것으로 나온다.

"위대한 장군님께서 우리 단장(김영일)에게 그때 갈 때 '내가 알아보니까 중국 사람이 육각탁을 만들어 놓았다. 당신 이번에 가면 어떡허나 미국과 일본을 양 옆구리에 끼고 앉아라. 그것 멀리 앞 탁에다 앉혀 놓고 일어서서 욕지거리 하느라 수고하지 말고 딱 옆구리에 끼고 앉아 머리만 약간씩 돌리면서 욕사발을 퍼대라. 그러자면 이렇게 하면 될 것 같다' 다 가르쳐 주셨다는 말입니다."

그러면서 회담 첫날 상황을 이렇게 설명했다.

"우리 단장이 2003년 8월 27일 아침에 가보니 정말 모두 앉지 못하고 우중쭝하게 서 있다는 말입니다. 중국의 왕이가 모두에게 물었다는 말입니다. '이거 어떻게 앉으면 좋겠습니까?' 우리 단장이 거 뭐 어렵게 생각할게 있는가? 나라이름별로 A, B, C 영어 자모 순서대로 시계 바늘 돌아가는 방향으로 앉으면 가장 공정한 것 아닌가?"

실제로 자리 배치는 그렇게 됐다. 북한의 아이디어가 작용한 모양새다. 그러나 이날 회담에 참석했던 한국측 대표들의 말은 전혀 다르다.

두 명의 한국측 대표는 "그날 아침까지 좌석 배치를 몰랐던 것은 사실이다. 와 보니 좌석 배치가 돼 있었다. 중국의 왕이 대표가 와서 물은 적도 없고, 김영일이 공개적으로 앉는 방식을 제의한 적도 없다. 중국 측이 사전에 알아서 자리를 배치했다"고 했다.

연사 장순용은 또 "조-미 단독회담에서 미국에 네 가지 평화적 요구를 전달했지만 미국이 거부했다"고 회담 공개석상에서 발표했다고 말했지만 당시 한국측 참석자들은 "그런 기억이 없다"고 말했다.

북측은 2002년 10월의 북-미평양회담과 2003년 4월 북-미-중 3자회담에서도 같은 네 가지 사항을 제의했지만 미국이 거부했다는 게 연사의 설명이다.

요구사항은 ① 핵문제 해결 뒤 미국이 북한에 인도적 지원을 하겠는가 ② 핵문제 해결 뒤에도 북에 대한 경수로 건설을 끝내겠는가, 안 끝내겠는가 ③ 핵문제 해결 뒤 불가침조약 체결하겠는가, 못 하겠는가 ④ 핵문제 해결 뒤 북한과 국교관계를 정상화하겠는가, 못 하겠는가였다.

이에 대해 당시 청와대 국가안전보장회의(NSC) 고위당국자는 '근거 없는 거짓말'이라며 "인도적 지원을 할 경우 핵 포기선언을 한다면 왜 그렇게 좋은 방안을 우리가 받아들이지 않았겠느냐"고 했다. 그는 "북한은 상투적으로 거짓말을 한다"고 했다. 그렇다면 이런 발언은 의도를 가지고 상황을 왜곡하는 것으로 해석할 수 있다.

그런 의미에서 "김정일 장군님이 급변하는 정세와 관련하여 인민들에게 우리 당의 대미 외교전략을 깊이 있게 해설 선전하여야 하겠습니다. 내놓고 얘기해 줄 것은 내놓고 얘기해 줘야 합니다"라고 한 연사의 말이 주목된다. 계속되는 긴장으로 높아가는 사회적 불만을 해소해야 할 필요성 때문에 '사실과 허구를 뒤섞어' 설명하고 있다는 분석이 가능하다.

제4차 6자회담에서 북한이 이전과 다르게 진지했던 부분에 대한 설명도 있다. 이 역시 '장군님'의 지시 때문이다.

"중국의 특사라는 사람한테 명백한 가르침을 주셨다는 말입니다. 6자회담이란 게 빈말 싸움만 하면서 공회전만 하지 말고 실제적인 문제를 토론하라. 그러면 우리는 다시 나간다."

4. 중국에 대한 불만

연사 장순용의 중국 비판은 심상치 않다.

"중국이 국제무대에서 자기네 국가 이익을 논하면서 우리 문제 해결에 석연치 않게 놀았다. 오래 전에 맺은 혁명적인, 계급적인 원칙을 곧잘 저버렸다. ……중국이 남조선 아이들과 빌붙어 외교관계를 맺으며 40억 달러를 얻어갔다. 지금 대만 놈들은 우리하고 외교관계까지 맺자는 소리는 안 한다. '대만 좋다' 한마디만 하면 당장 300억 달러 주겠다는 거다. 이거 중국 사람들이 모르지 않는다. ……바빠서 나온 게 오방국(吳邦國/우방궈)이었다(중국 권력서열 2위인 오방국 전인대 상무위원장은 2003년 10월 29일부터 2박 3일 동안 북한을 방문했다). 나오자마자 '이거 미안합니다. 중국돈 2억 5,000만 위안 무상지원하겠수다.' 그래서 우리는 돈 대신 유리공장 하나 달라 했다. 그래 들어온 게 대안친선유리공장이다. 국제적으로 우리 문제가 해결돼 잠잠해지면 다음 번 세계적 대결은 중국하고 미국이 하게 돼 있다. 전쟁을 해도 중국과 미국이 하게 돼 있다."

중국이 들으면 상당히 기분 나쁠 말이다. 그럼에도 북한은 중국의 '신중한' 행보에 중압감을 느낀다. '대병국(戴秉國/다이빙궈·외교부 부부장 겸 당서기)의 평양방문과 관련한' 언급이 그 대목이다.

"호금도(胡錦濤/후진타오)가 대병국을 왜 특사로 보내게 됐는가? 대병국이 우리하고 관계가 깊은 사람입니다. 장군님께서 처음 두 차례 중국을 방문하실 때 그때 대병국이 대외연락부장을 하면서 위대한 장군님 수행해 드리지 않았습니까? 그런가 하면 1950년 8월부터 우리나라 주재 중국의 첫 대사를 했던 사람이 대병국의 아버지였다는 말입니다. 이런 인맥관계가 있으니까 호금도가 대병국을 특사로 보내면서 두 가지 과제를 줬다는 말입니다. 하나는 어떡하나 김정일 국방위원장님을 중국에 초청하라, 다른 하나는 꼭 3자회담에 다시 나오게 하라."

인맥까지 동원한 중국의 외교에 대해 북한은 압력을 느낀 모양이다.

"장군님께서 다 아시고 대병국 만난 석상에서 이런 말씀 주시었습니다. 당신들이 주관하겠다기에 뭐이 해결될까 해서 나갔더니 일이 그렇게 되지 않았다고. 당신들이 또 추진하겠다고 하기 때문에 밀져야 본전인 셈치고 다시 한번 나가 보시겠다고…….''

제2차 북-미-중 3자회담이 이뤄질 뻔했다는 비사를 공개한 것이다. 그러나 2차회담은 열리지 않고 곧장 6자회담으로 넘어갔다.

5. 일본 협박

북한은 일본을 가볍게 여긴다. 정책적 발언이겠지만 한술 더 떠 가지고 노는 듯한 느낌을 갖는다.

"일본놈들 쪽바리를 보시오. 홋카이도·혼슈·시코쿠·규슈 섬 덩어리 네 개 아닙니까? 홋카이도에서 규슈 남단까지 일본 전역을 타격하자면 1,500km면 됩니다. 솔직히 말씀 드리면 우리 1,500km까지 가는 로켓은 갱도 안에 계열생산돼 있습니다. 거기다가 일본 쪽바리들 땅덩어리 작은데 원자력발전소가 51개가 있습니다.

우리가 로켓 한 발로 일본 땅덩어리에 있는 원자력발전소 하나 깨 팽개칠 때 제2차 세계대전 시기 히로시마에 떨어져서 20만씩 죽인 원자탄 파열의 320배의 파열이 나옵니다. 조그마한 일본의 땅덩어리에 쉰 개의 원자로를 우리가 깨 팽개쳤다고 상상해 보십시오. 어느 만한 파열이 나오며, 어떤 현상이 빚어지겠는가? 만일 일본 쪽바리들이 보상하지 않고 저렇게 계속 못되게 앉아 놀다가는 우리는 지구상에서 일본이라는 나라 흔적조차 없애버릴 수 있습니다.''

아무리 자기들끼리 앉아서 하는 이야기이고 공개될 걸 생각하지 못했다고는 하지만 좀 심하게 들린다. 미사일 알레르기가 있는 일본이 연설을 원음으로 들으면 어떤 반응을 일으킬지 궁금하다.

6. 남한을 왜곡

북한이 남한을 왜곡해 사상교육에 등장시킨다는 것은 새삼스러운 일은 아니다. 그런데 실제로 강연 내용은 우습기까지 하다.

"남조선의 출판물들, 선대 장군 위인상을 싣지 않은 출판물은 지금 남조선 사회에서 팔리지 않습니다. 그런가 하면 대내정부청사 4층 중앙홀에 위대한 장군님 영상을 크게 모시고 있습니다. 지금"이라고 했다. 게다가 "남조선의 전체 중 45%가 전쟁이 일어나면 장군님 편에서 싸움을 하겠다는 겁니다"라고도 했다.

7. 솔직한 내부 진단

연사의 "정부가 제대로 인민에게 배급을 주지 못하고 있다"는 고백은 다소 의외다. 사실을 왜곡만 하는 줄 알았는데 뜻밖이다. 사회에 돈맛이 깊이 들어간다는 진단과, 이들에 대한 경고. 이런저런 것들을 솔직히 말한다.

"고난의 행군 지나오면서 일심단결에 저해 주는 현상이 너무나도 많습니다, 지금. 그 중에 하나가 우리 인민이 돈맛이 들어가는 거라는 말입니다. 먹고 살아가기 위해서 장마당에 나가야 되는 사람들을 염두에 두고 하는 소리 아닙니다. 요한 3~4년 전까지만 해도 백만장자라고 했는데 최근에는 억

단위로 올라갔습니다, 억 단위로. ……지금 우리 해방 전후의
정세와 똑같습니다. 힘 있는 사람은 힘으로, 지식 있는 사람
은 지식으로, 돈 있는 사람은 돈으로. 우리 장군님의 선군정
치를 특색 있게 받들 때입니다. 누가 인민인가? 반동을 제외
한 모든 사람이 인민입니다. 사상적인 변질이 온 자들, 인민
에도 속하지 않는다 이 말입니다. 왜 우리가 못 치는가? 전체
인민에게 배급을 못 주고 있기 때문에 못 치고 있다. 전체 인
민이 돈, 돈. 이게 사회주의입니까? 신중한 문제가 있다는 말
입니다. 이게."

마지막으로 인용된 '장군님의 말씀'은 듣기에 상당히 긍정적
이다.

"그래서 장군님께서 최근 10월 중순에 또 말씀 주셨습니다.
이제는 우리가 핵실험까지 다 해놨기 때문에 이제부터는 경제
건설에 모든 힘을 총동원해서 인민생활을 풀자. 빨리, 빨리
풀자."

이 정도면 지금까지 '짐작해 왔던 것보다 더 으스스했던' 북
한 지도부에 대한 이미지를 바꿔야 할 것도 같다. 그러니 딱
한 대목을 더 소개한다.

"'우리는 수령님대 우리 조국의 아들딸들이 낙동강에서, 남
녘땅에서 흘린 핏값을 기어이 받아내야 합니다. 이것은 나의
결심입니다.' 장군님께서 이상과 같은 말씀을 주신 바 있습니
다."

'6·25의 대가를 반드시 받아내고야 말겠다'는 북한은 '우리
의 또 다른 반쪽'인가, 아니면 '여전히 대치할 수밖에 없는'
존재인가?

북한 노동당 장순용의 '충격 강연록' 전문
―미 견제, 중국 안타깝게 만들고 남한 주무른다

지금 북한은 어디로 가는가?

6자회담 합의 이행을 놓고 논란을 거듭하는 와중, 〈월간중앙〉이 한 북한 고위인사의 강연 내용을 극비 경로를 통해 입수했다. 강연은 2006년 12월 10일 평양에서 교수·박사 등을 대상으로 진행된 것으로 알려졌다. 단락은 편집자가 편의상 나눈 것이다.

이 시간에 제가 여러분에게 어느 나라 통신은 어떻게 했고 이런 것 장시간 말씀드리는 것보다 왜 이제 말씀드린 이런 변화들이 나오게 됐는가 하는 물음부터 먼저 말씀드리고 마지막에 여러분께 통신자료 몇 가지를 알려드리고자 합니다.

이제 이라크전쟁이 있고 난 다음 세계 많은 사람들이 뭐라고 하는지 아십니까? 이번 이라크전쟁을 통해 가장 큰 이익을 본 건 북조선이다. 이렇게 말합니다.

왜 가장 큰 이익을 봤는가? 첫째로, 북조선이 미국 놈들의 강경에 초강경으로 맞선 것이 얼마나 정당했는가? 둘째로 북조선이 잠시도 순간도 놓치지 않고 내부의 예비를 총동원해서 전쟁억제력을 준비해 놓은 것이 얼마나 정당했는가? 보라, 미국 놈들이 이라크는 때리지만 북조선은 감히 치지 못하지 않는가? 그렇기 때문에 이번 이라크전쟁을 통해 가장 이익을 본 것은 본의든 본의 아니든 북조선이다. 이렇게들 지금 말하고 있습니다.

그러면서 이렇게 된 데는 김정일 국방위원장님께서 선군정치를 하시면서 주동을 쥐고 공격적으로 외교를 하시기 때문이라고. 그러면서 우리 장군님의 외교 특징에 대해서 지금 세상 많은 사람들이 뭐라고 말하고 있는가?

위대한 장군님께서 대국인 러시아를 완전히 거둬주시고 러시아를 지렛대로 해서 지구를 뜨자고 하신다고. 유럽동맹(유럽연합/EU)과 일본은 끌어잡아당기기 외교를 하신다고. 미국은 견제하기, 중국은 안타깝게 만들기(하하), 남조선은 주무르기(하하)…… 이런 외교를 하시는데, 이게 김정일 국방위원장님의 외교 특징이라고 이렇게들 말합니다.

이와 관련된 자료는 다 있습니다. 그러나 시간상 여러분들에게 본질에 대해 말씀 드려야 하겠기에 미국 놈들과의 관계 문제에 대해서만 한두 가지 말씀 드리고자 합니다. 그것도 핵과 연결된 자료만 말씀 드리겠습니다.

1. 미국을 속여라

미국 놈과의 관계문제에 대해 위대한 장군님께서는 최근에 다음과 같이 말씀을 주신 바 있습니다.

미국 것들이 우리에게 선심을 쓰는 것처럼 나오지만 그 본심이 변한 것은 절대로 아닙니다. 그들의 기본 목적은 어디까지나 우리를 내부로부터 와해시키고 사상적으로 무장해제시켜 녹여내자는 것입니다. 급변하는 정세와 관련하여 인민들에게 우리 당 대미외교전략을 깊이 있게 해설, 선전하여야 하겠습니다. 내놓고 얘기해줄 것은 내놓고 이야기해줘야 합니다. 우리는 수령님 대에 우리 조국의 아들딸들이 낙동강에서, 남녘 땅에서 흘린 핏값을 기어이 받아내야 합니다. 이것은 나의 결심입니다.

장군님께서 이상과 같은 말씀을 주신 바 있습니다. 장군님께서 주신 이 말씀에서 우리는 두 가지 문제를 명백히 아셔야 합니다. 하나는 뭐인가? 미국 것들이 우리를 먹자는 본심은 절대로 변치 않는다는 것. 먹되 최근 연간에는 우리를 녹여 먹자고 한다는 것. 다른 하나의 사상은 우리 당의 대미외교전략. 지금까지 미국 놈들과 외교싸움해온 것은 이제는 비밀이 아니라는 것. 인민들에게 내놓고 깊이 있게 해설, 선전해 주라고 장군님이 가르침 주셨기 때문에 이 시간 여러분들에게 내놓고 자료만 말씀 드리겠습니다.

처음으로 말씀 드려야 할 것이, 부시가 대통령 자리에 올라앉자마자 적지 않은 사람들 그것도 정세깨나 안다는 사람들이 그때 뭐라고 했습니까? 클린턴이 대통령을 한 기만 더 해먹었다면 그래도 우리 혁명에 유리하게 돌아가지 않았겠는가? 이러고 돌아가는 사람들이 적지 않았습니다. (웃음)

그렇다면 과연 그때 그 사람들이 말한 것처럼 클린턴이 대통령을 한 기만 더 해먹었더라면 우리 혁명에 유리한 환경이 조성될 수 있었겠는가? 봅시다. 클린턴이 대통령 자리에 올라간 것이 1993년 1월 20일입니다. 올라앉자마자 우리를 때려먹겠다고 접어들지 않았습니까? 그래 우리는 1993년 3월 9일 '할 테면 하자' 준전시가 선포됐던 거라는 말입니다.

벌써 오래 전에 위대한 장군님께서 우리의 전략의 하나로 미국 것들이 우리 내부를 들여다보면 안개 속에 잠긴 것처럼 흐리멍덩하게 만들어 놓으라고 가르치심을 주시었습니다. 그래 우리는 바깥으로 우리나라 내부를 안개 자욱한 속을 들여다보듯 그야말로 흐리멍덩하게 만들어 놓았습니다.

제가 한 가지만 실례를 들겠습니다. 최근 연간 중앙방송 하는 것 보십시오. 중앙방송 어떻게 합니까? 지금 하루 종일 노래만 하지 않습니까? (웃음) 어떤 문제를 설정하고 '보천보전자악단' 노래를 보내 드리겠습니다. 조금 있다가 '인민군국가공훈합창단' 노래를 보내 드리겠습니다. 중앙방송이 하루 종일 지금 노래만 한다 이 말입니다.

미국 것들이 우리 내부를 들여다보고 뭐라 하는 줄 압니까? 아하 공화국 인민들은 요새 흥얼흥얼 콧노래만 하구 있구먼, 이러고 앉아 있습니다. 그렇다면 우리도 콧노래로 들어야 하겠는가? 우리는 새겨들어야 합니다. 어떻게? 우리는 어떤 문제를 설정하고 노래를 하는데, 이 노래의 가사가 설정된 문제의 대답으로 이렇게 방송을 합니다.

종전까지 다 어떻게 했습니까? 방송으로 논평하고 하지 않았습니까? 어떤 문제를 설정하고, 왜 해야 하는가, 그러자면 어떻게 해야 하는가? 다 논평이었다 이 말입니다. 여기서 미국 것들이 우리 비밀 자료의 60~70%를 빼나왔다는 말입니다.

장군님께서 안개 속에 잠긴 것처럼 흐리멍덩하게 만들어 놔라 가르침 주신 다음부터 우리는 이렇게 방송원이 해야 할 소리들을 노래와 가사로 대신합니다. 지금! 우리 인민들이 이걸 몰랐기 때문에 여러분들은 테레비를 보시다가 공훈합창단들이 두어 곡 더하겠구먼, 이랬다는 말입니다.

이제부터는 테레비에서 방영되는 노래 한 편 영화 한 편 저것이 현시점에서 나에게, 우리에게 무엇을 요구하는가 새겨보시고 새겨들어야 합니다. 이게 정책적인 정세의 요구라는 말입니다.

2. 미국의 김일성·김정일 연구 본격화

그러고 나니까 미국 것들이 우리 내부를 모릅니다. 지금 얼마나 모르는가? 최근 연간에는 뭐라 하는 줄 압니까?

김정일 장군님도 인간인데 세상에 100% 완성된 인간이란 있을 수 있는가? 어딘가 모르게 결함이 있지 않겠는가? 그래서 우리 장군님의 결함을 연구하자고 워싱턴에 김정일 장군 전략연구소를 설치했다고 합니다. 여기에다 퇴역장령 370여 명 잡아넣어서 장군님의 사상·영도·전략·풍모·동화(덕망) 전면연구를 시작했다고 합니다.

들리는 말에 의하면 이 연구소 안에 장군님의 음성만 연구하는 실이 따로 있다고 합니다. 이번에 이라크가 왜 녹은 줄 압니까? 이라크가 녹은 네 가지 원인 중 가장 중요한 원인의 하나가 지금 미국 놈들의 기술이 발전해서 사담 후세인의 목소리를 모방해 냅니다. 사담 후세인의 목소리를 모방해서 저네가 공격하기 직전에 이라크 군부에다 '무장 놓고 집으로 가라' 이런 거짓말 명령을 떨궈 놨습니다.

이라크 군부는 이게 정말 사담 후세인의 명령인가 곧이듣고 무장 놓고 집으로 다 달아났다 이 말입니다. 이래서 이라크가 쫄딱 녹았습니다. 원래 이라크가 전쟁에 임할 때까지만 해도 200대의 전투기, 350대의 탱크를 가지고 있었다는 말입니다. 그렇지만 총 한 방 쏘지 못하고 녹지 않았습니까?

미국 것들도 우리 장군님의 음성 연구하겠다는 겁니다. 그런데 우리 장군님의 음성, 6·15남북공동선언이 채택되기 이전까지는 지구상에 공개된 것이 한 번 딱 있습니다. 아마 여러분들도 장군님의 음성 공개적으로 들으신 건 한 번 딱 있을 겁니다. 60돌 때 열병대 앞에서 "영웅적 조선인민군 장병들에게 영광 있으라!" 한 번 딱 있다는 말입니다.

지금 미국에서 장군님의 음성 연구하는 실의 것들이 뭐이라고 아우성치는가? 이 한 것을 놓고 계속 연구한 나머지 이제는 자기네 귀때기에 신경통이 와서 뭐이라고 들리는가? (웃음) '미 제국주의자들에게 죽음을 주라!'(웃음) 이렇게 들린다는 겁니다. 거 의사들에게 가서 물어보십시오. 사람이 똑같은 소리를 계속 듣게 되면 신경통이 오게 생겼다는 겁니다.

그런가 하면 이 연구소의 아낙(안)에 우리 장군님 필체만 연구하는 실이 또 따로 있다는 말입니다. 여기 것들은 또 뭐이라고 아우성을 치는가? 김정일 장군님의 필체는 직선, 날아가는 화살 모양이다, 각도는 45도 각도다, 남조선 것들은 12도 각도다 그랬다는 말입니다. 45도 각도 직선인데 가만히 따져보면 그 직선상에 있을 글자는 다 있다는 겁니다. 'ㄱ'자도 있고 'ㄹ'자도 있고 동그라미도 있고 다 있다.

어느 때인가 날아가는 화살이 미국이라는 심장을 뀔 것이다. 이렇게 아우성을 치고 있습니다. 자, 저들이 우리 내부를 모릅니다. 제가 이제 말씀드린 것처럼 클린턴이 우리를 먹겠다고 접어들어 우리는 하려면 하자, 준전시가 선포돼, 우리 내부는 몰라. 어떻습니까? 전쟁이란 게 어떻게 소경 막대기 짚듯이 덤벙덤벙할 수 있습니까?

그때 비유하면 클린턴이 우리를 사탕알처럼 생각하고 처음에 우리를 입에 물고 와작와작 씹어 먹겠다고 덤벼들었다는 말입니다. 그런데 막상 깨물자고 보니까 저이네 이빨이 깨지게 생겼거든. 여기 나이 지긋한 선생님들 손주들에게 알사탕 쥐어주다 한 알 입에 넣고 어떻게 잡수십니까? 이빨이 아프니까 와작 깨물지는 못하고 혀 끝에 깔고 돌돌 굴리면서 (웃음)

살살 녹여 잡숫지 않습니까?

결국 클린턴이도 우리를 녹여 먹겠다는 겁니다. 이제 장군님이 말씀 주시지 않았습니까? 미국 것들이 우리를 먹되 최근 연간에는 녹여 먹자고 한다고. 클린턴이 우리를 녹여 먹겠다고 하면서 유화전략을 썼다는 말입니다. 미국 것들이 유화전략이라는 걸 쓰기 시작하면서 지난 기간 여러 갈래의 조-미회담들이 벌어졌다는 말입니다.

다 지나간 문제이기 때문에 자료만 하나 말하겠습니다. 1998년 11월 모니카 르윈스키라는 그때 스물세 살 먹은 처녀가 백악관에 실습생으로 들어왔습니다. 클린턴이 그 처녀와 덜컥 부화했다는 겁니다. 그 처녀가 부화했다면 가만있을 게지, 자기 동무들한테 다 말했다는 말입니다. 동무들이 죄다 누구인가? 공화당패 국회의원들의 꼬나풀이었다는 말입니다.

이 얘기는 제가 왜 했는가? 미국에는 항상 두 개의 정치세력이 있지 않습니까? 공화당, 일명 강경보수파라고 한다는 말입니다. 지금 대통령 자리에 올라 앉아 있는 부시. 이건 공화당패가 아닙니까? 이것들은 처음부터 우리를 때려먹자는 파입니다.

다른 하나의 세력, 이게 민주당입니다. 클린턴이파라는 말입니다. 제가 지금까지 말씀 드린 것처럼 처음에 때려먹겠다고 접어들었다가 안 되겠으니까 '제 소 먹이듯' 살살 녹여 먹자는 파라는 겁니다.

자, 여기서 때려먹겠다는 놈이나 녹여 먹겠다는 놈이나 어떻습니까? 먹자는 목적은 같지 않습니까? 방법이 다를 뿐 아닙니까? 그래도 '클린턴이 대통령을 한 기만 더 해먹었으면⋯⋯' 이게 뭡니까? 미 제국주의자에 대한 환상이라는 말입니다.

지난 11월 7일 미국에서 중간선거 하지 않았습니까? 이게 다음번 대통령 텃밭이라는 말입니다. 상원의원 100명 중 민주당이 51석, 공화당이 49석. 하원의원 435명 중에서 민주당이 232명, 공화당이 203명. 민주당이 승리했다는 말입니다. 아, 이제는 됐다? 되기는 뭐가 되겠습니까?

하나는 우리를 때려먹자는 놈이고, 하나는 우리를 살살 녹여 먹자는 놈이라는 말입니다. 그렇기 때문에 미 제국주의자에 대해서는 그가 어떤 놈이든 절대로 환상을 가지면 안 되겠기 때문에 제가 교훈삼아 말씀 드리는 겁니다. 이게 1차 핵대결에 있었던 일입니다. 부시가 대통령 자리에 올라앉자마자 지난 기간 진행되던 조-미회담 다 깨 팽개치지 않았습니까?

3. 미국에 핵의 진실을 말하지 말라

2002년 10월 3일 켈리가 오겠다고 하기까지만 해도 우리는 부시가 다 깨 팽개친 조-미회담을 재개하자든가 무슨 의견을 제의할 줄 알았다는 말입니다. 그런데 켈리가 오자마자 우리를 위협하기 시작했습니다. 뭐이라고 했는가? 자기네하고 조-미관계가 개선되지 않으면 지금 우리가 좋아지는 북남관계, 조-일관계 이것을 다 깨친다, 이런 식으로 위협을 했다는 말입니다. 그래 우리 외무성부상이 마주앉아 있다가 너무도 밸이 나서 '야, 핵무기는 너희만 가질 수 있는가? 우리도 가질 권한이 있다. 가라.' 쫓아 보냈던 겁니다. 이것도 외무성부상이, 제가 한 소리가 아닙니다.

위대한 장군님께서 우리 외무성부상에게 거 왜 미국 놈에게 핵무기가 없다고 자꾸 말해 주는가? 미국 놈에게 핵무기가 없다고 하면 진실을 말해 주는 것이 아닌가? 무엇 때문에 미국

놈에게 진실을 말해 주는 것인가? 차라리 우리도 가질 수 있다고 말해 주라. 이런 뜻의 말씀을 주셨다는 말입니다.

그래 우리 외무성부상이 뱃심 든든하게 핵무기는 너희만 가질 수 있는가? 우리도 가질 권한이 있다. 가라. 거기다 자기 의견 덧붙여서 그보다 더 위력한 무기를 가질 권한도 있다. 가라. 이렇게 쫓아 보냈다는 말입니다.

쫓겨 간 켈리 열흘 동안 찍소리 못하고 있다가 열하루 만인 10월 17일 북조선이 핵을 개발했다고 인정했다, 거짓말했다 말입니다. 왜 거짓말했는가? 우리 주변나라들이 우리가 강해지는 것을 달가워하지 않습니다. 그러니까 우리가 핵을 개발했다 인정했다 거짓말해 놓으면 우리 주변나라들이 모두 붙어 우리를 욕질할 줄 알았다는 말입니다. 그런데 우리 주변나라들이 모두 붙어 미국에다 대고 '아부재기(아픔이나 어려움을 과장하고 엄살을 부리는 태도나 말)'를 쳤다는 말입니다.

왜? 앞으로 정세가 악화돼서 전쟁이 터지면 자기네 지붕에 불이 먼저 달리기 때문에. 이게 무슨 소리인가. 만일 미국 놈이 앞으로 정세를 악화시켜 제2의 조선전쟁이 벌어지는 경우 우리는 미국 본토, 일본 본토, 남조선 동시에 타격을 합니다.

타격할 수 있는 힘이 있는가? 얼마든지 있습니다. 미국 본토를 타격하자면 1만 3,000km면 됩니다. 위성을 쐈다. 이건 열두 번을 타격하고도 남습니다.

위대하신 장군님께서 미 제국주의자들의 침략책동을 간파하시고 '고난의 행군' 시기 선군정치를 하시면서 우리의 핵과학자들을 친히 육성해 주시었습니다. 우리 핵과학자들이 장군님이 육성해 주신 30대, 40대 청년과학자들입니다.

우리 로켓 발사기지가 동해안 바닷가 따라 조금 올라가면 함경북도 화대군 무수단리에 있다는 말입니다. 여러 차례 불바다가 됐습니다. 그때마다 과학자들은 어쩔 줄 몰라 하고, 장군님께서는 일없다고 계속하라고. 솔직히 말씀드리면 로켓한 발 개발하자면 김책제철연합기업소 같이 저렇게 큰 공장한 50개 팔아도 그 길을 보장하지 못할 정도로 그렇게 많은 돈이 들어갑니다. 그렇기 때문에 장군님께서 '고난의 행군' 시기 가슴 아픈 말씀도 주신 바 있습니다. 공장은 못 돌아가고 인민들이 굶는 것을 자신께서는 뻔히 아시면서도 돈이 조금 생기면 여기다 다 집어넣었다고. 이렇게 했기 때문에 우리가 놈들에게 먹히지 않았지, 그렇지 않았다면 벌써 오래 전에 놈들에게 먹혔을 것이라고. 우리 인민들이 이것을 이해할 때가 반드시 있을 것이라고. 이런 가슴 아픈 말씀을 주신 바 있습니다.

드디어 우리 과학자들이 로켓을 개발했습니다. 지난(해) 7월 5일 새벽 4시에 일곱 발의 미사일을 한꺼번에 쏜 걸 포함해서 우리는 네 번 발사실험 했습니다. 제일 처음 550km를 쐈다는 말입니다.

통신에는 일본의 '게다짝'들이 좀 빠릅니다. 요것들이 잠수함을 몰래 타고, 몰래 관찰해 보고 뭐이라고 보도해댔는가? 조선민주주의인민공화국이 로켓발사실험을 했다. 550km 쐈다. 목표를 정확히 타격했다. 그러고는 뭐라 했는가? 반경을 그대로 동쪽으로 돌리면 일본 오사카를 타격할 수 있다. 요렇게 보도해댔다는 말입니다. (웃음)

그 다음에 이제 장군님께서 보다 사정거리가 먼 로켓을 개발하라. 1,000km, 3,000km. 우리 과학자들이 다시 달라붙어 개발했습니다.

두 번째 발사실험을 할 때 일본 '쪽바리'들의 대가리 꼭대기를 넘어서 우리나라로부터 3,000km 떨어진 여기 괌도, 6,000km 떨어진 저기 하와이 이거와 똑같은 공해상에 태평양상에다가 3,000km, 6,000km 두 발을 때렸다는 말입니다. 그때까지 일본 쪽바리들은 저네 대가리 꼭대기 위로 우리가 시험발사한 로켓 두 발이 지나가는 것도 알지도 못하고 있었습니다.

미국 놈들이 대줬다는 말입니다. '야, 너희 대가리 꼭대기 위로 공화국이 시험발사한 미사일 두 발이 지나갔다.' 이때야 이것들이 뭐라 했는 줄 압니까? 우리 탐지기가 고장 났었다 그러면서 이거는 심통이 가르(?) 없는 날 바람이 세게 부는 것과 같은 현상이다. 이렇게 보도했습니다.

이번에 이렇게 해서 개발된 운반 로켓 세 개를 연결해서 위성을 달아매서 1998년 8월 31일 12시 7분에 위성을 쐈던 겁니다. 여기 선생님들 다 아시겠지만 이 세 대 로켓에 9대의 고속기관이 들어가 있습니다. 대 당 세 개씩. 이 고속기관은 발사 초당 8km의 속도로 날아가는 고속기관입니다. 초당 8km. 3,500도 열에 견디는 이런 고속기관 아닙니까?

보십시오. 우리가 뭘 만들 줄 몰라서 안 만드는 게 아니지 않습니까? 이제라도 우리는 로켓 공업을 비롯한 군수공업을 민수로 돌리면 순간에 경제강국이 됩니다.

그러나 우리는 그렇게 할 수 없다는 말입니다. 왜? 미국 것들이 우리를 먹겠다고 하는 조건 아래서는 군수공업을 민수로 돌릴 수 없다는 말입니다. 그래 우리가 자꾸 물건을 아끼고 허리띠를 졸라매자고 하는 것입니다.

여기 나이 지숙한 선생님들 모두 저 사람 정신 빠지지 않았는가? 정전 직후부터 물건을 아끼고 허리띠를 졸라매라고 해

서 이제는 졸라매다 못해 졸라맬 구멍이 없다. 도대체 언제까지 졸라매라는 건가? (웃음)

제가 여기서 선생님들에게 명백하게 말씀드릴 수 있는 건 조국이 통일되는 날까지 졸라매자. 구멍이 없으면 뚫으면서라도.

4. 미국·일본·남조선 동시타격 가능

결국 이 사상이 뭡니까? 우리 장군님께서 '오늘을 위한 오늘을 살지 말고 내일 위한 오늘을 살자.' 우리 현세대의 기본 임무는 뭐이겠습니까? 반드시 통일된 조국을 후대들에게 물려주는 게 아니겠습니까?

보십시오, 우리가 잘살 줄 몰라서 안사는 게 아니라는 말입니다. 누구 때문인가? 미 제국주의자들 때문이라는 말입니다. 그래서 우리가 자꾸 미 제국주의자들을 우리가 한 하늘을 이고 살 수 없는 불구대천의 원수라고 하는 겁니다.

거기다가 우리 미사일은 어느 누구도 요격을 못합니다. 지금 미국의 미사일 전문가들이 뭐라고 하는지 아십니까? 미사일 요격방법에는 세 가지가 있다. 하나는 미사일이 발사되기 전에 미사일 발사장을 까는 거다. 그러나 이거야 전쟁이지 요격인가?

두 번째 방법은 발사된 미사일이 수평비행을 할 때 까는 건데, 이건 기술적으로 불가능하다. 총알이 총알을 어떻게 까는가? 이건 기술적으로 불가능하다.

세 번째 방법은 미사일이 목표를 향해 하강할 때 올려 까는 건데 이건 기술적으로 가능하다.

그런데 미사일이 땅바닥에 와 터져 피해 입으나 대가리 꼭

대기에서 터져 피해 입으나 피해 입기야 마찬가지 아닌가? 이것도 요격인가? 이러고 돌아갑니다. 지금, 절대로 요격 못합니다.

이거, 미국 바닥의 사람들이 다 압니다. 지금, 그렇기 때문에 미국 그 바닥의 사람들 속에 우리 공화국 로켓 알레르기병에 몽땅 걸려 있다는 말입니다. 우리가 로켓발사실험을 했다 소리만 들어도 각도가 삐뚤어져서 저희네한테 터져 죽을까봐 근심 걱정하던 나머지 없던 신경통이 발생하고, 온 몸에 두드러기가 돋고 지금 미국 바닥에서 다 그럽네다.

쪼그만 아이도 앙앙 울면 달래다 못해 마지막 조건이 '야 그렇게 울다가는 공화국의 로켓 날아오겠다' 그러면 아이들이 무서워서 딱 그친다는 말입니다.

일본 놈들, 쪽바리를 보시오. 홋카이도·혼슈·시코쿠·규슈 섬 덩어리 네 개 아닙니까? 홋카이도에서 규슈 남단까지 일본 전역을 타격하자면 1,500㎞면 됩니다. 솔직히 말씀드리면 우리 1,500㎞까지 가는 로켓은 갱도 안에 계열생산돼 있습니다. 지금. (웃음)

거기다가 일본 쪽바리들 땅덩어리 작은데 원자력발전소가 많다는 말입니다. 51개가 있습니다. 우리가 로켓 한 발로 일본 땅덩어리에 있는 원자력발전소 하나 깨 팽개칠 때 2차 세계대전 시기 히로시마에 떨어져서 20만씩 죽인 원자탄 파열의 320배의 파열이 나옵니다.

원자로 하나 깨질 때 조그마한 일본의 땅덩어리에 쉰 개의 원자로를 우리가 깨 팽개친다고 상상해 보십시오. 어느 만한 파열이 나오며 어떤 현상이 빚어지겠는가?

만일 일본 쪽바리들이 보상하지 않고 저렇게 계속 못되게 앉아 놀다가는 우리는 지구상에서 일본이라는 나라 흔적조차 없애버릴 수 있습니다. 그렇기 때문에 일본 쪽바리들이 우리 미사일·로켓에 아부지기 치는 거라는 말입니다.

분계선에 배치된 1만여 문의 포. 지금 미국 놈들이 뭐라 하는 줄 아십니까? 30분이면 남조선 전역을 잿가루로 만든다는 겁니다. 한 시간 동안에 자기네한테로 50만 발의 포알이 날아들어온다는 겁니다. 50만 발.

다시금 말씀드리자면 미국 것들이 정세를 악화시켜 제2의 조선전쟁이 벌어지는 경우 우리는 미국본토, 일본본토, 남조선 가차 없이 동시에 타격한다는 말입니다.

그러니까 우리 주변나라들의 지붕에 불이 먼저 달리지 않겠습니까? 그러니까 우리나라 주변나라들이 모두 붙어서 미국에다 대고 아부지기를 쳤다는 말입니다. 공화국이 언제 핵을 개발했다고 인정했는가? 가질 권한 있다 했지. 너희 왜 거짓말해서 우리 지붕에 불이 먼저 달리게 만드는가 아부지기를 쳤던 겁니다.

원래 미국 놈들이 거짓말해 놓음으로써 이라크마냥 우리 주변국들로부터 우리를 고립시키려고 책동했는데 저희네가 고립당하지 않았습니까? 그러니까 이것들이 바빠서 2003년 4월 9일 유엔 안전보장이사회에서 북조선 핵문제를 논의하자, 유엔에 끌고 갔던 겁니다.

그래 우리 4월 6일 외무성 대변인 성명으로 그때 답 새기지 않았습니까? 너희 유엔이라는 게 우리 핵문제를 놓고 결의안이라는 것 종잇장에 글자 몇 자 써 놓아보라. 우리는 우리에 대한 선전포고로 인정하고 이에 상당하는 대응책을 취할 것이다. 답 새겨 놓았다는 말입니다.

4월 9일 유엔 안전보장이사회가 열렸습니다. 여기 상임이사국 5개 나라가 있지 않습니까? 이건 여러분도 아다시피 일치가결의 원칙 아닙니까? 우리가 2003년 4월에 〈노동신문〉에다 미국과 한 개 나라만 반대했다 요렇게 표현했습니다. 적지 않은 인민들이 요거 이름을 적지 않은 것을 보니까 혹시 중국 아닌가 뭐 이런 생각이 있었다는데, 실은 그게 중국이 아니라 영국이었다는 말입니다.

그런데 왜 영국이라는 말 적지 않았는가? 우리는 주되는 적 미국만 고립시키면 된다는 말입니다. 그래 '미국과 한 개 나라가' 요렇게 적어 놨댔더니 그때 영국 사람이 뭐라 했는 줄 압니까? 자기네 이름 안 찍어 주었다고 '이거 정말 고맙습니다. 미안합니다' 이랬다는 말입니다.

러시아와 중국이 결의안이라는 거 종잇장에 글자 써 놓으면 안 돼. 장군님께서 선전포고로 인정하시겠다지 않아? 그러니까 미국 것들이 결의안이라 하지 말고 호소문이라고 하자, 조 그맣게 몇 자 써서 보내자.

역시 러시아와 중국이 호소문이고 떡 대가리고 종잇장에 글자 쓰지 말고 당신네들 둘이서 말로 하라. 말로.(웃음) 이래서 유엔 안보리라는 게 소집됐다가 그때는 역사상 처음으로 종잇장에 글 하나 옮기지 못하고 깨졌다는 말입니다. 결국 유엔에서까지 미국 놈들이 고립되지 않았습니까? 원래 부시는 우리하고 마주앉지부터 않겠다는 놈입니다. 회담이라는 건 안 하겠다는 놈입니다.

그런데 우리 주변나라들로부터 고립당해, 유엔에서 고립당해, 어디 가 해볼 데 있습니까? 하는 수 없어서 이것들이 2003년 4월 23일 중국의 주관 하에 베이징에서 외무성 국장급

협상을 하자, 이게 그래 제기됐던 겁니다.

5. 켈리 도발! 미국과 2차 핵대결

외무성 국장급 협상을 하자고 해놓고 그때 미국에서 켈리가 나오지 않았습니까? 켈린, 미 국무성차관보라는 말입니다. 우리말로 하면 부상입니다. 켈리가 나올 때까지만 해도 미국 바닥에 의견이 분분했다고 합니다.

반대파가 켈리가 나가면 안 된다는 거. 왜? 그전에 10월에 북조선에 가서 되게 얻어맞아가지고 띵한 켈리를 내보내지 말고 쌩한 걸 내보내야 되지 않겠는가? 그러니까 켈리 지지파는 뭐라 했는 줄 아십니까? 아니다. 쌩한 게 나가서 북조선한테 되게 얻어맞아가지고 완전 넉아웃당하는 것보다 그래도 한 번 얻어맞아본 경험이 있는 켈리가 나가야 또 재차 얻어맞아도 완전 넉아웃되지는 않지 않겠는가?

그래서 켈리가 나왔다는 겁니다. 국장급회의를 하자는데 우리는 미국담당국 외무성부국장이 나갔다는 말입니다. 자기들은 부상이 나왔는데. 그러니까 그때도 세상 사람들은 확실히 국방위원장님께서는 미국 놈들을 얕잡아보고 협상타깃 끌어낸다고.

여기서 켈리가 '선(先) 핵포기 후(後) 대화' 노선을 고집했다는 말입니다. 자기들은 우리보고 먼저 핵포기하라는 겁니다. 결국 무장해제하라는 겁니다.

여보, 켈리. 당신 생각해 보라. 친선적인 선린우호관계에 있는 나라들끼리도 한 나라에서 먼저 뭘하라 하면 이맛살을 찌푸리지 않는가? 하물며 당신네하고 우리는 싸움을 하다 쉬는 적대관계에 있지 않은가? 이런 적대관계에 있는 나라들끼리 어떻게 하나가 먼저. 당신 상상할 수 있는가? 이건 논리학적으로 봐도 맞는가? 이게, 응?

그렇기 때문에 누구보고 먼저 뭘 하라고 강요하지 말고, 정하자면 동시에 하자. 동시에 네 가지 문제를 제기했다 이 말입니다. 예(例)하면, 너희가 우리에게 인도주의적 지원을 하면서 우리는 핵포기선언을 한다. 이게 지금 신문지상에 발표되는 말 대 말 공약이라는 겁니다. 미국 것들이 말로 인도주의적 지원을 하겠다. 좋다 우리도 말로 핵포기선언한다. (웃음)

너희가 우리에 대한 경수로 건설을 신포(?) 끝내면서 우리는 영변에 돌리는 5,000kw 원자력발전소 완전히 동결시키고 추방했던 국제사찰관 두 명 데려온다. 행동 대 행동 아닙니까? 너희가 우리하고 국교관계를 정상화하면서 너희가 그렇게 무서워하는 우리 로켓문제를 해결한다. 뭐, 이렇게 동시에 하자. 그것도 한 단계 양측 께끔쭈개(?)보고 정확히 끝났으면 다음 단계로 넘어가고 이렇게 해야 할 것 아닌가?

너무도 공정한 질문 앞에 그때 켈리가 대답을 어떻게 회피했는가? 그에 대한 대답은 이다음 6자회담에서 나와 하겠다고 회피하면서 선 핵포기만 주장해 다 깨 팽개했다는 말입니다. 그래 외무성 부국장이 너무도 뻴이 나서 중국사람 없는데 켈리 팔때기를 잡아끌고 복도 구석에 갖다 딱 세워놓고 돌아오기 직전에 '야, 우리 핵무기 있어' 이렇게 하고 돌아왔습니다.

명백히 말씀드리면 이때가 '야, 우리가 핵무기 있어' 첫 번째로 공식통보했다는 말입니다. 그렇지만 켈리는 부국장이 나와서 핵무기가 있다 했는데 정말 있기 때문에 했다 하는 건지 아니면 날 위협하느라 그랬는지 아직은 불투명하다 이따위 수작밖에 못했다 말입니다.

여러분도 아시겠지만 외교는 말싸움 아닙니까? 미국과의 외교는 빈 말싸움이 아닙니다. 무역이 담보된 말싸움이라는 말입니다. 여기서 전쟁을 하자하는 겁니다. 그러기 때문에 우리는 미국 놈들과의 외교는 총포소리 없는 하나의 전쟁이라고 합니다.

무력이 얼마나 담보됐는가 자신을 잃었다고 생각할 때는 한 소리도 안 했다고 버티고, 불리하다고 생각할 때는 안 한 소리도 했다고 버틴다는 말입니다. 우리 부국장도 켈리보고 '우리 핵무기 있어'라고 공식 첫 번째로 통보했지만 우리 핵포기 선언하기 전 아닙니까? 그 뒤에도 켈리가 이번에 부국장이 나와서 공식 있다고 했다. 복직고을(?) 때 우리 부국장은 내가 언제 그런 소리했는가, 이렇게 된다 이 말입니다. (웃음) 생각해 보십시오. 아무도 없는 복도 구석에서 단 둘이 한 소리를 누가 확인하는가, 누가?

그러다가 2003년 5월 한 달, 6월 한 달 아주 팽팽했다는 말입니다. 다른 말로 말하면 전쟁 다 일어났습니다. 여러분들은 모르고 지나가지 않았습니까? 그런데 내가 왜 여러분들께 2003년 5월, 6월 한 달 전쟁 다 일어났다고 서슴없이 말씀드리는가?

여러분들 명심해야 합니다. 2002년 10월 3일 켈리가 와서 도발한 것을 우리 당은 2차 핵대결이라고 합니다. 미국 놈들과의 1차 핵대결은 1993년 3월 우리가 준전시 선포됐다가 1993년 10월 21일 조-미가 합의문을 채택하는 것으로 일단락 지웠다는 말입니다. 이번 켈리가 와서 도발한 것을 우리 당은 2차 핵대결이라고 합니다.

이와 관련한 우리 당의 입장은 무엇인가? 이 기회를 놓치지 않고 미국 놈들과 총결산하자는 것입니다. 미국 놈들과 총결산하는 방법은 두 가지가 있습니다. 하나는 우리가 제기하는 불가침조약을 체결하는 것. 다른 하나는 전쟁입니다. 우리 당의 입장은 이 기회를 놓치지 않고 하자는 겁니다. 하자는 거다. 어느 쪽을 택하는가? 부시가 대가리 속 결심하기에 달렸다는 말입니다.

2003년 5월 한 달 6월 한 달. 부시가 우리 내부를 들여다보고 있지 않았습니까? 어느 때 전장을 벌이면 제가 이기겠는가? 그때 부시가 뭐라 그랬습니까? 자기는 이라크전쟁뿐 아니라 다른 하나의 전선도 감당할 수 있다. 이러고 돌아갔다 이 말입니다. 전쟁 다 일어났습니다.

그러다가 7월 중순 대병국(戴秉國/다이빙궈, 중국공산당 대외연락부 부부장)이 특사로 오지 않았습니까? 이와 관련해 조금 말씀드리면 지금까지 중국 사람들이 국제무대에서 소위 자기네 국가이익을 논하면서 우리 문제 해결에 석연치 않게 놀았다 이 말입니다. 그런가 하면 우리하고 벌써 오래 전에 맺은 혁명적인, 계급적인 원칙을 곧잘 저버렸다는 말입니다.

제가 한 가지만 실례 드리겠습니다. 벌써 오래 전에 우리가 하나의 중국만 인정하는 대가로 하나의 조선만 인정하겠다. 계급적으로 약속하지 않았는가? 그런데 1992년도 남조선 아이들의 돈 좀 빌려다 자기네 경제를 발전시켜야겠다, 소위 국가 이익을 논하면서 우리하고 약속을 저버리고 남조선 아이들과 외교관계 맺지 않았는가?

이런 식으로 자기네 국가이익을 논하면서 국제무대에서 우리 문제 해결에 석연치 않게 놀면서 곧잘 약속을 저버렸다는 말입니다. 좀 더 말씀드리자면 그때 중국 사람들이 남조선 아이들과 빌붙어서 겨우 외교관계를 맺으면서 40억 달러를 얻어 갔다 했습니다.

지금 대만 놈들이 뭐라 하는 줄 아십니까? 우리보고, 보라, 중국 사람들도 당신네와의 약속을 저버리고 외교관계를 맺어 가면서 40억 달러를 얻어가지 않았는가? 자기네들은 우리하고 외교관계까지 맺자는 소리는 안한다. '대만 좋다' 한 마디만 해 달라. (웃음) 그러면 당장 300억 달러 주겠다는 겁니다.

보시오. 우리 공화국의 국제적 권위가 얼마나 높아졌는가? 놈은 빌붙으면서 겨우 외교관계를 맺으면서까지 40억 달러 얻어왔다면 우리는 말 한 마디 하면 그 몇 배에 해당하는 돈을 당장 가질 수 있다 이 말입니다. 이거 중국 사람들이 모르지 않습니다.

바빠서 나온 게 오방국(吳邦國/우방궈)이었다는 말입니다. 오방궈는 우리로 말하면 최고인민회의 상임위원회위원장 격 아닙니까? 나오자마자 '이거 미안합니다. 중국돈 2억 5,000만 위안 무상지원하겠수다.' 그래서 우리가 그랬다는 말입니다. 우리가 중국돈 해서 뭐하겠는가. 차라리 유리공장 하나 달라. 그래 들어온 게 대안친선유리공장이라는 말입니다.

앞으로 이제 두고 보십시오. 국제적으로 우리 문제가 해결돼 잠잠해지면 다음번 세계적 대결은 중국하고 미국이 하게 돼 있습니다. 전쟁을 해도 중국과 미국이 전쟁을 하게 돼 있다는 말입니다.

그때 또 왜 심통이 호금도(胡錦濤/후진타오, 중국 국가주석)가 대병국을 또 특사로 보내게 됐는가? 대병국이 우리하고 인민(?)관계가 깊은 사람입니다. 위대한 장군님께서 처음 두 차례 중국을 방문하실 때 그때 대병국이 중국땅의 대외연락부장을 하면서 위대한 장군님 수행해 드리지 않았습니까?

그런가 하면 1950년 8월부터 우리나라 주재 중국의 첫 대사를 했던 사람이 대병국의 아버지였다는 말입니다. 이런 인맥 관계가 있으니까 호금도가 대병국을 특사로 보내면서 두 가지 과제를 줬다는 말입니다.

하나는 어떡하나 김정일 국방위원장님을 중국에 초청하라. 다른 하나는 꼭 3자회담에 다시 나오게 하라.

장군님께서 다 아시고 대병국 만난 석상에서 이런 말씀 주시었습니다.

당신들이 주관하겠다기에 어떡하나 뭐이 좀 해결할까 해서 나갔더니, 일은 그렇게 되지 않았다고 당신들이 또 추진하겠다고 하기 때문에 밑져야 본전인 셈치고 다시 한 번 나가 보시겠다고, 이런 말씀 주셨다는 말입니다.

대병국이 너무도 좋아서 '장군님, 내 부시 찾아가겠습니다.' 그 길로 가지 않았습니까? 자, 김정일 국방위원장님이 3자회담에 다시 나가겠다고 하셨다. 부시 당신도 나오라. 우리가 나가겠다고 하니까 깡통인 부시가 발딱 제꼈다는 말입니다. 난 안 나가겠다. 그러면서 5자회담 하자고 했다는 말입니다 미국 것들이.

그 순간에 우리가 중국의 대병국이고 부시고 떡 대가리고 다 걷어차 팽개치고 저래 6자회담 하자, 그래 6자회담이라는 게 되지 않았습니까?

6. 6자회담 4가지 요구사항

6자회담에 관해서는 여러분들, 여러 차례 강연이 있었습니다. 저는 핵문제와 연결된 자료만 한두 가지 말하고자 합니다.

이게 1차회담부터 여러 나라에서 외무성부상급들이 오지 않았습니까? 1차 때 러시아에서는 로시코프 부상이 왔고 중국에서는 왕이가 나왔댔고 미국에서는 부상인 켈리가 왔댔고 우리나라에서는 중국을 담당한 김영일 부상이 갔댔습니다. 일본과 남조선에서도 거물급들이 왔었습니다.

중국 사람들이 회의장을 준비한다는 게 큰 유리집을 지어 놓고 그 안에다 육각탁을 만들어 놓지 않았습니까. 이거 원탁회의처럼 둥그렇게 만들어 놓았으면 오는 순서대로 아무렇게나 앉읍시다 하면 되겠는데 육각탁을 만들어 놓았기 때문에 2003년 8월 27일 누가 제일 위신 있게 먼저 앉겠는가, 어느 나라가 창피스럽게 맨 마지막에 앉겠는가? 국제회의이기 때문에 이거 신중한 문제다 말입니다. (웃음)

이번에 위대한 장군님께서 우리 단장에게 그때 갈 때 '내가 알아보니까 중국 사람이 육각탁을 만들어 놓았다. 당신 이번에 가면 어떡허나 미국과 일본을 양 옆구리에 끼고 앉아라. 그것 멀리 앞 탁에다 앉혀놓고 일어서서 욕지거리 하느라 (웃음) 수고하지 말고 딱 옆구리에 끼고 앉아 머리만 약간씩 돌리면서 욕사발을 퍼대라. 그러자면 이렇게 하면 될 것 같다.' 다 가르쳐 주셨다는 말입니다.

우리 단장이 2003년 8월 27일 아침에 가 보니 정말 모두 앉지 못하고 어정쩡하게 서 있다는 말입니다. 중국의 왕이가 모두에게 물었다는 말입니다. 이거 어떻게 앉으면 좋겠습니까? 우리 단장이, 거 뭐 어렵게 생각할게 있는가? 나라이름별로 A, B, C 영어 자모 순서대로 시계바늘 돌아가는 방향으로 앉으면 가장 공정한 것 아닌가?

여러분도 아시겠지만 우리 C자 쓰는 코리아이던 거 일본 쪽

발이 책도 있어 K자 든 코리아로 다 팽개치지 않았습니까?
A, B, C 위신 있게 우리나라 대표단이 제일 먼저 앉았다는 말입니다. 우리 대표단은 중앙에 있어, 요가 일본·중국·남조선·러시아 영어 자모 순서 앉았다는 말입니다. USA U는 맨 마지막 아닙니까? (웃음) 미국 놈들 맨 마지막에 앉혀 놨다는 말입니다.

앉고 보니까 우리 우측에 미국, 좌측에 일본 겨드랑이에 꽉 끼고 앉고 남조선은 마주앉았다는 말입니다. 다 앉은 다음에 중국의 왕이가 물었다 이 말입니다. 이거 발언은 또 어떤 순서대로 하는 게 좋겠는가?

역시 우리 단장이, 거 뭐 어렵게 생각할 게 뭐 있는가? 앉는 건 A, B, C 영어 자모 순서대로 앉았으니까 말하는 건 그 반대로 말하기 시작하면 되지 않겠는가? 그래서 미국 놈들 맨 마지막에 앉혔다가 제일 먼저 발언시켰다는 말입니다.

첫날 회담은 각국 정부의 입장을 표명하는 회담이었습니다. 써 가지고 온 거 줄줄 읽었다는 말입니다. 켈리가 한 시간 정도 읽었다고 했습니다. 그때 우리 단장도 한 시간 비등하게 말했습니다. 어떤 나라 15분 읽은 나라, 20분 읽은 나라 각기 합니다.

오후에 4시부터 45분간 미국하고 단독회담했다는 말입니다. 켈리가 5~6명 보좌관을 차고 나왔기 때문에 우리 단장도 3~4명 보좌관을 차고 마주앉았습니다. 켈리가 '누가 먼저 발언하면 좋겠는가?' 우리 단장이 '켈리가 먼저 발언하라!'

켈리가 수첩을 꺼내더니 써 가지고 온 거 5분 읽었다고 했습니다. 그 전에 한 시간 읽은 내용이나 오후에 5분 읽은 내용이나 죄 짜면 일맥상통한 것은 '선 핵포기 후 대화'노선을 고집했다는 말입니다. 그래 우리 단장이 '여보 켈리~'. 이들이 2003년 10월 3일 마주앉았다가 쫓아보낸 그들입니다.

그래 우리 단장이 켈리에게 '여보, 이번에는 나는 그래도 진지하게 허심탄회하게 말을 하자고 준비해 가지고 왔는데 당신들 태도는 변화 없지 않은가? 당신의 태도를 명백히 알기 위해 다음과 같은 네 가지 질문을 하겠다.'

요게 뭔가? 제가 아까 말씀드리지 않았습니까? 1993년 4월 23일 우리 외무성 부국장이 동시에 하자, 네 가지 제기했다고 하지 않았습니까? 그때 켈리가 이다음에 6자회담에 나와 하겠다.

6자회담에 나와 요것 대답했기 때문에 미국 것들이 3자회담에 안 나오겠다고 발딱 제끼는 그 순간에 우리가 언제 이다음까지 기다릴 수 있는가? 저래 6자회담 하자 요걸 띄어보자고 했던 겁니다. 여기 나와 대답하겠다고 했기 때문에, 그래 우리 단장이 내가 네 가지 질문을 하겠다. 이번에는 대답 회피할 궁리 하지 말라. 즉시 대답하라.

첫째로 우리가 핵문제가 다 해결된 다음에 당신이 우리에게 인도적 지원하겠는가? 대답하라. 켈리는 아무 생각없이 '그건 안 된다' 자기들 우리 핵문제뿐 아니라 인권문제, 상용무기 감축문제와 종교문제 등 있지 않습니까? 그니까 아무 생각 없이 그건 안 된다. 좋다.

둘째로 우리가 핵문제가 다 해결된 뒤에도 당신네 우리에 대한 경수로 건설을 끝내겠는가, 안 끝내겠는가? 대답하라. 켈리가 그것도 안 된다. 그러니까 평화적인 핵 이용권도 주지 않겠다는 수작입니다. 그건 케도(KEDO : 한반도에너지개발기구)가 하는 일이니까, 잘 모르겠다.

좋다. 셋째로 우리가 핵문제를 다 해결한 다음에 당신네 우리하고 불가침조약을 체결하겠는가, 못하겠는가? 켈리가 못한다. "미국이 지금까지 어느 나라하고 불가침조약을 체결한 일 없다. 절대로 못한다."

좋다. 마지막으로 우리가 핵무기가 다 해결된 다음에 당신네 우리하고 국교관계를 정상화하겠는가, 못하겠는가? 켈리가 그건 더 못한다. (공백)

모두 안 하겠다고 했단 말입니다. 보십시오. 자기들이 최근까지만 해도 미래와 뭘 생각하라? 우리가 핵포기만 선언하면 뭣도 주고 뭣도 주고……. 다 개수작이 아닙니까? 그래 우리 단장이 '너희 태도 알 만하다. 너희 태도 변화 없는 한 나는 돌아가서 우리 핵 보따리를 든든히 싸야 되겠다고 결심했다.'

7. '꽝 하갔어' 아주 센 위협
이때가 미국 놈들한테 두 번째로 핵무기가 있다 경고했다 이 말입니다. 우리 핵 보따리를 든든히 싸야겠다고 결심했다. 우리 조선민족은 빈말하지 않는다. 한다면 하는 민족이다. 첫째 뭣하고, 둘째 뭣도 하고, 셋째 뭣도 하고, 넷째 '꽝' 하겠다. 이래놨다는 말입니다.

이 '꽝'한다는 게 전쟁하겠다는 게 아니라 1994년 10월 21일 조-미기본합의문에 따라 우리 로켓발사실험 일시중지했던 거 재개하겠다, 이 소리입니다. 이것만 재개해 보시오, 내가 아까 말하지 않았습니까? 미국 바닥이 벌 둥지 부셔놓은 것처럼 된다 이 말입니다. 그러니까 켈리 낯짝이 수수 쪽이 돼서, 푸룩푸룩하면서 그거야 당신들이 할 바이지 나는 모르겠다.

45분 단독회담이 이렇게 끝났다는 말입니다. 다음날 전원회담입니다. 이날 전원회담은 전날 각국 정부의 입장이 표명됐던 거, 말로 이건 타당하고, 이건 부당하다 이렇게 하는 회담입니다. 러시아부터 말이 시작돼서 우리 단장에게까지 왔습니다. 우리 단장, '난 켈리한테 넘기겠다' 켈리가 먼저 일어나는데, 말꼭지를 어떻게 뗐는가?

'어제 4시부터 45분 동안 북조선하고 개별접촉이 있었다. 이건 비밀이 아니다.'

원래 비공개로 했다 이 말입니다. 근데 이건 비밀이 아니다. 이런 식으로 말꼭지를 떼놓고 뭐라 했는가? 켈리가.

'이 45분 접촉에서 북조선 단장은 나를 위협했다. 위협해도 아주 세게 위협했다. (웃음) 널 이렇게 하겠어. 저렇게 하겠어, 꽝 하겠어, 아주 세게 위협했다. 이거 백악관에 다 보고 됐다.'

그러니까 중국의 왕이가 벌떡 일어나서 뭐라 했는가? '좌중에 알릴 말 있다. 회담을 하면서 상대방을 자극하는 발언을 삼가야겠다. 왜? 켈리 선생이 어제 저녁 얼마나 놀랐으면 병원에까지 실려 왔겠는가?' 뭐 이따위 수작을 했다는 말입니다.

그러니까 켈리가 '중국의 왕이 선생이 나의 건강을 돌봐주는 데 대해서는 나는 감사하게 생각한다. 그러나 나는 회담 때문에 병원에 실려간 게 아니라, 나는 원래 심장병이 있기 때문에 병원에 실려갔댔다.' 뭐 이따위 수작들이 오갔다는 말입니다.

그때 켈리, 예순일곱짜리였습니다. 키가 꼭두룩하던 놈. 그때 우리 단장이 일어났습니다. 자, 어제 켈리가 말한 것처럼 45분 회담이 있었다. 그런데 켈리가 말한 대로 인식을 하고 결심을 하면 잘못된 인식과 결심을 가질 수 있다. 왜? 전부가 아니기 때문에. 켈리가 말했다는 게 우리 단장이 질문하고 제가 답한 소리는 싹 뽑고, 우리 단장의 마지막 소리만 하면서 자기를 위협했다고 말하지 않았습니까?

그래 우리 단장이 '옳은 인식을 가지기 위해서 45분 전부를 재연시키겠다. 미국의 태도 변화가 없기 때문에 내가 미국에 이런 거 이런 거 모두 안 하겠다고 했다. 자! 미국이 6자회담 마당에 나와서 우리 핵문제를 평화적으로 해결하겠다고 세계 다른 나라에게는 말해놓고 당사자인 우리하고 마주앉아서는 모두 안 하겠다고 했다. 이게 하겠다는 놈의 태도인가? 그래 나는 미국의 태도 변화가 없는 한 이런 거 이런 거 꽝 이렇게 하겠다고.

자, 내가 켈리를 위협했다고 하는데, 현실을 바로 보라. 현실은 내가 켈리를 위협했는가? 미국이 우리 공화국을 위협하는가? 여기 회담 참가국 전체에게 내가 묻겠다. 지금 6자회담 참가자가 6개 나라에서 250명이 넘습니다. 전체에게 묻겠다. 그러나 대답은 안 듣겠다. 당신들 스스로 생각해 보라. 지금 인류 역사에서 제일 먼저 핵무기를 개발한 나라가 어느 나라인가? 1945년 어느 나라인가 하는 건 당신들 스스로 생각해 보라.

둘째 이 지구촌에서 인류에게 핵 참화를 제일 먼저 입힌 나라가 어느 나라인가? 한 번에 20만씩 죽이면서. 역시 스스로 생각해 보라.

셋째 매해 4,500억 달러의 돈을 탕진하면서 지구상에서 핵무기를 제일 많이 만들어 가지고 있는 나라가 어느 나라인가? 이런 나라가 이라크전쟁이 있고 난 다음에 남조선에 110억 달러의 돈을 투자해서 괴뢰군 무장장비를 현대화한다! 이건 누구를 때리자는 건가? 응! 이건 누굴 때리자는 건가?

그리고 미국이 남조선에서 핵전쟁 연습인 '을지포커스렌지' 훈련을 계속한다. 그리고 미국이 자기네는 피해를 안 입고 우리 지하구조물만 까겠다고 극소형 전술 핵폭탄을 연구개발 생산하기 시작했다.

이게 9월에, 2003년 9월입니다. 오스트레일리아 앞바다에서 미국 주도 아래 여러 개 나라가 우리 공화국의 선박을 나포하기 위한 훈련을 한다. 이 엄연한 사실 앞에서 사태가 이런데도 내가 켈리를 위협했는가? 미국이 우리 공화국을 위협하는가? 세계와 공정하게 봐야 하지 않겠는가?

그 다음에 우리 단장이 그랬다 말입니다. 중국의 왕이, 그래서 중국담당 부상이 왔던 겁니다. 중국의 왕이 당신 미국한테서 돈을 얼마나 받아 먹었기에 그따위 수작을 하는가? 이렇게 구르면 6자회담 흥미 없다. 이렇게 하고 앉았다는 말입니다. 그 자리에서 우리 단장이 나는 간다. 깨 팽개치고 오면 오는 겁니다.

저래 깨질까봐 나머지 네 개 나라가 '공화국 담당 선생, 진정하시오 좌중하시오. 그때 한국측 대표가 병행이라는 소리 한 마디 했다는 말입니다. 병행? 고걸 재깍 집어 꺼내서. 우리가 제시하는 동시행동. 병행. 요거 어딘가 모르게 일맥상통하지 않는가? 요게 원래 미국 사람들이 할 소리인데 남조선 사람들이 미국 사람들의 승인받고 한 소리다. 요거 6자회담에 끌고 나가면 성과 있을 것이다. 이래 회담이 끝났습니다.

마지막 3일 회담. 폐막회담입니다. 5개 나라가 제각기 일어나서 15 내지 20분 꼭 장황하게 6자회담 성과 크다. 첫째 뭐이. 둘째 뭐이. 너덧 가지씩 꽂아댔습니다. 우리 단장 맨 마지막에 일어나서 3분 말했습니다.

'어제도 말했지만 미국의 태도 변화가 없는 한 나는 돌아가서 우리의 핵 보따리 든든히 싸겠다. 여기 앞에 한국측 대표도 앉아 있지만, 우리 조선 민족은 슬기로운 민족이다. 솔직성이 습관된 민족이다. 우리 민족의 존엄과 자주권을 짓밟는 자는 그 어떤 놈이든 우리는 용서하지 않는다. 핵 보따리 든든히 싸겠다. 그리고 6자회담 흥미 없다.

당신들 모다 붙어 앉아서 우리 바지 벗기자는 것이 아닌가? 모다 붙어서 우리를 무장해제시키자는 게 아닌가? 그렇기 때문에 조선민주주의인민공화국 대표는 앞으로 6자회담에 안 나온다.

이렇게 하고 돌아왔단 말입니다. 이거는 2003년 9월 3일 최고인민회의 제11차회의가 조선민주주의인민공화국 외무성이 취한 조치가 정당하다. 법적으로 고착시킨 것이 바로 이겁니다.

8. 위대한 장군님께서 정동영이한테 가르침을 주셨습니다

그 이후 2차, 3차 6자회담은 다 이런 식으로 말싸움하면서 공회전해댔다는 말입니다. 그러다가 지난해(2005년) 8월에 남조선의 통일부장관 해먹던 정동영이 오지 않았습니까?

위대한 장군님께서 정동영이한테다가 명백한 가르침을 주셨습니다. '조선반도 비핵화는 우리 수령님의 구상이었고 나의 의지'라는 것. '우리 핵문제를 평화적으로 해결하는 것은 우리 당의 시종일관한 입장'이라는 것. '우리는 전쟁을 원하지 않지만 어떤 자든 우리 민족의 존엄과 자주권을 짓밟는 자는 가차없이 크게 한다'는 것.

명백한 가르침을 주셨다는 말입니다. 정동영이, 장군님 이

거 세상에 공개되어도 됩니까? 장군님께서 어서 하라 어서. 남조선에는 통일부장관이 국가안전보장위원회 위원장을 겸합니다. 나가자마자 외무성부상 들어오라, 내가 김정일 국방위원장님 만나 뵈었는데, 6자회담에서 이렇게 하라고 하셨다. 너는 러시아에, 너는 중국에, 너는 미국에, 너는 일본에, 싹 파견해 놓았다는 말이야. 다음번 6자회담 이런 방향에서 준비해가지고 오라.

중국 사람들이 가만 보니까 6자회담 조정자가 저네가 아니라 잘못하다가는 정동영이한테로 넘어가게 됐다는 말입니다. 바빠서 특사라는 게 나오지 않았습니까? 위대한 장군님께서 중국의 특사라는 사람한테 명백한 가르침을 주셨다는 말입니다.

6자회담이라는 게 빈 말싸움만 하면서 공회전만 하지 말고 실제적인 문제를 토론하라. 그러면 우리는 다시 나간다. 우리 장군님 가르침 받고 지난해 8월에 진행됐던 제4차 6자회담은 앞의 3차례와 근본적으로 다르게 진행됐다는 말입니다.

뭐이 다른가? 앞의 세 차례는 언제부터 언제까지 한다, 시한부를 정해놓고 하지 않았습니까? 그러나 제4차 6자회담은 언제부터라는 게 없었습니다. 한 나라 왔으면 다음, 또 하나 오면 다음, 이렇게 시작을 했다는 말입니다. 그러면 끝나는 것은 언제인가? 공동성명 채택하는 날이 끝나는 날이다. 이렇게 돼 있었습니다.

다른 하나의 특징은 위대한 장군님 가르치심 받고 실제적인 문제를 토론했다는 말입니다. 조선민주주의인민공화국이 핵 포기를 먼저 하는가, 미국이 인도주의적 지원 먼저 하는가, 아니면 동시에 하는가? 뭐 이런 실제적인 문제를 앉아 토론했다는 말입니다.

다른 하나의 특징은 모두가 붙어 앉아 장시간 말씨름한 것이 아니라 쌍무접촉이 많았습니다. 중국 사람들이 공동성명 초안을 만들어 가지고 매번 수정하면서 22번이나 나라마다 찾아다니면서 요 문장 요렇게 표현하는데 당신네 의견 없지, 이런 식으로.

그런가 하면 이 기간에 미국과 우리하고 단독회담 12차례 했다는 말입니다. 모자는 6자회담 모자를 쓰고 앉아서 실제는 종이회담 장소로 전환됐다는 말입니다. 이렇게 돼서 지난해 9월 19일 드디어 공동성명이 채택되지 않았습니까?

공동성명의 내용, 우리 신문지상에다 큰 조항만 쪼아 공개했었습니다. 그 밑에 세부조항에 다 있습니다. 이리 하면 조선민주주의공화국이 완전한 핵포기를 선언한다. 그러나 평화적인 핵 이용보다는 가진 거, 미국이 북 경수로 100만 kW 건설해준다. 저희들 총투자액의 45% 했습니다. 구멍 파놓고 설비 조립하다 그만됐습니다.

이거 시간이 걸린다. 당장은 남조선이 200만 kW의 전기를 보장한다. 그런데 남조선 아이들 전기도 원자력발전소입니다. 원자력발전소는 송전전압이 최저 50만 kW입니다. 우리는 송전전압이 최고 22만 kW 아닙니까? 우리 송전설비 다 바꿔야 됩니다.

남조선이 책임지고 바꿔준다. 다 바꿔줘서 북이 남조선의 200만 kW의 전기를 먹는 그 순간까지 나머지 네 개 나라는 멀뚜르하게 앉아 있지 말고 벌레 떼를 모다 붙여서 매해 500만 톤의 중유를 넣어준다. 그 밑에 세부조항에 다 있다는 말입니다.

이렇게 돼서 지난해 9월 19일 공동성명이 채택됐는데, 우리는 미국 놈들과의 관계에서 이 공동성명의 채택을 말 대 말

공략이 끝났다, 이렇게 봅니다. 제가 아까 말씀드린 동시행동 네 가지 중에 첫 단계가 이뤄졌다.

처음에 제가 말씀 드렸습니다. 부시는 우리하고 마주앉아 붙지 않겠다고 하던 놈입니다. 회담이란 건 안 하겠다고 하던 놈입니다. 말 대 말 공략까지 이렇게 놓고 보니까 부시가 깜짝 놀랐다는 말입니다.

아니다, 내가 어떻게 돼서 김정일 국방위원장님의 선군정치에 코를 끼워 질질 끌려서 말 대 말 공략을 이룩하는 데까지 왔는가? 아니다, 아니다. 아니다라고 하여야 되기 때문에 우리에 대한 금융제재, 그래 우리가 7월 5일 새벽 4시에 미사일 발사실험했다는 말입니다. 왜 또 심통이 7월 5일 했는가? 그리니치천문대를 통한 경비 시간으로 뉴욕과 평양이 12시간 차이 있습니다. 우리가 7월 5일 새벽 4시면 미국의 뉴욕은 7월 4일 오후 4시라는 말입니다. 7월 4일이 심통의 미국의 독립절이라는 날이었습니다. 그것도 230주년.

저 사람들은 독립절에 꽃불놀이 장식을 한다고 합니다. 숱한 사람들이 꽃불놀이 본다고 텔레비전 앞에 마주앉았댔는데 꽃불놀이 장식이 아니라 우리 미사일 발사 소식만 죄다 테레비가 보도했다는 말입니다. 그 때 뭐이라고 한 줄 압니까? 미국 사람들이 얼마나 놀랐으면 초저녁에 입이 벌어진 게 날이 새도록 입을 다물지 못하고 있었다. 이렇게 돼 있었어.

그런가 하면 자기네 소위 독립절을 축하하여 미국 플로리다주에 있는 우주발사장에서 왕복선을 쐈습니다. 오후 4시에. 바로 그 시간에 7발의 미사일 발사시험을 했답니다.

우리는, 그것도 각종 형태에. 각종 형태라는 게 장거리냐 중거리냐 단거리냐 이것도 각종 형태예요. 지상 대 지상, 지상 대 해상, 지상 대 공중, 이것도 각종 형태입니다. 그렇게 되니까 저것들이 그 다음에 우리 동해 앞바다에 갖다 놓고 핵항공모함 키티호크요, 핵잠수함이요 미-일-남조선 군사연습하지 않았습니까?

핵전쟁 연습입니다. 우리 상륙작전부터 시작했다는 말입니다. 훈련이라는 게 우리나라 북반부 땅덩어리를 가상한 상륙작전부터 시작을 했다는 말입니다. 그래 우리가 10월 3일 핵실험한다, 우리가 선포했던 겁니다.

(〈월간중앙〉 2007년 7, 9월호에서)

제2장
북한의 핵전술
북한은 전쟁을 벌일 능력이 없다

북한이 붕괴되면 곤란한 나라들

북한이 붕괴되지 않는 이유는 간단하다.

우선 한국과 중국이 붕괴를 바라지 않기 때문이다. 한국은 지난 10년 동안 쌀·비료 등 북한주민의 실생활에 도움을 주기 위한 물자를 지원해 왔다. 중국도 조금이지만 원유를 공급하고, 식량도 주고 있다.

두 번째 이유는 한반도에서 전통적인 유교가치관을 지배의 도구로 교묘하게 이용하고 있기 때문이다. 북한은 '유교사회주의국가'이다.

한국과 중국은 곧 북한이 붕괴되기를 바라지 않는다.

그 이유 중 가장 큰 것은 2,200만 명의 북한인구를 포용할 경제력이 부족하기 때문이다. 통일하면 국민의 생활수준은 현재의 반 이하가 된다. 경제는 정체하고 회복하기까지 10년 가까이 시간이 필요하다. 통일되면 빈곤한 북한과 풍족한 남한의 대립이 심각해진다.

가장 어려운 문제는 북한군의 무장해제이다. 게다가 핵을 포함한 비밀무기가 해외에 유출될지도 모른다.

이런 어려움을 생각하면 바로 통일되는 것은 한국에게 있어서 '치명적인 사안'이 될 지도 모른다. 발전하는 중국과 일본, 러시아로부터 뒤쳐지기 때문이다. 적어도 중국보다 기술과 경제력에서 뒤쳐질 위험이 있다.

한편 중국도 북한의 붕괴는 곤란하다. 우선 몇 백만의 난민이 국경을 넘어 중국으로 도망쳐 온다. 둥베이지방의 한족과 북한난민이 합쳐지면 세력이 강해진다. 또 사회혼란의 원인이 된다. 2008년 베이징올림픽과 2010년 상하이엑스포를 앞두고 사회혼란은 절대적으로 피해야만 한다.

또 하나는 민주화문제이다. 북한이 한국과 통일되면 민주국가가 된다. 중국과 국경을 접한 이웃나라가 하루아침에 민주화하는 것은 중국에게는 악몽이다. 중국에게 미치는 영향은 아주 크다.

중국은 옆에 자신들보다도 뒤쳐진 나라가 있는 것이 안전하다. 중국이 우위를 가질 수 있기 때문이다. 이들이 갑자기 민주국가가 되면 중국이 가장 뒤쳐진 국가가 된다. 국가적인 평가는 떨어지고 민주화 물결이 밀려온다. 그렇지 않고 중국보다 뒤쳐져 국제사회로부터 존경받지 못하는 국가가 옆에 있다면 중국에 대한 압력을 돌릴 수 있기 때문이다.

혹시 중국이 북한 붕괴를 결의하면 국경을 열 것이다. 몇 백만의 탈북자가 난민으로서 북한으로부터 도망쳐 나온다. 그렇게 되면 북한은 국가로서 유지할 수 없게 된다. 또 중국이 북한에 대한 석유 공급을 중지하면 북한 군대는 유지할 수 없고 붕괴할 것이다.

게다가 한국이 북한에 대한 지원을 중지하면 북한은 붕괴 위험에 직면한다.

전쟁을 할 수 없는 군사력

북한의 핵개발과 미사일 발사 실험으로 북한이 한국을 공격한다는 공포를 부추기는 사람들이 있다. 또는 북한의 미사일 공격이 지금이라도 일어날 수 있다는 발언도 들린다. 그런 보도도 적지 않다.

하지만 이것은 거의 실현성 없는 주장이다. 북한에는 전쟁을 할 수 있는 능력이 없다. 또 한-미안보조약이 있는 한 북한은 한국을 공격할 수 없다. 한국을 공격하면 미군이 북한을 공격하기 때문이다. 그러면 북한은 멸망뿐이다.

일반적으로 군사전문가는 군사적인 요소만으로 모든 것을 판단한다. 또 군사적으로는 0.1%의 가능성이 있으면 대응책을 생각하는 것이 당연하다. 하지만 군사적인 판단이 정치적으로 옳은 것은 아니다. 이런 맥락에서 볼 때 군인과 군사전문가의 판단이 옳다고 생각하면 다른 경우이다. 군사적인 요소만으로는 전쟁은 할 수 없기 때문이다. 일본은 1941년에 군사적인 판단만으로 진주만을 공격하고 그 결과 패전했다. 정치적 판단을 우선하지 않았다.

왜 북한은 전쟁을 할 수 없을까?

북한에는 석유가 없다. 전쟁을 하기 위해서는 석유가 있어야 하기 때문이다.

북한은 석유를 살 외화가 없다. 중국도 러시아도 외화로 지불하지 않는 한 석유를 팔지 않는다. 북한과 중·러의 관계는 이미 동맹국이 아니다. 중·러는 전쟁할 수 있을 정도의 많은 양의 석유를 북한에 공급하지 않는다.

한반도에서는 석유가 한 방울도 나지 않는다. 해외에서 사올 수밖에 없다. 석유무역에는 국제적인 통계가 있다. 또 유조선에 의한 수송으로도 간단히 파악할 수 있다.

지금 북한이 전쟁을 하기 위해서는 어느 정도의 석유가 필요할까? 흔히 생각해서 1,000만 톤의 준비가 필요하다. 어림잡아도 500만 톤은 필요하다. 최소한 300만 톤 이상 비축하고 있어야 한다.

그러나 북한에는 이만큼의 석유가 없다.

북한이 2005년에 수입한 석유는 겨우 100만 톤이다. 2006년은 50만 톤으로 추측된다. 러시아로부터 석유제품수입이 40만 톤에서 10만 톤으로 급격히 줄었다. 수입하기 위한 달러가 없는 것이다. 미국의 금융제재가 효과를 거둔 것이다. 이래서는 절대로 전쟁은 할 수 없다.

2005년 시점에서 북한이 전쟁에 사용할 수 있는 석유는 60만 톤 정도밖에 없었다. 지금은 40만 톤도 없다고 추측된다. 따라서 전쟁을 할 여유는 전혀 없다. 군사훈련조차 제대로 할 수 없는 실정이다.

석유는 원유를 정제하지 않으면 가솔린과 디젤유 등의 제품이 만들어지지 않는다. 중국은 북한에 매년 50만 톤의 원유를 공급하고 있다. 이 양으로는 군사용으로 사용할 수 있는 가솔린과 제트연료 등은 15만 톤밖에 생산할 수 없다. 나머지는 중유이다.

북한은 2005년에 러시아에서 40만 톤의 디젤유를 수입했다. 전차용 연료이다. 그러나 2006년에는 10만 톤으로 급격히 줄었다. 이것은 2006년에는 군사용으로 사용할 수 있는 석유가 겨우 30만 톤뿐이었다는 얘기다.

2006년 군용 석유는 20만 톤 정도밖에 없었다. 이래서는 군대를 유지할 수 없다. 이것이 북한의 현실이다.

북한의 석유 양만 조사하면, 군사전문가와 한반도문제 전문가는 "가까운 시일 내에 전쟁이 일어난다"고는 판단하지 못할 것이다.

이것은 자신의 전문영역 요소만으로 국제정치를 판단하면 틀릴 수도 있다는 사실을 우리에게 시사하고 있다. 국제정치의 판단에는 경제요소를 비롯하여 전통과 문화·역사·사고방식에 대한 이해가 필요하다.

지금 북한이 폭발할 수 없는 사정은 잘 알고 있을 것이라고 생각한다.

따라서 확실한 증거도 없이 "막다른 것에 몰리면 북한은 폭발한다"라고 말하는 사람들은 거짓말을 하는 것이다.

북한은 폭발하지 않고, 할 수도 없다. 폭발하려면 석유가 필요하기 때문이다. 석유가 없으면 전쟁을 할 수 없다. 단순히 미사일을 발사하는 것만으로는 세상을 놀라게 하고, 그 반응을 즐길 수밖에 없을 뿐이다.

원유는 정유소에서 정제하지 않으면 가솔린과 제트연료가 되지 않는다. 게다가 정제해도 군사용으로 사용할 수 있는 '중간유분(中間溜分)'이나 '경질분(硬質分)'은 최대라고 해도 40%밖에 생산할 수 없다. 질이 나쁜 중국 원유의 경우는 군사용으로 사용할 수 있는 석유제품은 30%밖에 취할 수 없다. 북한의 정유소는 서해안의 중국국경에 근접한 지역에 있다.

이 정유소는 중국의 원조로 건설되고, 크래킹장치가 있다. 크래킹장치는 중유분(重油分)이 많은 원유에서 중간유분을 짜내는 장치이다.

석유에 대한 기초지식 없이 북한의 군사와 경제를 논하기 때

한반도에서의 군사력 대치도

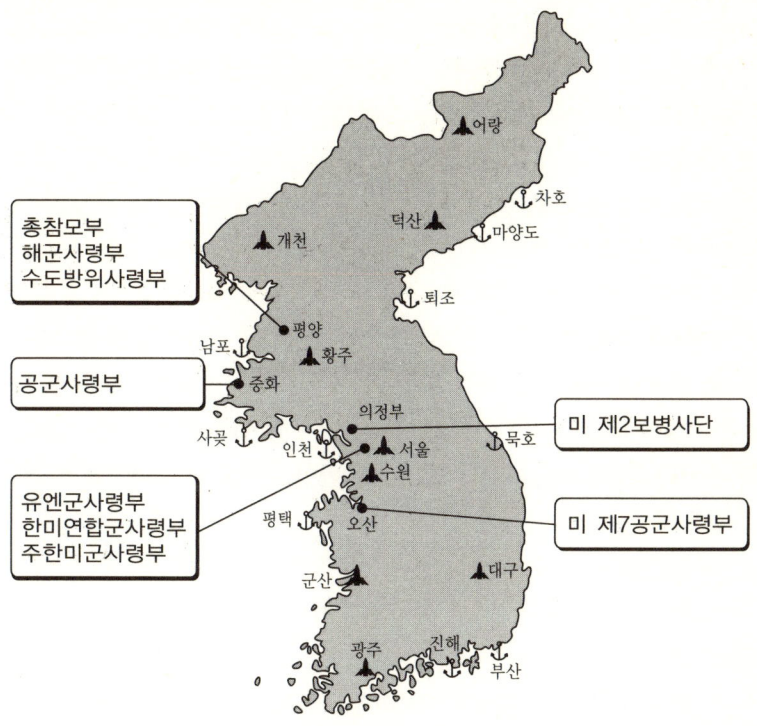

문에 판단을 잘못하게 되는 것이다.

　여기서 말하고 싶은 것은 "국제정치는 단 한 가지 요소만으로 생각하면 잘못이다"는 국제정치학의 이론이다.

　예를 들면 부시 미국 대통령은 왜 이라크를 공격했을까?

　후세인 대통령을 추방하면 국민이 대환영을 한다고 오해했기 때문이다. 경제부흥은 생각하지 않았다. 이슬람에 대한 이해가 없었다. 역사와 문화도 알지 못했다. '민주화'와 '군사'의 시점만으로 이라크공격을 단행했다.

이것을 '단세포사고'라고 한다. 보다 정확하게 말하면 '바보'이다.

정치와 군사라는 하나의 요소만으로 국제정치를 생각해서는 안 된다. 판단을 잘못한다. 적어도 정치와 군사, 경제의 세 가지 요소로부터의 검토가 필요하다. 게다가 문화와 역사, 사람들의 사고방식과 가치관까지 판단의 재료로 삼아야 한다. 미래를 내다보는 역사관도 중요하다.

국제관계론에서는 이것을 '구성주의'라고 한다.

북한은 세계에서 가장 가난한 나라이다. 2006년 국가예산은 우리 돈으로 환산할 때 3조 6천억 원이다. 2007년 예산도 약 4조 원이다. 사용할 수 있는 자금은 불법비즈니스 수입을 포함해도 5조 원 정도다. 이것은 우리 대기업 한 회사의 매출액 수준이다.

경제규모를 나타내는 GDP(국내총생산)는 불과 10조 원 규모이다. 북한에서는 민간경제부문이 없기 때문에 GDP가 확대되지 않는다.

북한은 작은 국력을 외교력과 핵개발로 실력 이상으로 크게 보이려는 데 지나지 않는다. 신출내기 정치가는 거물 정치가와 대립하면서 자신을 크게 보이게 한다. 같은 수법이다.

왜 핵개발을 했는가?

북한은 왜 핵개발을 한 것일까? '한국과 미국을 공격하기 위해'라는 해설이 있지만 이것은 거짓이다. 핵공격을 한다면 한-미안보조약에 의해 북한도 핵공격을 받는다. 또 유엔의 국제적인 제재와 공격에 직면한다.

북한의 입장에 서서 생각하면 이해하기 쉽다.

남북한의 군사력 비교

(2006. 12 현재)

구분			한국	북한
병력 (평시)		계	67만 4천여 명	117만여 명
		육군	54만 1천여 명	100만여 명
		해군	6만 8천여 명	6만여 명
		공군	6만 5천여 명	11만여 명
주 요 전 력	부 대	군단(급)	12(특전사 포함)	19(포병군단, 미사일지도국, 경 보교도지도국 포함)
		사단	50	75
		기동여단	19	69(교도 10여 개 미포함)
	육 군 장 비	전차	2,300여 대	3,700여 대
		장갑차	2,500여대	2,100여 대
		야포	5,100여 문	8,500여 문
		다련장/방사포	200여 문	4,800여 문
		지대지유도무기	20여 기(발사대)	80여 기(발사대)
	해 군 수 상 함 정	전투함정	12여 척	420여 척
		상륙함정	10여 척	260여 척
		기뢰전 함정	10여 척	30여 척
		지원함정	20여 척	30여 척
		잠수함정	10여 척	60여 척
	공 군	전투기	500여 대	820여 대
		특수기	80여 대(해군 항공기 포함)	30여 대
		지원기	190여 대	510여 대
		헬기	680여 대 (육·해·공군 헬기 통합)	310여 대
예비전력(병력)			304만여 명	770만여 명 (교도대, 노농적위대, 붉은청년근 위대 포함)

＊ 한국의 군사력은 제시된 해군병력은 해병대 25,000여 명을 포함, 지상군 부대 (사단, 여단) 및 장비는 해병대 전력을 합산
＊ 북한군 야포 문수는 포병 연대급 화포인 76.2㎜를 제외
＊ 질적 평가 표현은 제한되므로 공개할 수 있는 양적 수준으로만 비교
자료 : 국방부, 《국방백서 2006, 2007》

김정일을 비롯하여 지도층의 가장 큰 걱정은 현재의 체제가 붕괴하는 것이다. 특권을 손에 쥐고 주요한 직위에 오르면 북한에서의 생활에 어려운 점은 없다. 비교적 여유있는 생활을 보낼 수 있다. 하지만 체제가 붕괴되면 이런 특권적 지위에서 쫓겨나 처형당할지도 모른다. 루마니아의 차우셰스쿠 대통령의 예를 보면 분명하다.

　　1990년 남북고위급회담 당시 우연하게 우리나라의 한 관리와 북한의 한 관리가 동석하여 자동차로 이동한 일이 있었다. 운전기사를 포함하여 단 3명만 탄 이 자리에서 이 관리는 북한의 보장성원(국가보위부요원)이 없는 자리를 이용하여 북한 관리로부터 속마음을 들으려고 했다. 당시 동유럽사회주의 모든 국가가 붕괴되고, 소련도 붕괴되기 직전이었다. 당시 북한이 곧 붕괴될 것이라는 예측이 국제적으로 보도되었다.

　　차 안에 두 사람만 있게 되자 북한의 고관이 이렇게 말했다.

　　"남은 북을 통일하려고 하지 않나요?"

　　"한국에서는 그럴 생각이 없습니다."

　　"혹시 만에 하나 북이 붕괴되었을 때에 내 가족을 돌보아 주지 않겠습니까? 혹시 남이 붕괴되면 내가 당신의 가족을 돌보아 주겠습니다."

　　이 발언에서 당시 북한이 붕괴를 진심으로 걱정하고 있다는 것을 알 수 있다.

　　북한의 핵개발 징조가 발견된 것은 1988년부터 1989년쯤이었다. 당시 관계기관에서는 북한의 원자력연구시설에 사용이 끝난 핵연료의 재처리시설이 건설되어 있는 사실을 확인했다. 북한에는 작은 실험용 원자로밖에 없다. 사용이 끝난 핵연료도 많지 않다.

따라서 재처리시설은 필요 없는 것이다. 재처리시설은 사용이 끝난 핵연료로부터 핵폭탄용 플루토늄을 골라내는 시설이다. 따라서 재처리시설의 존재는 핵무기를 개발하고 있다는 증거였다.

이미 살펴보았듯이 당시 북한군에는 전쟁을 계속할 능력이 없었다. 석유가 없기 때문이었다. 또 무기도 오래되었다. 한국과 주한미군의 공격에 반격할 수 있는 군사력은 없었던 것이다.

이 사실을 한국과 미국이 알고 공격해 오지 않을까 우려했다. 그 공격을 막으려면 핵무기를 보유해야 한다고 생각했다.

핵무기의 개발에는 미사일이 필요하다. 핵무기를 아무리 많이 보유해도 운반수단이 없으면 의미가 없다. 상대의 위협이 될 수 없다. 따라서 미사일에 탑재할 수 있을 정도로 소형화하지 않으면 핵개발은 성공했다고 말할 수 없다. 또 미사일의 탄두부분도 핵탄두를 탑재할 수 있는 시스템과 구조를 가져야 한다.

북한의 핵개발에 놀란 미국은 1993년부터 북한과 직접 협상을 시작했다. 그 결과 북한은 1994년에 핵개발을 포기하는 대신 2기의 원자력발전소와 연간 50만 톤의 중유 공급을 얻었다. 이것이 북한과 미국의 '제네바합의'였다.

이 '외교성과'가 북한의 판단을 엎었다. 미국과 한국을 잘 속였다고 생각한 건지, 아니면 핵개발을 그만둘 일 없다는 군부의 주장에 지도자가 밀린 건지, 더 지원을 받으려는 건지……

플루토늄에 의한 핵개발을 중지하는 한편 비밀리에 농축우라늄에 의한 핵개발을 진행시켰다. 그것은 2002년 10월에 미국에 의해 확인되었다.

주변국의 군사력 현황

총괄

구분	미국	러시아	중국	일본
총병력	1,473,960	1,037,000	2,255,000	240,812

육군

구분	미국	러시아	중국	일본
병력	502,000	395,000	1,600,000	149,571
사단(예비)	10(8)	35(15)	59	10
전차	7,620	22,950	8,580	960
경전차	6,719	150	1,000	—
정찰전차	96	2,000	—	90
장갑차	14,900	24,990	4,500	960
견인포	1,547	12,765	14,000	480
자주포	2,067	6,010	1,200	290
다련장포	830	4,360	2,400	110
박격포	2,066	6,100	100	2,000
대전차 유도무기	드래곤 19,000 재블린 950	AT계열의 다양한 형태 보유 보유수는 불분명	7,200	650
지대공미사일	1,281	2,460	284	800
헬기	4,597	1,700	364	485
항공기	298	—	4+	15

해군

구분	미국	러시아	중국	일본
병력	376,750	142,000	255,000	44,928

잠수함(전략)	80(16)	54(13)	69(1)	16
항공모함	12	1	—	—
순양함	27	6	—	—
구축함	49	15	21	45
프리기트	30	19	42	9
해안초계함	21	68	331	7
소해함	26	60	39	31
상륙함	40	21	56	8
상륙정	200	80	50	—
지원함	35	436	163	27
수송함	26	—	?	8
예비수송함	127	—	?	—
전투기	752	266	200	
헬기	608	120	51	107(P-3C 96)
해병사단	3	1	2(여단)	

공군

구분	미국	러시아	중국	일본
병력	379,500	170,000	400,000	46,313
장거리폭격기	205	116	222	—
정찰기	261	160	54	27
지휘기	30	20	—	—
전투기	3,200	1,500	1,200	360
수송기	1,025	354	296	42
급유기	659	20	10	—
훈련기	1,516	980	493	170
헬기	198	848	80	—
민간예비	927	1,500	?	—

＊ 자료 : 〈The Military Balance 2005~2006〉(런던국제문제연구소, 2005. 10)/일본은 〈2006년 일본 방위백서〉(동경 : 일본 방위청, 2006. 8)
＊ 미국 총병력은 해병대 175,350명, 해안경비대 40,360명을 포함한 병력임.
＊ 러시아 총병력은 전략군 8만 명, 지원부대 25만 명을 포함한 병력임.

실제 제네바합의에서는 북한과 미국의 연락사무소 설치, 국교정상화의 목표에 합의했다. 또 핵사찰에도 합의했다.

그러나 워싱턴과 평양에서의 연락사무소 설치는 북한 측이 거부해 실현되지 못했다. 게다가 핵사찰 시기에도 사찰을 계속 거부했다. 북한은 원자력발전소에 용광로가 들어오기 직전에 핵사찰을 받아들인다는 약속을 했지만 따르지 않았다.

이 때문에 미국은 북한이 비밀 핵개발을 하고 있다고 의심했다. 미국은 2002년 봄에 북한이 농축우라늄 제조를 위해 독일에서 비밀리에 알루미늄관을 들여오려고 한 사실을 알았다. 이 알루미늄관을 이집트의 항구에서 압류했다. 조사 결과 북한의 원자력 관계자가 주문한 사실이 밝혀졌다.

김일성의 전략은 미국과의 국교정상화였다.

이 전략은 당초 주한미군을 몰아내고 한국을 통일하기 위해 생각해 냈다. 주한미군을 몰아내면 군사통일도 가능하다고 판단했던 것이다.

그것을 냉전종결 후에 수정했다. 미국과의 국교정상화 없이는 북한은 살아남을 수 없다고 생각하게 되었다. 북한이 살아남기 위해서는 북-미간 국교정상화가 꼭 필요했다. 다만 미국이 북한을 붕괴시키지 않는다는 약속을 받을 필요가 있었다. 북-미가 국교정상화를 한 뒤 붕괴된다면 깡그리 없어지기 때문이다.

정상화전략의 최대 목적은 '자주독립'을 위한 것이었다. 북한은 오랫동안 중국과 소련의 영향 아래에 있었다. 하지만 동유럽의 모든 나라처럼 '지배하'에 놓일 것을 계속 거부했다.

중국과 소련의 어느 지배에도 굽히지 않기 위해 중국과 소련 사이를 오고가는 이른바 '양다리외교'를 했다.

중국이 북한에 압력을 실은 원조를 그만두면 소련에 근접하고 소련으로부터 원조를 받았다. 또 소련의 압력이 세지면 다시 중국에 다가가는 외교이다.

이 '양다리외교'의 희생은 컸다. 경제외교를 목표대로 이룩할 수 없게 되었기 때문이었다. '양다리외교'는 소련이 대립하고 있을 때에는 효과가 있었다. 하지만 중국과 소련이 대립을 끝내고 소련이 개혁개방을 하자 급속도로 효력을 잃었다. 반대로 중국과 소련은 함께 북한에 개혁개방을 강요했다.

이 중국과 소련의 압력을 바꾸려면 미국의 영향력을 이끌어내어 중국과 소련을 견제할 수밖에 없다. 이리하여 중국과 소련을 견제하고 '자주독립'을 유지하기 위해 미국과의 국교정상화 전략에 나섰다.

그러나 1994년에 김일성이 사망했다. 김일성의 죽음은 이 전략을 정체시켰다. 김일성은 북한과 미국의 국교정상화에 대한 외교는 지시했지만, 그 전략의 의미에 대해서 말이나 문서로 제대로 지시하지는 않았다. 전략은 김일성의 머릿속에 있었다. 북한의 지도층은 김일성의 말을 그대로 지켜야만 했다. 그러나 이 국교정상화의 지침에 대해서 명확한 말을 남기지 않았다.

이것이 그 뒤의 혼란과 비밀 핵개발의 원인이다. 북한이 1994년 제네바합의에 따라 연락사무소를 설치하고 국교정상화 협상을 하고, 핵개발을 포기했다면 이 국교정상화는 실현되었을 것이다.

그러나 북한은 제네바합의 후 시간을 끌었다. 당초 약속대로라면 2004년에는 2기의 원자력발전소를 완성하고 미국과의 국교정상화도 실현되었을 것이다. 이것이 북한이 살아남는 유일한 길이었다. 그러나 도중에 전략을 변경했던 것이다.

북한의 판단을 잘못하게 한 원인은 1997년 한국의 대통령 선거에서 김대중의 당선이었다. '햇볕정책'을 내건 한국에 기대를 너무 걸었다. 한국으로부터 지원을 받으면 미국과의 국교정상화를 서두를 필요는 없다고 생각한 것은 아닐까? 이쯤 농축우라늄에 의한 핵개발에 본격적으로 나섰기 때문이다. 게다가 '선군정치'도 시작되었다.

'선군정치' 내세우는 북한 정치체제

북한은 스스로의 체제를 '선군정치(先軍政治)'라 부르고 있다. 이것은 당보다도 군을 우선하는 정치체제이다. 사회주의는 공산당과 노동당 등의 당이 우선하는 체제이다.

그것이 북한의 경우는 '선군'을 슬로건으로 하고 있는 것이다. 이는 사실상 '군국주의'이다. 왜 당보다도 군이 우선시된 것인가? 당이 그 기능을 다하지 못했기 때문이다. 또 당의 우위는 노인들이 발언권을 가지는 것을 뜻한다. 김정일로서는 부패한 당 관료와 보수적인 노인들의 저항에 참을 수 없었을 것이다.

김정일은 1994년 11월 1일에 「사회주의는 과학이다」라는 논문을 발표하고, 당 관료의 부패를 다음과 같이 비판했다.

"혁명을 하는 사람들이 노동자계급의 당에 들어오는 것은 사리(私利)와 공명, 권세를 위해서가 아니라 인민에 복무하기 위함이다. 노고는 누구보다도 먼저 지고, 즐거운 것은 뒤로 미루고, 어려운 일은 앞서서 받아들이고, 성과는 타인에게 양

노동당 중앙위원회 전원회의에 출석한 김정일

보하는 것이 참된 공산주의자이고 노동자계급의 당원이다."

그러나 이런 국민의 표본 같은 당 간부는 거의 없다. 평양
에서 오는 당 간부의 실태는 '책임은 사람에게 떠맡기고', '성
과는 가로채고', '사람을 밀어내려는' 사람뿐이다.

김정일도 약 20년이나 전부터 당이 부패하고 기능을 다하지
못했던 사태를 알고 있다. 노인들이 권세를 누리는 유교적 문
화의 타파를 노린 것이다.

그것이 '선군정치'였다.

북한은 선군정치의 시작을 당초는 김정일의 논문이 발표된
다음해인 1995년 1월 1일로 했다. (중앙방송 1995년 5월 18일)

그러나 공개된 기록에서의 첫 언급은 1998년 4월 8일이었
다. 조선인민군 김영춘 총참모장이 김정일의 국방위원장 추대
5주년 기념연설에서 다음과 같이 말했다.

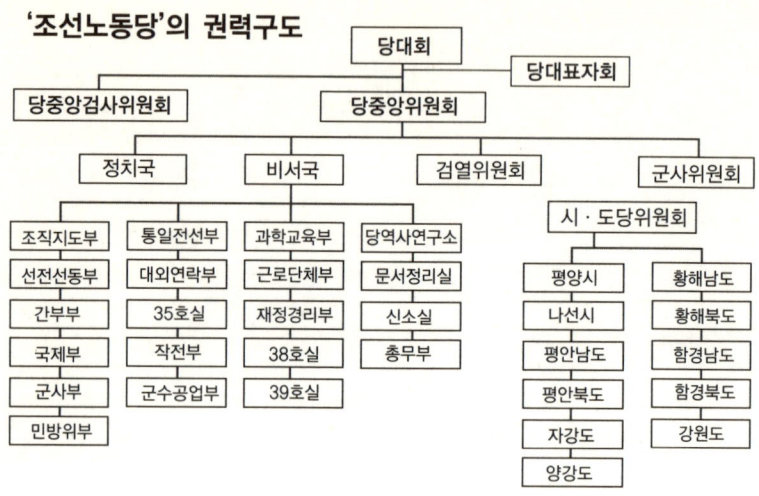

'조선노동당'의 권력구도

		당대회		
당중앙검사위원회		당중앙위원회		당대표자회

정치국		비서국		검열위원회	군사위원회

조직지도부	통일전선부	과학교육부	당역사연구소		시·도당위원회
선전선동부	대외연락부	근로단체부	문서정리실	평양시	황해남도
간부부	35호실	재정경리부	신소실	나선시	황해북도
국제부	작전부	38호실	총무부	평안남도	함경남도
군사부	군수공업부	39호실		평안북도	함경북도
민방위부				자강도	강원도
				양강도	

  "(김정일은) 군대는 즉 인민이고, 국가이며, 당이라는 독자적인 군중심 사상을 보였다."

  이것은 북한사회주의를 부정하려는 듯한 연설이다. 왜냐하면 사회주의에서는 당은 반드시 군 위에 있기 때문이었다. 사회주의국가 군대는 절대적으로 당에 따르는 기관이었다. 그것이 '군은 당이다'라고 말했던 것이다. 당과 군을 대등한 위치에 두는 것이다.

  이 연설이 이루어진 한 달 뒤에 '선군정치'라는 말이 처음으로 등장했다. 〈노동신문〉은 1998년 5월 26일에 「선군정치는 군대의 중시와 강화를 선행시키는 정치」라는 논문을 보도하였다.

  게다가 1999년 6월 16일에 〈노동신문〉과 〈근로자〉가 '우리당의 선군정치는 필승불패'라고 다음과 같은 공동사설을 보도했다.

  "선군정치는 군사우선의 원칙하에 혁명과 건설에 따르는 모

북한의 권력체계

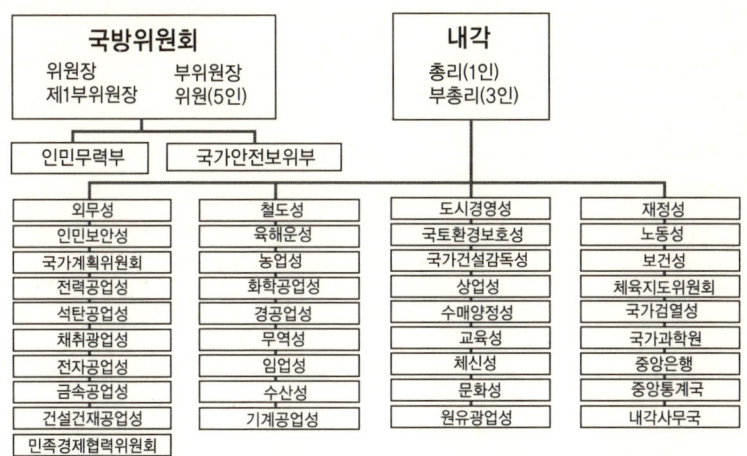

국방위원회		내각	
위원장 부위원장		총리(1인)	
제1부위원장 위원(5인)		부총리(3인)	

인민무력부	국가안전보위부

외무성	철도성	도시경영성	재정성
인민보안성	육해운성	국토환경보호성	노동성
국가계획위원회	농업성	국가건설감독성	보건성
전력공업성	화학공업성	상업성	체육지도위원회
석탄공업성	경공업성	수매양정성	국가검열성
채취광업성	무역성	교육성	국가과학원
전자공업성	임업성	체신성	중앙은행
금속공업성	수산성	문화성	중앙통계국
건설건재공업성	기계공업성	원유광업성	내각사무국
민족경제협력위원회			

든 문제를 해결하고, 군대를 혁명의 중심으로 세우고, 사회주
의 위업 전체를 밀고 나아가는 방식이다."

이 공동사설은 김정일의 당에 대한 쿠데타가 성공한 것을
의미하고 있다. 잡지까지 '군대를 혁명의 중심'이라고 인정했
기 때문이다. 사회주의국가에서는 '당이 혁명의 중심'이고, 당
이외에는 그 역할을 할 기관은 없는 법이다.

북한은 1998년 9월에 사회주의헌법을 개정했다. 새 헌법에
서는 '국방위원장'이 사실상 국가원수라고 설명되었다. 국방위
원회가 실권을 쥐고, '군이 당·정부를 지도하는' 체제로 바뀐
것이다. '당 독재'에서 '군 독재'로 체제를 변경한 것이다. '군
에 대한 당의 지도', '군에 대한 당의 우위'가 사라졌다. 또
'당 정치국'과 '당 서기국'이 유명무실한 존재가 되었다.

북한-중국, 북한-러시아의 관계

북한-중국의 관계는 한국전쟁을 함께 한 '피로 얽힌 동맹'이라고도 표현된다. 그러나 이제 북한과 중국의 관계는 동맹국이 아니다. 보통 나라의 관계나 또는 우호관계는 유지하고 있는 정도다.

중국과 북한의 관계를 잘 말해 준 사실이 있다. 2006년 7월에 북한은 미사일 발사실험을 했다. 그 때 북한이 중국에 통보했던 것은 겨우 발사 20분 전이었다. 이 미사일 발사실험 직후에 중국 외무성 대변인은 "중국과 북한은 동맹국이 아니다"라고 분명히 말했다. 또 핵실험에 대해서도 북한은 직전에 통보했다.

이런 북한과 중국의 관계를 보면 예전의 '동맹국'으로서의 모습은 찾아보기 힘들다. 중국은 북한과의 '상호원조조약'에 대해 북한이 전쟁을 시작한 경우에는 절대적으로 지원하지 않는다는 입장을 명확하게 했다. 또 북한이 공격을 받은 경우는 "적절한 행동을 한다"고 표현하고 '자동개입한다'고는 말하지 않는다. 중국은 한반도전쟁에 휘말리고 싶지 않다는 입장인 것이다.

중국은 예전에는 북한에 석유와 식량 등을 무상으로 지원했지만, 지금은 이런 지원이 없어졌다. 원유 공급에 대해 중국은 100만 톤까지의 수량은 보증하지만, 무상은 아니다. 50만 톤은 시장보다도 싼 우호가격으로, 나머지 50만 톤은 시장가격으로 모두 달러로 지불해야 한다.

따라서 북한은 50만 톤 이상의 원유를 중국에서 구입할 수 없는 상태가 계속되고 있다. 다만, 중국의 경우는 최저 50만 톤에 대해서는 지불이 늦어진 경우에도 공급은 계속되고 있다. 그렇지 않으면 북한 측의 정유소가 조업정지가 되기 때문이다.

러시아의 경우는 더 엄격하다. 고르바초프 정권시기의 소련과 옐친 정권시기의 러시아와는 최악의 관계였다. 민주화를 추진했던 러시아는 북한에 대한 관심이 거의 없었다.

따라서 무상지원도 전혀 없었다. 러시아는 완제품에 대해 지불이 없으면 공급하지 않는다. 석유에 대해서도 1980년대 후반부터 달러 지불을 요구했다. 또 지불이 없으면 공급을 중지했다. 때문에 1990년대는 러시아로부터의 석유공급은 거의 멈추고 말았다.

다만 미국이 2003년에 우라늄농축계획의 존재를 이유로 50만 톤의 중유공급을 중지했기 때문에 북한은 매년 40만 톤 규모의 석유제품을 러시아로부터 구입했다. 그러나 미국의 금융제재가 실시되어서인지 2006년 구입량은 겨우 10만 톤으로 급격히 줄었다.

이렇게 보면 러시아와의 관계는 말 그대로 '보통국가의 관계'가 된 것을 알 수 있다. 다만 러시아는 푸틴 정권이 들어서자 정치적으로는 북한을 적극적으로 지원하는 자세를 보이고 있다. 6자회담에서도 북한의 입장을 지원하는 발언을 자주 하고 있다.

6자회담은 어떻게 되는가?

북한의 외교적인 입장은 예전부터 '북한과 미국의 직접협상'에 의한 문제해결이었다. 미국의 클린턴 정부시대는 북한과 미국의 2개국 협상을 반복하고, '제네바합의'에 이르렀다.

그러나 부시 정부는 당초부터 "북한과 미국의 직접협상은 하지 않는다"라는 입장이었다. 북한이 핵개발을 포기하면 직접협상에 응한다는 입장이었다. 이것은 "핵개발에 당근은 없다"라는 미국 공화당의 기본정책이었다.

그래서 북한이 비밀리에 핵개발을 추진했다는 비판이 강했다. 특히 미국의회에 그런 의견이 많아져 갔다. 이런 국내 분위기를 받아들여 미국은 '다국간 협의'를 모색했다. 이 배경에는 막다른 이라크정책이 있었다. 외교정책으로 전혀 성과가 오르지 않았다. 이라크에서 밝은 예측이 없는 이상 북한의 핵 문제에도 진전이 없다고 비판받았다.

미국은 중국을 설득하고, 미국과 중국을 비롯하여 러시아와 일본, 남·북한의 6자회담을 열기로 했다. 직접협상을 요구한 북한에게는 6자회담에서 북한과 미국이 협의를 할 수 있다고 설득했다.

2003년 8월부터 베이징에서 시작된 6자회담은 중국을 의장국으로 하고 북한에 핵포기를 강요했다.

6자회담은 2007년 2월에 진전을 보였다. 북한이 60일 이내에 영변의 핵시설 가동을 정지하고 한·미·중·러·일 5개국이 중유 5만 톤을 60일 이내에 공급하는 것으로 합의했다.

그 뒤 북한은 마카오의 방코델타아시아은행에 동결된 북한 자금 300억 원의 해제를 운전정지의 조건으로 했다. 이 결과 60일 이내의 '운전정지'는 늦어졌다. 그러나 미국이 동결자금의 해제와 송금에 동의해 '운전정지'가 실현되었다. '운전정지'의 내용에는 문제가 많다. 5만 톤의 중유공급은 한국이 모두 부담했다.

북한 핵시설의 '운전정지'는 무엇을 의미하는 걸까? 자동차

2005년 9월 19일 제4차 6자회담에서 공동성명을 채택하고, 수석대표들이 악수하고 있다. (왼쪽부터) 미국의 크리스토퍼 힐 국무차관보, 일본의 사사에 겐이치로 아시아대양주국장, 중국의 우다웨이 외교부 부부장, 한국의 송민순 외교통상차관보, 북한의 김계관 외무성 부상, 러시아의 알렉세예프 외무차관

로 비유하자면 운전정지는 ①스위치를 끈다, ②자동차 키를 뺀다, ③플러그를 뺀다, ④가솔린을 뺀다, ⑤엔진을 끈다 등의 단계로 비유할 수 있다. 핵시설의 '운전정지'는 어느 단계인가?

북한과 미국의 발표에 따르면 아직 ①단계밖에 없다. 원자로의 제어봉을 사용해 운전을 멈추는 것만으로 연료봉은 아직 원자로에서 벗어나지 않은 것이다. 이래서는 아직 스위치도 빼지 않은 상태다. 필요하다면 언제라도 재개할 수 있다.

엄밀한 의미에서의 운전정지라면 연료봉을 빼 다른 곳에 보관해야만 한다. 그러나 북한의 '운전정지'의 해석은 그것까지는 의미하지 않는다.

북한과 미국은 2007년 9월에 '2007년 말까지 핵시설의 무능력화'를 실행하는 데 합의했다. 그러나 '무능력화'의 의미로는 합의하지 않았다. 이것은 무엇을 의미하는가?

북한은 무능력화를 연료봉의 꺼내는 정도라 해두고 싶었을 것이다. 그것에 대해 미국의 기준에서 보면 원자로를 사용하지 않도록 하는 것이 무능력화이다. 본디라면 원자로의 파괴를 의미하는 말이다.

그러나 북한은 원자로의 파괴까지는 해석하지 않는다. 연료봉을 꺼내고 다른 곳에 보관하는 것을 무능력화라고 한다. 또는 거기까지도 따르지 않을지도 모른다.

6자회담에서는 북한이 핵시설의 무능력화를 실행하면 95만 톤의 중유를 공급하는 데 합의했다. 북한은 자동차 키를 빼는 정도의 무능력화로 이 중유를 손에 넣을 계산인 것이다.

이럼에도 불구하고 이 무능력화조차 약속대로 아직까지 잘 진행되지 않았다. 북한 측은 "미국이 정치·경제적인 약속을 했다"고 밝히고 있다. 이것은 '무능력화' 전에 미국이 어느 정도의 지원과 테러지원국가 지정해제 등을 약속하기로 했다는 것이다. 미국의 힐 수석대표와 북한의 김계관 수석대표는 서로 약속한 '전제조건'을 밝히지 않는다.

이것은 2007년 말의 '무능력화' 언급이 대단한 내용이 아닌지, 사전조건에서 아직 옥신각신하는 듯하다.

개혁개방의 기회를 잃은 북한

북한은 왜 핵폭탄 제조라는 위험한 장난에 계속 집착하는가? 아마도 이것을 세습전체주의 체제유지에 가장 좋은 카드로 활용할 수 있다고 믿었기 때문일 것이다. 핵무기 야망 국가들은 어느 정도 제조할 때까지 절대로 비밀에 부치기 때문에 증거를 잡기란 현실적으로 불가능하다. 그러므로 증거가 없지 않느냐는 말은 순진한 사람들의 말이며, 핵실험할 때라야 놀라 충격을 받기 마련이다. 그러나 북한이 제조한다는 우라늄폭탄은 실험이 필요없는 경우이므로 더욱 심각한 문제를 야기한다. 또 "통일되면 우리 것이 된다"는 일부의 낭만적 논리는 북한이 공산주의체제를 유지하는데 어떻게 '우리의 것이 될 수 있는지' 자문해야 할 것이다. 혹자는 이제 공산주의로의 통일은 불가능하므로 언젠가는 북한의 핵이 '우리 것이 될 것이다'고 말한다. 그러나 김정일이 체제보존용으로 핵무기개발을 하는 이상 현실화될 수 없는 망상이며, 한반도의 비핵화만이 한민족의 생명안전을 도모할 수 있는 것이다.

북한은 핵무기 외에도 미사일·생화학무기 등 무시무시한 대량살상무기 카드를 갖고 있다. 이 때문에 김정일의 선택이 지연되고 우왕좌왕하고 있는지도 모른다. 1994년 제네바합의는 사실상 국제사회의 북한 개혁개방에 대한 기대도 담겨 있었다. 또 세계는 냉전체제의 붕괴로 평화주의가 어느 때보다 새로운 시대정신으로 떠올랐으며, 북한이 적어도 중국방식의 개방을 수용하리라는 관측이 지배적이었다. 그러나 북한은 지난 수년간 개혁개방을 거의 하지 않았으며, 부시 행정부로부터 '악의 축'의 하나로 지목받기에 이르렀다. 김정일이 적극적으로 개혁개방에 나섰다면, 오늘과 같은 기아문제를 비롯한 경제적 파탄은 모면했을 것이다. 특히 한국이 독일식 흡수통일을 하지 않는다고 국제사회에 공언했기 때문에 북한은 제네바합의 이후 몇 년이 개혁을 위한 절호의 기회였다. 그럼에도 김정일은 미사일문제를 일으키고 북한 주민을 몇 백만이나 굶게 하며 몇 만 명의 탈북자를 내는 전무후무한 폐쇄적 공산주의국가로 남으려고 계속 고집을 부리는 것 같다.

김정일이 1990년대에 이미 붕괴해 버린 공산주의체제를 붙잡고 시장경제를 도입하지 않았기 때문에 기아사태로 외국에 식량구걸을 해야만 하는 것이다. 핵무기개발에 소요되는 자금과 노력을 경제개혁에 투입했다면 국제사회의 큰 호응을 얻어 최악의 기아사태로 국제사회에 식량원조로 지탱하는 경제파탄은 어느 정도 면할 수 있었을 것이다. 1989년 10월 고르바초프 전 소련 대통령이 동독 국가원수 호네커에게 "개혁을 더 늦추면 하늘의 벌을 받는다"고 경고한 것은 이제 김정일에게 적합한 경구가 되었으며, 결국 동독의 멸망도 북한에는 교훈이 되지 못했다. 당시 북한은 오히려 동유럽과 소련 몰락에 대해 "가짜 사회주의는 망하지만 진짜(북한의) 사회주의는 발전한다"고 큰소리쳤다. 그러나 이런 북한의 오만이 북한을 개혁개방으로 이끌어나가는 데 걸림돌이 된 것이 확실하다.

　김정일은 고농축우라늄 프로그램으로 다시 한번 미국과 협상을 벌이려고 했다. 이미 국무장관이었던 올브라이트가 지적했듯이 이것은 '북한의 오산'이 될 가능성이 많다. 왜냐하면 김정일이 제네바 합의를 '결정적으로 위반하는 실수'를 저질렀기 때문이다. 오늘의 시기는 1994년과는 다른 21세기다. 오사마 빈라덴의 테러공포가 세계를 짓누르고 있으며, 평화무드는 사라졌다. 위험한 것은 국제사회가 북한 핵문제도 테러전쟁의 일환으로 해석하기 시작했다는 점이다. "테러세력과의 협상은 없다"는 것이 국제사회의 합의이기도 하다. 게다가 대북 포용외교를 주도한 클린턴은 정치무대에 없고, 힘의 논리를 자랑하는 강경우파 부시가 국제사회를 주도하고 있다. 그는 김정일의 핵무기를 카드로 내세운 '벼랑끝 외교'를 결코 수용하지 않을 것이다. 이제 유럽조차도 북한에 등을 돌리는 것으로 보인다. KEDO(한반도에너지개발기구)의 이사국으로 적지 않은 경수로 건설비를 부담한 유럽연합(EU)은 "즉각 핵무기 프로그램을 포기하라. 그렇지 않으면 경수로 지원을 중단한다"고 몇 차례 선언했다. 일본도 선 핵포기 후 수교협상 입장을 보였다. 특히 16차 공산당대회를 치른 중국에서 제4세대 후진타오 총서기의 등장은 '중국이라는 북한의 동맹국'이 차츰 사라지고 있음을 의미했다.

카다피-후세인-김정일

카다피와 후세인의 경우

리비아 지도자 카다피는 결국 구사일생한 것이나 다름없다. 20세기의 독재자들이 영구집권의 미련을 버리지 못해 자기무덤을 파기 일쑤인 권력의 세계에서 카다피는 핵무기 등 대량살상무기를 포기함으로써 국가를 살리고 자기도 살아남은 보기 드문 '결단의 지도자'로 기록될 것이다. 2006년 5월 15일 리비아는 미국과 공식 외교관계를 수립해 국제무대에 정상국가로 등장했다. 이로써 양국은 25년간의 적대관계를 완전히 청산했다.

1980년대 레이건 미 대통령이 '아랍세계의 미친 개'라고 욕설을 퍼붓고 B-52폭격기 편대를 보내 폭살하려고 했던 카다피가 21세기에 살아남아 미국과 화해협력을 다지는 새로운 관계를 만든 것은 기적과 같은 일이다. 또 한 명의 중동 독재자 사담 후세인은 이라크전쟁을 자초해 2006년 말 이라크군사재판소에서 대량 학살죄로 재판을 받고 사형선고가 내려져 처형되었다. 20세기 두 독재자의 극적인 운명의 표상이다.

카다피와 후세인의 운명은 이미 2003년에 갈렸다. 이라크의 후세인은 대량살상무기의 존재를 부인하며 핵발전소와 화학무기 및 군사시설에 대한 사찰을 끝까지 거부하다 미국의 부시 대통령과 영국의 블레어 총리가 주도한 군사공격을 자초했다. 이라크전쟁은 2003년 5월 20일 바그다드에 친미정부가 출범함으로써 후세인의 독재시대를 끝장냈다. 후세인은 토굴 속에 숨어 있다가 미군 수색대에 체포되어 전범재판에 회부되었다.

카다피는 2003년 12월 미국과 친미국가들이 이라크를 침공한 직후 미국과 국제사회에 백기를 들었다. 카다피는 자진해서 리비아의 핵무기와 화생방무기의 전면적 폐기를 선언하고 테러지원을 중단한다고 전격적으로 선언했다. 그는 리비아의 핵시설을 포함한 모든 군사시설을 국제원자력기구(IAEA) 등 국제기구의 사찰과 감시를 받도록 공개한다고 발표했다.

카다피는 독재와 아랍사회주의를 계속 유지하기 위해 대량살상무기를 수입·개발해 왔고, 특히 아랍 테러단체를 공공연하게 지원해 왔다. 또 미국의 보잉-747 판암여객기와 프랑스의 DC-10 국영여객기에 테러를 가해 추락참사를 유발시켜 국제사회의 공적(公敵) 1호로 지목되어 있었다. 카다피는 한때 이집트와 연방을 형성하는 등 아랍세계를 통일하기 위해 정치력을 집중했으나 실패했다.

국제사회는 1980년대 초부터 경제부문 봉쇄조치를 발동해 리비아가 산유국임에도 불구하고 여러가지 경제적 어려움을 겪게 만들었다. 카다피는 2001년 9·11테러를 계기로 이슬람 과격단체들의 테러에 회의를 품기 시작한 것으로 보인다. 먼저 영국의 블레어 총리가 카다피와 비밀회담을 갖고 그를 설득했다. 2001년 리비아와 미국은 런던에서 비밀협상을 가졌다. 미국이 리비아의 아랍사회주의체제를 보장해 주고 경제봉쇄를 해제하기로 약속함으로써 극적으로 리비아의 대량살상무기 포기결단을 이끌어냈다.

IAEA는 즉각 사찰단을 리비아에 파견해 모든 핵시설을 사찰하고, 감시하에 두었다. 미국과 리비아는 2004년 2월 워싱턴과 트리폴리에 상호 이익대표부를 교환·설치했다. 미국은 4개월 후 이익대표부를 연락사무소로 격상했으며, 9월에는 미국의 리비아 석유금지 등 무역제재조치를 풀었다. 리비아는 특히 과거의 테러행위를 사과하면서 미국 판암기와 프랑스 국영여객기 테러참사에 대한 보상을 했다. 또한 테러용의자를 체포해 인도했다.

김정일의 경우

국제사회는 이라크전쟁과 리비아의 대량살상무기 자진해체, 그리고 이란의 국제원자력기구(IAEA) 핵사찰 수용 등의 낭보로 평화에 대한 기대가 어느 때보다도 높다. 이라크는 전쟁방식으로, 리비아는 막후협상을 통한 지도자의 결단으로, 이란은 유럽연합(EU)의 중재로 각각 대량살상무기 문제가 풀릴 것으로 국제사회가 기대한다. 부시가 '악의 축'으로 지목한 3개국 가운데 이라크와 이란은 오명(汚名)에서 벗어나고 있는 것 같다. 리비아는 '테러지원국'이라는 국제사회의 오명에서 완전히 벗어났다. 이제 '악의 축'에서 대량살상무기 문제가 전혀 풀리지 않는 나라로 북한만이 남았다. 북한은 여전히 핵무기개발과 미사일문제를 갖고 국제사회와 대결양상을 보이고 있다. 북한이 미국의 체제보장과 북한핵의 동결을 동시에 하자는 제안에 대해 부시는 북핵문제의 전면적 해체가 선행돼야

한다며 못을 박아 거부했다. 그래서 북핵문제 해결전망은 그
리 밝지 않다. 중국의 외교노력에도 불구하고 6자회담은 북한
과 미국의 줄다리기외교가 계속될 뿐 좀처럼 확실하고도 명백
한 해결의 실마리가 잡히지 않고 있다.

카다피는 "나는 나의 자유의지에 따라 생화학무기와 핵무
기, 장거리미사일 개발 포기와 아울러 국제사회의 무기사찰을
수용할 것이다"고 선언했다. 그리고 그는 CNN과 가진 회견
에서 "북한과 시리아는 세계평화를 위해 나를 따르라"라고 큰
소리쳤다. 리비아의 〈알 쿠두알 아라비〉지는 "카다피는 대량
살상무기 해체를 단행함으로써 핵무기를 보유하고 있는 것으
로 의심되는 북한과 시리아 등 '악의 축' 국가들에 교훈을 주
기를 원한다"라고 논평했다.

다시 말해 카다피는 대량살상무기 포기의 도미노를 겨냥하고
있다는 얘기다. 사실상 국제사회가 테러지원국으로 지목한 리
비아가 대량살상무기를 포기한 것은 북한에 큰 충격을 가할 것
으로 관측됐다. 국제사회에 북한과 이란만이 '악의 축'으로 남
았기 때문이었다. 북한은 미국을 비롯한 국제사회로부터 대량
살상무기 포기 압력을 보다 강하게 받게 될 것이다. 북한이 어
떤 방식으로 국제사회의 요구에 대응할지는 김정일만이 알 것
이다. 그러나 이제 김정일의 선택 폭은 그리 넓지 않은 것으로
관측된다.

이라크전쟁과 같은 미국의 무력에 의한 해결방식은 북한이
분명 피해야 한다. 부시는 아프가니스탄공격과 이라크전쟁을
치르면서 대량살상무기 해체에 자신감을 얻었고, 후세인 체포
와 카다피의 굴복으로 의기양양한 모습이 뚜렷하다. 또 유럽
연합(EU)의 외교노력으로 이란도 '악의 축'이라는 명찰을 뗄

가능성이 많다. 김정일도 어떤 방식을 채택하든 '악의 축'이라는 오명의 명찰을 떼어내지 않으면 안 된다. 핵무기 등 대량살상무기로는 절대로 체제유지를 할 수 없으며, 그것은 오히려 체제의 위기를 자초하는 시한폭탄과 같다. 사담 후세인과 카다피가 좋은 교훈이다.

김정일은 이라크전쟁이나 리비아방식을 모두 채택할 것 같지 않다. 리비아방식을 선택하면 한반도는 금방 긴장완화와 평화회복이 될 것이지만, 김정일은 카다피와 다르다. 카다피가 외친 대로 김정일이 리비아를 따른다면, 일거에 한반도에 평화의 봄이 올 것이다. 그러나 부시에게 무릎을 꿇는 백기를 김정일이 선택할 것으로는 보이지 않는다. 그러면 어떤 방식으로 문제를 풀 것인가? 현재로서는 이란방식이 유력한 것으로 보인다. 북한은 유럽연합과 관계개선을 하고 있으며 유럽도 중재의사를 여러 차례 밝혔다. 그러므로 외교적 중재에 의한 북핵문제 해결이 현재로는 가장 유력하다.

북핵문제 해결을 위한 베이징 6자회담에는 유럽연합이 포함되지 않았다. 이란의 경우 영국-독일-프랑스 외무장관이 공동으로 협상에 참가했으며, 결국 핵사찰수용을 받아내는 데 성공했다. 이렇게 보면 6자회담이라는 국제회의방식이 비효율적일 수도 있다는 생각이 든다.

21세기에 들어와 국제사회는 테러전쟁의 공포와 긴장에 시달리고 있다. 테러전쟁의 배후에는 대량살상무기를 개발해 독재체제를 유지하려는 반(反)민주주의 국가들이 존재한다. 그런데 이들 독재국가 가운데 자진해 대량살상무기를 포기한 리비아가 처음으로 등장했다. 포기명분은 체제유지에 있지만 가장 중요한 것은 리비아가 스스로 국제사회에 복귀해 정상국가로 거듭나겠다는 결정을 했다는 사실이다. 김정일의 선택도 그리 어려운 것이 아니다. 리비아방식이든 이란방식이든 대량 살상무기를 포기하고 정상국가로 돌아오는 데서 북한은 살 길을 모색할 수 있기 때문이다.

세계에서 가장 가난한 나라 북한

한국과 북한의 경제력은 어느 정도 다를까? 북한은 통계를 발표하고 있지 않다. 한국은행 추계를 기준으로 북한 GNI(국민총소득)와 1인당 GNI를 한국과 비교하면 다음과 같다(2006년 기준). 덧붙여 말하면 1인당 GNI는 그 나라의 대졸자 연수입과 같다고 할 수 있다.

한국과 북한의 GNI와 1인당 GNI 비교(2006년 기준)

구분	GNI(국민총소득)	1인당 GNI
한국	8,873억 달러	18,372달러
북한	256억 달러	1,108달러

이것만으로도 북한이 얼마나 가난한 나라인지 이해할 수 있을 것이다. 하지만 한국은행의 이 추계치는 너무나 높다. 북한은 2002년 7월 1일부터 환율을 대폭 내렸다.

북한의 환율은 오랫동안 '1달러=2원'이었다. 그것을 2002년 7월 1일부터 '1달러=150원'으로 75분의 1로 내린 것이다.

이것을 2002년 GNI를 기준으로 계산하면 북한의 GNI는 겨우 3,000억 원 정도다. 1인당 GNI도 15,000원 정도다. 실제로 한국은행은 북한이 공용화폐인 '원'의 절하를 실시했는데도 불구하고 최근 몇 년 동안 GNI의 숫자를 바꾸지 않았다.

북한의 2006년 국가예산은 겨우 3조 6,000억 원이었다. 북한에는 민간기업이 거의 없다. 산업은 겨우 30% 정도가 가동 중이다. 농업생산도 오르지 않는다.

이것은 아무리 많이 계산해도 GNI는 국가예산의 2배 정도, 10조 원 정도라고 생각하는 것이 상식이다. 한국처럼 민간 기업이 활약하고 있는 국가에서도 GNI는 국가예산의 4배에서 7배 정도다.

북한이 2001년 유엔에 제출한 자료에서는 1998년 1인당 GNI를 '467달러'라고 계산하고 있다. 약 50만 원이다. 그러면 GNI는 약 10조 원이다. 이것도 북한이 비교적 높은 숫자를 낸 것은 아닐까 생각한다.

북한은 한국은행의 추계에 따라도 한국의 40분의 1 수준이다. 매우 작은 경제력을 가진 나라다. 그 경제력으로 핵개발을 추진하고 미사일을 발사하면 국가는 쇠약해진다.

국가예산을 보더라도 한국의 작은 도보다도 적은 예산이다. 마약과 위조지폐 등 위법으로 생긴 수입을 생각해도 북한이 사용할 수 있는 예산·자금은 5조 원 정도일 것이다.

북한경제는 왜 이 정도로 악화되었을까? 소련과 동유럽 사회주의 국가가 붕괴했기 때문이다. 북한은 예나 지금이나 외국으로부터의 원조에 의존하는 '종속경제'이다.

북한은 1970년대까지는 '지상천국'을 선전하고, 한국보다도 경제가 발전하고 있다고 선전했다. 일본 학자와 연구자 중에는 북한의 '자유경제'를 주장하는 사람들조차 있는 것이다.

그러나 이 번영도 소련·동유럽 국가들과 중국의 원조 덕택이었다. 냉전이 끝나고, 원조가 없어지면서 북한의 경제는 곧 파탄에 이르고 만 것이다.

북한의 주요 산업시설은 중국과 소련으로부터의 원조로 건설되었다. 동해 쪽 러시아 국경에 가까운 웅기에 연간 200만 톤을 생산하는 정유소가 있다. 이것은 러시아 원조로 건설되었지만 지금은 가동하지 않는다. 러시아로부터의 원유공급이 중단되었기 때문이다.

소련시절에 가장 많은 때는 약 200만 톤 원유를 공급했다. 그러나 1980년대 말부터 공급이 중단되었다. 북한이 원유대금을 지불하지 않았기 때문이다. 소련은 고르바초프 대통령이 페레스트로이카를 추진한 1980년대 후반까지 북한에 석유를 포함한 무역대금 달러지불을 요구했다.

그때까지는 바터무역(교환무역)으로 거래했다. 사실상 물물교환이다. 연말에 무역액을 조정하는 방법이다. 따라서 현금을 지불할 필요가 없었다. 그것이 갑자기 달러지불로 변경되었다. 게다가 우호가격이 아니라 시장가격으로 요구되었다. 소련에서 보면 북한에 팔지 않아도 석유를 팔 수 있는 국가는 많다. 싼 값으로 북한에 파는 일은 없어졌다.

중국은 국경에 가까운 북한 석유화학콤비나트에 정유소를 건설했다. 연간 150만 톤 규모의 정유소이다. 하지만 중국으로부터의 원유 공급은 연간 50만 톤이기 때문에 가동률은 30%뿐이다. 그래도 지금 이 정유소밖에 가동하지 않는다.

북한의 2007년 석유량은 중유가 35만 톤, 가솔린과 디젤, 제트연료 등이 총 25만 톤이다. 이래서는 산업도 농업도 군대도 유지할 수 없다. 경제회복은 어려운 일이다.

북한이 개혁개방정책을 도입하고, 군대를 축소하고, 시장경제를 단행하지 않으면 경제는 회복되지 않는다. 선군정치가 경제회복을 방해하는 최대요인이다.

북한은 지금도 2~3중의 중앙통제경제를 계속하고 있다. 가격을 통제하고, 시장가격을 인정하지 않는다. 게다가 노동력은 부족하고, 농촌에도 일꾼이 없다. 이래서는 아무리 자금을 투입해도, 아무리 외부에서 지원해도 회복되지 않는다.

경제회복에는 우선 우수한 젊은이들의 노동력이 필요하다. 공장에서 일하는 노동력이 없으면 산업은 일어나지 않는다. 그러나 북한은 100만 명이 넘는 우수한 노동력을 10년간이나 군대에 보내고 있다. 병역이 끝나고 일반사회에 복귀할 때쯤이면 노령화된 노동력이 되어 있다. 새로운 기술에 대응할 수 없다. 무엇보다 필요 이상으로 일하지 않는 것에 익숙해져 있기 때문에 산업 노동력으로서는 사용할 수 없다.

한국은 북한에 개성공업단지를 조성하고 한국기업을 보냈다. 여기서 공장을 운영하는 한 사업가에 의하면 북한 노동력은 한국에서 생각하는 그런 노동자가 아니라고 한다. 효율이 매우 나쁘다고 한다.

우선 말한 것만 한다. 생산이 목표에 이르지 않아도 태연하다. 누군가가 목표달성을 위해 열심히 일하면 따돌림을 당한다. 품질검사에서 비율도 결코 좋지 않다. 노동자금은 생산효율을 생각하면 결코 싸지 않다는 것이다.

개성공업단지 노동자 기본급여는 월 60.375달러이다. 노동자의 질과 각종 제약을 생각하면 결코 싼 임금은 아니라고 한다.

문제는 공장이 노동자를 자유롭게 선택하지 못하는 것이다. 우수하지 않더라도 북한 측이 대준 노동자를 고용해야만 한다. 또 공장책임자가 노동자와 직접 이야기하고, 지도하는 것

남북간의 주요경제지표 비교

	비교 년도	단위	남한	북한	남/북 (배)
1. 인구*[1]	2006	천 명	48,297	23,079	2.1
2. 경제성장률	2006	%	5.0	-1.1	—
3. 명목GNI	2006	억 달러	8,873	256	34.7
4. 1인당GNI	2006	달러	18,372	1,108	16.6
5. 대외경제					
무역총액*[2]	2006	억 달러	6,349	30	211.6
수출	2006	억 달러	3,255	10	325.5
수입	2006	억 달러	3,094	21	147.3
대미환율*[3]	2006	원/달러	956	141	—
6. 에너지산업					
석탄생산량	2006	천 M/T	2,824	24,680	0.1
발전용량*[4]	2006	천 kW	65,514	7,822	8.4
발전량*[5]	2006	억 kW/h	3,812	225	16.9
원유도입량	2006	천 배럴	888,794	3,841	231.4
7. 농수산물 생산량					
식량작물*[6]	2006	천 M/T	5,300	4,536	1.2
쌀*[7]	2006	천 M/T	4,680	1,895	2.5
수산물	2006	천 M/T	3,032	923	3.3
8. 광물생산량					
철광석	2006	천 M/T	227	5,041	0.0
비철금속*[8]	2006	천 M/T	901	398	2.3
9. 주요공산품생산량					
자동차	2006	천 대	3,840	5	768.0
조강	2006	천 M/T	48,455	1,181	41.0
시멘트*[9]	2006	천 M/T	49,199	6,155	8.0
비료	2006	천 M/T	3,183	454	7.0
화학섬유	2006	천 M/T	1,457	29	50.2
10. 사회간접자본					
철도총연장	2006	km	3,392	5,235	0.6
도로총연장	2006	km	102,061	25,544	4.0
항만하역능력	2006	천 톤	692,127	37,000	18.7
선박보유*[10]	2006	만 G/T	1,853	90	20.6

*1 남한은 2006년 11월에 작성한 장래인구추계 자료임. 북한은 북한의 1993년 센서스를 기초로 추계한 연앙(매년 7월 1일 기준) 인구임.
*2 무역총액=수출액+수입액
*3 미화 1달러당 남북한 각각의 화폐단위 '원'으로 표시한 자료임.
*4 남한은 상용자가(常用自家) 제외   *5 남한은 상용자가(常用自家) 중 자가소비 제외
*6 미곡, 맥류, 두류, 서류, 잡곡 등 생산량   *7 정곡기준임.   *8 생산능력기준임.
*9 북한은 생산량기준임.   *10 G/T(Gross Tonnage, 용적톤), 1G/T=2.83m³

이 금지되고 있다. 게다가 공업단지에 들어갈 때에는 사전에 나오는 일시를 신고해야만 하는 데다가 도중에 변경하는 것은 절대로 인정되지 않는다. 급한 일이 생겨도 할 수 없다.

북한이 본격적인 경제회복을 목표로 한다면 적어도 지금 군대를 반으로 줄여야 한다. 그렇지 않으면 노동력은 확보할 수 없다. 북한의 약 2배 인구인 한국 군대는 60만 명이다. 북한 병력의 약 절반이다. 이 계산으로 따진다면 북한은 30만 명으로 병력을 줄이지 않으면 경제력을 확보할 수 없게 된다.

또 하나는 식량 확보다. 식량이 확보되지 않으면 농촌 노동력을 공장에 공급할 수 없다. 그러나 북한의 농촌도 극도의 노동력 부족에 직면해 있다. 젊은 사람이 모두 군대에 갔기 때문이다. 때문에 봄 모내기와 가을 수확 때에는 군대부터 일반 주민까지 모두 '농촌봉사'에 나선다. 하지만 그들은 전문 농민이 아니기 때문에 효율이 좋지 않다.

현대 농업생산을 올리기 위해서는 석유가 필요하다. 농업기계를 움직이는 것도 석유이고, 비닐하우스도 석유가 필요하다. 북한의 석유량으로는 농업생산이 좋아지지 않는다.

북한 농업은 농지의 지력이 없어진 지 오래다. 화학비료를 많이 쓰면 밀식농법으로 지력이 떨어진다. 밀식농법은 벼나 야채 사이를 평소보다 좁게 심는 방법이다. 김일성의 지시로 이른바 '주체농법'이라는 이름으로 실행되었다. 단기적으로 생산은 좋아지지만, 결국 지력은 낮아지고 생산이 잘 되지 않는다. 그러나 누구도 김일성에게 말하지 못하였기 때문에 이 농법은 계속 이어졌다.

북한의 수해피해가 만성화되고 있다. 2006년에 이어 2007

년도 대수해가 북한을 덮쳤다. 실제 북한에서는 폭우에도 홍수가 되기 쉬운 구조다. 북한의 수해와 홍수는 인재(人災)인 것이다.

북한에서는 식량부족을 해소하기 위해 산 지면을 이용해서 옥수수 등을 심었다. 또 과일을 생산하는 과수재배가 장려되고, 산 지면에 키가 작은 많은 과수가 심어졌다. 과수는 보수력(保水力)이 약하다.

또 겨울에는 연료가 부족하여, 많은 나무가 땔감으로 잘려 나갔다. 베이징에서 비행기를 타고 평양에 오면 북한에 가까이 오자마자 민둥산이 눈에 띈다. 이것은 한국에서 북한으로 올 때도 똑같은 풍경으로 나타난다.

산에 나무가 적고, 보수력 없는 과수가 많이 심어져서 비가 오면 홍수가 되기 쉬운 것이다. 2006년 홍수로 병사와 일반 주민 1만 5천 명이 죽었다고 하지만, 발표된 사망자는 400명도 안 되었다. 군부대는 산악지대에 주둔하고 있기 때문에 홍수가 일어나면 큰 피해가 나온다고 한다.

2007년의 홍수로 북한은 사망자 500명을 발표하고 국제적인 지원을 요청했다. 한국이 80억 원의 수해지원을 발표하고, UN도 지원을 했다. 하지만 문제는 이런 지원이 이재민에게 돌아갈지 확실하지 않다는 점에 있다.

북한의 절박한 식량사정

북한이 자신의 '위신과 체면'을 뒤로 하고 국제사회에 식량지원을 공식적으로 요구하기 시작한 것은 1990년대 이후이다. 건국 이래 얼마간은 국내생산에 의해 국내수요를 충분히 조달할 수 있었을 뿐 아니라 잉여분을 수출하기도 했다. 그 예로 유엔식량농업기구(FAO)의 통계에 의하면, 1975년에는 50만 톤 이상의 식량을 수출했으며, 최고조에 이르렀을 때의 식량 생산고는 1990년대의 3배 이상을 기록했다.

그러나 식량생산고는 1992년을 절정으로 하락하기 시작하여 결국 1996년부터는 국내수요조차 충족할 수 없게 되었다. 그 구체적인 배경으로, ①1980년대 말부터 1990년대 초에 사회주의제국이 붕괴되자 우호국으로부터 지원이 끊기고, 그 결과 석유 등의 동력자원의 공급이 막히게 되자 농업경영에도 타격을 미치게 된 것과, ②1995년과 그 후의 잇단 자연재해에 의해 농지가 파괴된 것을 들 수 있다. 이런 자연재해에 관해 1996년 8월 7일 외무성 대변인의 담화는 "지난 1994년 9월에 주요 곡창지대가 있는 황해북도에서만도 17만 헥타르의 농지가 큰비에 의해 떠내려가서 102만 톤의 작물이 손실되었으며, 또한 1995년에는 100여만 톤의 작물재고가 떠내려가는 등 150억 달러 규모의 피해를 입었다"고 밝혔다. 그리하여 식량배급 시스템은 붕괴되고, 사람들은 끼니를 거르게 되는 상태까지 내몰렸다. 지금까지 평상시에는 성인 1인당 하루 600g의 식량이 배급되었으나, 1998년의 경우 1월에는 300g, 2월에는 200g, 3월에는 100g으로 달이 갈수록 감소하였으며, 4월부터 수확 전인 8월까지는 배급을 중단하기도 했다.

식량배급의 중단에 의해 가장 피해를 입는 계층은 도시노동자였다. 왜냐하면 농민에게는 '결산분배'라는 방법으로 식량이 공급되었으며, 양도 평균적으로 도시노동자의 배급량보다 많았기 때문이다. 예로, 2003년 11월~2004년 10월의 경우, 농민에게는 가을에 수확할 때의 결산분배에서 1인당 219킬로그램(600g/일)이 분배되었으나, 도시노동자에 대해서는 하루에 평균 300g밖에 배급되지 않았다. 이렇게 분배구조에 격차를 둔 이유에 대해 유엔조사나 북한 정부의 공식견해에 구체적으로 명시되어 있지 않지만, 경제학적으로 해석하면, 분배구조를 바꾼다는 것은 생산함수 자체를 바꾸는 것을 의미한다. 따라서 가령 모든 소비단위에 평등하게 분배하는 정책을 취한다고 하면, 최근에 생산이 증가하고 있는 농업의 생산함수 자체가 무너져 버린다. 농업의 생산량이 부족한 상황에서 무턱대고 생산함수를 변화시키면, 농업 생산량의 확보 자체가 위험해 질 우려가 있다. 오늘날의 상황 아래서는, 농업생산량의 최대화를 조건으로 한 이런 분배구조는 어쩔 수 없다는 판단이라고 생각된다. 이 때문에 1990년대의 기근 때 가장 많은 사망자를 낸 것은 자연재해에 의해 직접적인 피해를 입은 농촌지역이 아니라, 배급시스템에 의해 간접적으로 피해를 입은 도시지역이었다고 추측된다.

　세계식량계획(WFP)에서는 북한의 식량사정을 가계수준에서 파악하는 조사를 행했다. 조사내용에 대해서는 2003년판의 FAO/WFP '특별보고서'에 적혀 있다. WFP에서는 조사방법(조사시기·샘플수) 등을 명기하고 있지 않지만 이는 아마도 개혁(2002년 7월의 '경제관리 개선조치') 직후의 것이라 생각된다. 또한 조사대상은 도시노동자와 연금수급자인 비농민이다.

　이에 의하면, 노동자는 생활비(임금)를, 연금수급자는 연금을 기본수입원으로 하며 친족으로부터의 차입도 나름의 비중을 차지하는 한편, 축산 등의 기타수입은 크게 많지 않다.

　이에 대해, 지출구조는 대부분을 식량공급제도(PDS)를 위해 소비하고 있으며, 기타 야채·식료잡화·집세·일용품·교통비 등으로 이루어져 있다. 유엔조사보고서에는 이런 가계구조에 있어 다음의 두 가지가 염려된다고 지적하고 있다.

①개혁의 영향에 의해 임금을 전액 지불할 수 없는 기업이 있으며, 여기서는 위의 가계조차 유지할 수 없다. ②임금이 전액 지불된다고 해도 식량배급제도를 통한 식량의 입수만으로는 충분한 칼로리를 얻을 수 없으므로, 다른 식량의 입수는 시장에 의존하지 않으면 안 되지만 시장에서의 값은 매우 높다는 것이다.

이런 문제를 극복하기 위해서는 경제개혁을 궤도에 진입시킴과 함께 농업을 신속히 부흥시킬 필요가 있다. 북한에서는 1996년부터 유엔개발계획(UNDP)과의 협력 아래 농업생산의 회복을 위해 이모작을 적극적으로 추진하고 있다. 매년 10월부터 6월 사이에 감자 등의 작물을 재배하며, 6월부터 9월에는 옥수수와 벼를, 그리고 남은 기간에 보리와 밀을 재배한다. 보리·밀과 감자에 의한 이모작의 경지면적은 1997년에 3만 8,000헥타르에서 2004년에는 20만 1,000헥타르로 5배 이상 증가했다. 2004년의 경우, 그 생산량은 48만 5,000톤에 이른다. 그리하여 2004년의 수확고는 총 423만 5,000톤으로, 10년 이래 최대치를 기록했다. 그러나 여전히 최소필요량을 채우지는 못했으며 90만 톤 가까이의 작물이 부족하다고 보인다. 2005년의 재정보고를 보면 농업부문에서 600만 톤의 생산고를 목표로 제시하고 있다. 이것이 이룩되어야 적어도 국내수요는 충족할 수 있게 될 것이다.

북한은 또 대량 기아위기에 놓인 것으로도 분석되었다. 〈이코노미스트〉지는 2008년 5월 8일 피터슨국제경제연구소(PIIE)의 보고서를 소개하며 이같이 말하고 "평양을 비롯, 전국적으로 식량배분체계가 붕괴된 듯하다"고 전했다. 북한주민들은 공공 배급 중단으로 식량을 얻기 위해 비공식 또는 암시장에 대한 의존도를 높이고 있다고 한다.

피터슨국제경제연구소는 최근 북한에서 식량가격이 급속히 올라간 것이 기근의 시작을 의미한다고 밝혔다. 〈이코노미스트〉지는 한국내 대표적 인권단체의 하나인 '좋은벗들'의 말을 인용, "평안남도에서 사람들이 이미 굶어죽고 있다"고 전했다.

북한은 2006년과 2007년 여름 끝무렵에 홍수가 발생해 만성적 식량위기가 심화되었다. 그러나 핵위협에 의존한 북한의 무모한 외교정책은 외국 기부자들의 기부를 막았다. 개혁되지 않은 경제는 식량수입에 필요한 돈을 만들어 낼 수 있는 물자들을 수출하지 못했다.

안드레이 란코프 국민대 교수는 〈이코노미스트〉지를 통해 일부 도시는 지난해부터 배급쿠폰을 받지 못했으며 식량뿐 아니라 전기, 기름도 그렇다고 전했다. 암시장의 쌀이 1년전 860원(6달러)에서 지금은 3,500원대로 올랐다고 밝혔다.

이럼에도 불구하고 국제원조는 기대하기 어려운 실정이다. 미국은 북한의 핵프로그램 신고가 만족할 만한 수준일 때까지는 식량지원을 하지 않을 생각이고, 중국은 전세계 곡물가가 오르면서 자신들의 식량공급에 세금을 부과하고 수출량을 줄이고 있기 때문이다.

2008년 새롭게 출범한 이명박 정부는 북한에 대한 지원을 비핵화와 인권과 연계시킨다고 밝혔다.

수만 명의 탈북자들이 기아를 피해 중국으로 도망쳤다. 이러한 밀매 국경거래는 북한의 일부 참상을 완화했다. 하지만

2008년 여름 베이징올림픽을 앞에 두고 어떤 문제도 발생하기를 원하지 않는 중국을 위해 북한은 국경경비를 강화함에 따라 중국으로 탈북하는 것이 어려워질 전망이다.

김정일이 최근 함경북도의 길주 농장을 '현지지도'하는 자리에서 "현 시기 인민들의 식량문제, 먹는 문제를 해결하는 것보다 더 절박하고 중요한 일은 없다"고 말했다고 조선중앙방송이 2008년 5월 14일 보도했다.

김정일의 이런 발언은 북한의 식량난이 악화돼 일부 지역에서 사람이 굶어죽는다는 전언이 있고, 미국이 식량 50만 톤 지원을 사실상 확정한 가운데서 나온 것이다.

김정일은 이 자리에서 농업증산과 관련한 여러가지 문제를 지적했다. 그는 "이 농장에서 연간 농산물 생산을 급격히 늘릴 수 있었던 기본 요인은 '종자혁명' 방침을 철저히 관철했기 때문"이라고 '종자혁명'의 중요성도 강조했다.

김정일은 식량문제 해결방법은 "정보당 수확량을 결정적으로 높이는 것"이라면서 "우월성이 확증된 주체농법의 요구대로 농사를 과학기술적으로 지으며 적지적기·적기적작(適地適作)의 원칙을 철저히 지켜야 한다"고 촉구했다.

미국 행정부는 6자회담과 상관없이 인도적 차원에서 조만간 북한에 대규모 식량지원을 재개할 예정이다.

숀 매코맥 국무부 대변인은 2008년 5월 13일 "이달 초 북한을 방문한 미 행정부 대표단이 향후 식량배분과정을 어떻게 점검할지에 대해 북한 측과 대화를 나눴으며, 미국은 현재 원조계획을 검토하고 있다"고 말했다.

이와 관련, 영국 〈파이낸셜 타임스〉지는 이 날 "미국이 북한에 50만 톤의 식량을 지원하기로 결정했다며 조만간 유엔 세계식량계획(WFP)과 다른 비정부기구(NGO)를 통해 식량을 보낼 것"이라고 보도했다.

미국은 1990년대 중반 기근에 시달린 북한에 대규모의 식량을 지원했다. 그러나 북한 당국이 원조받은 식량을 민간에 배분하지 않고 군수용으로 전용했다는 판단 아래 지원 물량을 줄이다 2005년에는 아예 원조를 중단했다.

이런 미국이 식량지원을 재개하기로 한 것은 북한의 식량부족이 심각한 상태인 데다 북한 측이 식량 배분의 투명성을 제고하겠다고 약속하였기 때문이다. 워싱턴의 한 외교 소식통은 부시 대통령과 이명박 대통령이 2008년 4월 19일 한-미정상회담을 하면서 대북 식량지원문제도 논의했으며, 양국 정상은 "북한에서 식량배분의 투명성이 확보된다면 인도적 차원에서 쌀 등 식량을 보내는 게 좋겠다고 의견을 모았다"고 전했다.

한편, 정부는 대북 식량지원을 위한 묘안을 찾아내느라 고심 중이다. 정부가 대북식량지원을 적극적으로 검토하고 있다는 사실은 유명환 외교통상부 장관의 중앙일보 인터뷰(2008년 5월 12일자)를 통해 확인됐다. 유 장관은 5월 9일 "북한의 지난해 작황을 위성으로 촬영해 분석해 보니 최소 100만 톤에서 140만 톤까지 부족하다는 게 우리의 판단이며 그래서 적극적으로 인도적 지원을 하기 위해 미국 및 국제기구와 협의 중"이라고 말했다.

하지만 문제는 방법이다. 북한이 한국 정부에 지원요청을 해 오지 않았기 때문이다. 정부 고위당국자는 "공식이든 비공식이든 의사표시만 있으면 적극적으로 해석해 식량을 보낼 방침"이라고 밝혔다. 이명박 정부 출범 이후 "북한의 요청이 있으면 지원한다"고 전제조건을 붙여 오던 것을 대폭 완화한 것이다. 한국 정부는 5월 12일 국장급 당국자를 워싱턴에 보내 최근 방북 협의를 마치고 돌아온 미국의 식량지원 협상대표와 협의했다. 그러나 북-미간 협상에서도 "한국의 식량지원이 필요하다"는 식의 간접적인 의사표시가 없었던 것으로 확인됐다. 지난해까지는 남북이 당국간 채널을 통해 지원시기와 물량 등에 대한 교감이 이뤄지면 북한이 적십자사를 통해 지원을 공식요청해 오는 수순이었다. 하지만 지금은 당국간 채널과 접촉이 일절 끊긴 상태다.

한국 정부는 6월 초 재개될 것으로 예상되는 북핵 6자회담장에서 북한 측과 접촉해 의사를 타진하는 방안을 검토하고 있다.

북한은 2008년 5월 17일 미국이 대북 50만 톤 식량지원을 발표한 지 12시간만에 조선중앙통신을 통해 "미국 정부의 식량 제공은 부족되는 식량 해결에 일정하게 도움이 될 것이며, 조(북)·미 두 나라 인민들 사이의 이해와 신뢰 증진에도 기여할 것"이라고 밝혔다. 미국의 식량원조 사실을 이례적으로 신속하게 보도했을 뿐 아니라, "도움이 될 것"이란 표현으로 '감사의 뜻'을 전한 것으로 풀이된다. 또 이 통신은 북한 당국이 "(미국의) 식량제공 실현에서 실무적 조건들을 보장해 줄 준비가 돼 있다"고 말해, 미국이 요구한 식량분배 모니터링(감시) 방식에 동의했음을 시사했다.

그러나 남한에 대해선 "식량지원을 먼저 요청하지 않겠다"

는 방침을 세운 것이란 관측이 나오고 있다. 정부 당국자는 "최근 방북했던 인사들의 말을 종합하면, 식량을 주면 받겠지만 남한에 먼저 요청하지는 않겠다는 것이 북한의 입장인 것 같다"고 했다. 반면 정부는 북한이 '먼저' 요청해야 식량을 지원하겠다는 입장을 계속 밝히고 있다.

북한은 5월 18일에도 대내용인 조선중앙TV와 대남용인 평양방송 등을 통해 미국의 식량지원 사실을 보도했다. 이런 보도는 "북한 당국이 식량난에 시달리는 주민들에게 곧 식량이 도착한다는 '희망'을 줘 동요를 막고, 북미관계 진전을 알리는 등의 다목적 효과를 기대하는 것"이라 볼 수 있다.

지난 2000년 10월 국방위원회 제1 부위원장 조명록이 방미하는 등 미·북관계가 좋았을 때 북한 관영매체들은 "조선은 미합중국이 식량 및 의약품 지원에서 조선의 인도주의적 수요를 충족시키는 데 의의있는 기여를 한 데 대하여 사의를 표했다"고 보도한 바 있다.

한편 한국 정부는 2008년 5월 18일 미국이 북한에 50만 톤의 식량을 지원하기로 발표한 것에 대해 외교통상부 대변인 명의로 "환영한다"는 입장을 발표했다.

외교부는 "지난 16일 미국 정부가 인도주의에 입각해 식량지원계획을 발표하게 된 것을 환영하며, 이러한 지원이 북한의 식량난을 해소하는 데 도움이 되기를 기대한다"며 "그간 대북 식량지원과 관련해 미국과 긴밀히 협의해 왔다"고 덧붙였다.

북한 붕괴의 5대요소
중국의 대외정책 재검토를 제안하고 있는 한 보고서는, 북한 붕괴의 과정을 다음과 같이 기록하고 있다.

　북한 붕괴의 과정은 아마 다음 다섯 가지 요소에 의해 단계적으로 진행될 것이다.

　① 경제적 어려움 : 최근 몇 년간 북한은 곤궁에 허덕이던 1990년대에 비해 다소 개선된 듯하지만, 빈곤상태는 여전하다. 현재도 주민이 최저생계를 유지하기 위해 필요한 식량이 매년 150만 톤이나 부족하다. (중략)

　2001년 무렵부터 중국의 국유 및 민간 기업은 값싼 에너지 보급기지로 북한을 중시하여 석탄이나 철광석·금·구리·삼림자원의 개발이라는 다양한 권리를 손에 넣었다. 이로써 북한 경제가 나아진 듯 여겨지지만, 이는 마치 '연못을 파서 고기를 낚는' 북한의 미봉책이며 일시적인 경제의 호전에 지나지 않는다. 결국 천연자원이 고갈되어 장기적으로는 이 일이 오히려 북한의 경제발전을 저해하는 재앙의 뿌리가 될 것이다.

　② 지방분권의식 고조 : 특히 경제특구나 북-중 국경지대에서의 분권의식 고조가 예측된다. (중략) 이 과정에서 당연히 당이나 정권의 지도층과 외부의 접점이 늘어나 그들은 서방의 바람을 맞게 된다. 나아가서는 지방 간부들의 의식에 변화를 가져와 개혁을 요구하는 압력이 된다. 이 현상은 분명 중국의 연해부가 1970년대 후반에 경험한 변화와 겹친다.

　③ 중국과의 관계냉각과 대미접근 : 앞으로 급속히 진전되리라 여겨지는 것은 북한의 대미관계이다. 그에 따라 한국과의 정치적·경제적·인적 왕래도 전에 없는 규모로 줄어들 것이다.

　④ 북한 '선군정치'의 한계 : 북한에서도 차츰 군비 및 인원 감축이 부득이하여 군의 존재감과 지위격하가 뚜렷해진다. 개

별 군인의 정치적 권리 및 생활에 대한 대우에도 그늘이 져 군부 실력자들 간에 불만이 조성되는 문제가 생긴다. (중략)

한편, 국제교류가 심화되어 북한의 대외정책에도 전환의 조짐이 일고 정권내 세대교체도 가속된다. 노동당 안에서도 지식이 풍부하고 시야가 넓은 젊은 관료들의 세력이 대두한다.

⑤김정일의 후계자문제 : 김정일은 건강상의 이유로 앞으로 최고권력자로서의 집정능력을 차츰 잃게 될 것이다. 이 경우 누가 후계자가 되든 경력이나 자질·권위의 부족으로 권력이 '물 새듯' 붕괴됨을 피할 수 없다. 그렇게 되면 최종적으로는 한국·미국·중국 등의 영향력 아래에 북한내 군부 주도로 새로운 정권이 탄생할 가능성이 높아질 것이다.

앞에서 살펴본 제안을 요약하면, 우선 본격적인 경제개혁을 실시하지 않는 북한의 문제이다. 지금은 자원매각으로 급한 불을 끄고 있지만, 그것은 어디까지나 빈곤에 대한 근본적인 해결이 되지 않기 때문에 파탄이 찾아올 것이라는 점이다. 게다가 현재 북한에서는 분명 격차도 생기고 있다는 점, 외국을 접한 경험자가 사회에서 커다란 비중을 차지한다는 점, 또 국경지역이나 경제특구를 중심으로 분권의식이 높아져 중앙의 구심력이 확실히 떨어지고 있는 점을 지적하고 있다.

이 보고서의 전반부에는 북한의 빈곤을 암시하는 일화가 많이 소개되어 있다. 북한대표단을 영접할 때, 초대받은 자가 국가의 간부였는데도 중국에서 머문 호텔의 비품을 텔레비전 리모컨에 이르기까지 모두 가지고 가서, 초청한 중국 조직이 숙박비보다 변상비를 더 많이 지불했다고 한다. 또 북한 일반주민의 생활에 대해서는 "1950년에 시작된 식량배급제로 일반주

민 하루 700그램, 군인은 900그램으로 정해진 배급량이 '1994
년에는 일반주민 400그램으로까지 줄어', '(극빈지역에서는)
나무껍질을 벗겨 소금에 절여 먹고 (중략) 변을 보지 못해 사
망한 자가 많다고 들었다"라는 믿기 어려운 이야기도 많다.

미 정부 '김정일 후계전망' 보고서

북한 김정일의 후계체제에 대해 한국국방연구원 소속의 박
사 22명이 의견을 모은 결과 김정일이 자연사한 뒤 집단지도
체제가 들어설 것이라는 전망이 절반 가량을 차지했다.

김정일의 후계자로는 차남 김정철(27)이 유력하다는 의견이
다수였지만 승계를 위한 권력기반은 장남 김정남(37)과 매제
장성택(62)이 더 탄탄한 것으로 분석됐다.

미국 정부는 이런 내용을 핵심으로 하는 보고서를 지난 2008
년 5월 14일 자국 공무원들이 볼 수 있는 공개자료센터(Open
Source Center) 인터넷 사이트에 게재한 것으로 밝혀졌다.

미국 정부 고위관리를 통해 입수된 이 보고서에서는 한국국
방연구원의 한 팀장이 미국 정부의 요청에 따라 작성한 '북한
김정일 후계체제의 특성과 대미정책 조정 전망'을 영어로 번
역한 것이다.

이 보고서는 핵문제 해결을 통한 북-미관계가 급물살을 타
는 가운데 미국 정부가 북한의 후계문제를 검토하기 시작했다
는 증거로 해석된다.

보고서는 북한 후계문제의 가장 중요한 변수를 △김정일 생
존 여부와 사망 형태 △권력구조로 보고 6가지 승계 유형을
제시했다.

설문에 참여한 국방연구원 박사 22명의 45.5%인 10명은

"김정일이 자연사한 뒤 집단지도체제가 들어설 것"이라고 전망했다. 27.3%인 6명은 "김정일 생전에 집단지도체제가 들어설 것"으로 전망하는 등 전반적으로 1인 독재체제가 끝날 것이라는 응답이 77%(17명)나 됐다.

누가 후계자가 될지에 대해서는 36.4%(8명)가 김정철을 꼽았고 31.8%(7명)는 김정남, 22.7%(5명)는 장성택을 점쳤다.

그러나 이 보고서는 "김정일이 아버지 김일성의 권력을 승계했던 경험에 비추면 김정철보다는 권력기반과 정책입안 능력, 개인적 자격 등에서 우월한 장성택 또는 김정남의 권력 승계 가능성이 더 높다"고 분석했다.

한편, 미국 정부의 보고서에서는 "한국 전문가 설문조사 결과에선 김정철의 승계 가능성이 높게 나왔지만, 김정철이 자신의 아버지가 했던 것과 같은 1인 지도체제를 수립하는 데 실패할 가능성도 높다.

사회주의 권력자들의 승계과정을 분석한 홈스 박사의 '3Ps+X'이론에 따르면 장성택과 김정남에게 유리한 것으로 판명된다. 이 이론은 사회주의 국가들에서는 3P, 즉 권력기반(power base), 개인적 자격(personal qualification), 정책입안능력(policy-making ability)을 겸비한 후보자들이 전임 지도자의 사망 등 특별한 상황(X)이 될 때 후계자 자리를 차지하게 된다는 내용이다.

장성택은 김일성이 사망한 뒤인 1995년부터 당 조직지도부 제1부부장으로 일했다. 이 자리는 당·내각·군과 밀접한 관계를 가질 수 있는 자리다. 그가 2004년 이후 잠시 실권해 김정일의 검증을 받았던 것도 역설적으로 그가 당—정—군 엘리트들과 강력한 관계를 가지고 있다는 주장을 뒷받침한다.

김정남도 다른 형제들보다 권력 기반에서 승계에 유리한 위치를 차지하고 있다. 그는 이미 10대 중반에 조선컴퓨터위원회 위원장을 맡아 공직생활을 시작했다. 1980년대 후반 국가안전보위부와 당 선전선동부에서도 일했다.

김정남은 1996년 그의 이모인 성혜랑의 변절로 김정일의 신뢰를 잃었다. 그러나 장성택의 정치적 후견을 받는 것으로 알려져 있으며, 이것이 사실일 경우 장성택의 권력기반을 공유할 수 있다는 점에서 상대적으로 유리한 위치라고 할 수 있다.

이에 비해 김정철의 권력기반은 아버지의 신뢰다. 1996년 이후 김정철의 어머니 고영희를 따라 당-정-군의 권력조직에 진입한 세력들은 김정철을 후원할 가능성이 크다. 이 세력들은 2000년대 초반 김정철의 배지를 만드는 등 우상화에 나섰다는 신호들이 있다. 2005년에 만들어진 것으로 알려진 학습문건들도 이런 운동의 일환으로 보아야 한다.

막내 김정운은 아직 자신의 권력기반을 확보할 기회를 가지지 못했다.

장성택과 김정남은 개인적 자질과 정책입안능력에서도 큰 장점을 가지고 있다. 장성택은 2002년 10월 경제시찰단의 일원 자격으로 서울을 방문할 정도로 당 이외의 다양한 영역에서 자신의 자질을 검증받았으며, 경제개혁에도 관심이 있는 것으로 알려지고 있다.

이에 비해 김정철의 개인적 자질과 정책입안능력에 대해서는 입수 가능한 자료가 거의 없다. 그렇지만 김정일의 절대적인 신뢰를 받고 있으며 "선진 유럽사회를 상당히 이해하고 있는 것"으로 알려지고 있다.

장성택과 김정남은 권력기반의 측면에서 승계준비에 가장 유리하다. 따라서 북한 권력 내부에 지금 당장 또는 향후 5년 동안 어떤 사건이 일어난다면 장성택과 김정남이 지도자가 될 가능성이 크다. 이 경우 권력구조는 군과 개혁세력을 포함한 집단지도체제가 될 것이다.

한편 김정일의 지배가 길어지면 김정철을 지지하는 세력이 권력기반을 강화할 것이다. 김정일이 5년 내에 죽지 않거나 권력을 잃지 않고 지배한다면 김정철—정운 형제가 권력을 승계할 가능성이 크다. 탈북자들의 증언에 따르면 "김정일 혈족 내의 불화가 강화된다면 현존하는 부자승계의 전통이 단절될 가능성도 여전히 존재한다"고 한다.

북한의 핵프로그램

북한의 플루토늄신고만 문제삼기로 한 부시 행정부에 북한이 플루토늄을 통한 핵프로그램 문건을 제공하는 등 적극적으로 부응함에 따라 북한의 '테러지원국 해제'가 시간문제가 되고 있다.

미 국무부는 2008년 5월 10일 북한으로부터 지난 8일 영변 핵시설 내 5MW 원자로 운행기록 등 플루토늄 핵프로그램에 대한 1만 8,000여 쪽 분량의 문건을 전달받았다고 밝혔다.

국무부는 보도자료를 통해 이 날 제출된 문건은 북한의 신고가 '완전하고 정확한 지' 검증하는 중요한 첫 단계가 될 것이라고 밝혔다.

국무부는 영변 핵시설 불능화와 관련, 세 가지 핵심시설 (5MW 원자로, 재처리시설, 연료구성시설)에 대한 11개 불능

북한 영변의 원자로   북한 영변의 냉각탑

화조치 중 8개가 완료됐고, 전체 폐연료봉의 $\frac{1}{3}$이 원자로에서 추출되어 성공적으로 파기되었다고 소개했다. 국무부는 이런 조치들로 보아 북한이 핵무기용 무기급 플루토늄을 추가 생산할 수 있는 능력을 중단시켰다고 평가하고, 더욱 고무되어 있다.

북한은 한걸음 더 나아가 북한이 테러지원국에서 해제되면 영변 핵시설내 냉각탑 폭파를 전세계에 동영상으로 보여 주겠다고 미국에 밝힌 것으로 알려졌다.

북한이 영변 핵시설 문건을 미국에 전달한 것은 부시행정부가 임기 전 북핵폐기라는 가시적인 외교정책의 성과를 바라는 데 있어 일단 청신호가 될 것으로 보인다.

왜냐하면 그동안 북한이 부인해 왔던 우라늄농축프로그램(UEP)과 핵확산활동을 신고대상에서 제외하고 분명히 존재하는 북한 플루토늄만이라도 신고를 받아 해결하겠다는 노력에 부응하기 때문이다.

이에 따라 부시 행정부는 북한이 제출한 문건에 결정적 누락이나 하자가 없으면 이를 받아들이고 핵신고 단계를 접고 북핵 폐기를 위한 검증 단계로 넘어갈 것으로 전망된다.

북핵 신고가 마무리되면 미국은 동시행동의 원칙에 따라 북한을 테러지원국에서 해제하고 대(對)적성국교역법 적용을 중지하기로 되어 있다.

미국은 2008년 4월 30일 국가별 테러보고서에서 북한을 테러지원국으로 지정했지만, 북한은 1987년 대한항공 여객기 폭파 후 테러활동을 지원한 사실이 알려지지 않았다며, 북한의 비핵화 행동에 맞춰 북한을 테러지원국에서 해제한다는 미국의 약속을 이행할 예정이라고 덧붙였다.

북한이 테러지원국에서 해제되면 세계은행 및 다른 국제금융기관들의 대북한 경제지원이 가능해지고 미국과의 관계 정상화를 위한 문이 열리게 된다.

미국은 신고단계에서 언급하지 않은 북한이 보유한 플루토늄 양과 핵무기 수, UEP와 핵확산활동 등은 검증 및 핵폐기 단계에서 다룰 것이라고 말하고 있다.

그러나 신고하지 않은 내용을 어떻게 검증할 수 있고 북한의 지형상 숨길 곳이 많아 제대로 된 검증이 불가능하다는 지적이 유력하게 나오고 있다.

월스트리트저널(WSJ)은 8일 "리비아의 핵폐기는 카다피가 그렇게 하기로 결정했기 때문에 성공했다"며 "하지만 김정일이 그런 결정을 했다는 징후는 전혀 없다"고 비판했다.

북한은 임기 말 외교적 성과에 급급한 미국의 일방적 양보로 영변 핵시설만 신고하면서 '테러지원국'을 해제받고 검증단

계에서 시간을 더 끌다가 다급해진 부시 행정부의 또 다른 양
보가 있으면 검증된 핵폐기 없이 미국과 수교할 수 있는 전략
적 저의가 게재되어 있다는 이유에서다.

북한이 2008년 5월 8일 미국에 1만 8,000여 쪽의 영변 핵시
설 가동 기록을 넘겨줌으로써 북핵문제가 새 국면을 맞았다.
북한이 이를 바탕으로 정확한 핵신고를 하면 미국의 대북 '테
러지원국' 해제와 '적성국교역법' 적용 종료는 시간문제다.

북한의 플루토늄 생산량

사용후 핵연료봉 함유 플루토늄		재처리 플루토늄		핵무기 추정개수
날짜	양(kg)	날짜	양(kg)	양(개)
1990년 이전	1~10	1989~1992	0~10	0~2
1994년	27~29	2003~04	20~28	4~7
2005년 봄	13.5~17	2005~06	13~17	2~4
현재(수조 등 보관)	10~13	—	—	—
총량	51.5~69		33~55	6~13
2006년 10월 핵실험 후 계산량(4~5kg 플루토늄 사용 추정)	46~64		28~50	5~12

영변의 주요 핵시설

① 방사화학실험실

사용 후 핵연료봉을 재처리해 핵무기 원료인 플루토늄을 추
출해 내는 시설이다. 1985년 착공했으며 연간 100톤 규모를
재처리할 수 있다(북측 주장). 북한은 1992년 이전, 그리고
2003년, 2005년 세 차례에 걸쳐 사용 후 핵연료봉을 재처리해

33~55kg의 플루토늄을 추출한 것으로 파악되고 있다(미국 과학국제안보연구소).

②핵연료봉 제조시설

5MWe(megawatts electric) 원자로에 장착할 핵연료봉을 제조하는 시설이다. 1994년 북-미간 제네바합의로 가동이 중단되었다가 2003년 재가동했으며, 지난해 7월 활동이 동결됐다. 핵연료봉 8,000개 제조에 1년쯤 걸린다고 북한은 밝히고 있다.

③5MWe 원자로

1979년 착공해 1986년부터 가동해 온 플루토늄 생산목적의 흑연감속원자로로, 이 시설에는 송전을 위한 배선이 없다. 천연우라늄 연료봉 8,000개(50톤)를 장착한다. 1년 가동하면 핵무기 1기 제조에 필요한 약 6kg의 플루토늄을 생산할 수 있으며, 원자로가 효율적이라면 해마다 같은 양의 플루토늄 추가가 가능하다. 1994년 제네바합의로 동결됐다가 2003년 2월 재가동했다. 북한은 플루토늄을 추출하기 위해 2005년 원자로의 가동을 중단하고, 사용 후 핵연료봉을 빼낸 뒤 새로 8,000개의 연료봉을 장착했다. 이 원자로는 2007년 7월 6자회담 합의에 따라 가동이 중단됐으며, 현재 사용 후 핵연료봉 인출 작업과 불능화 작업이 진행되고 있다. 핵연료봉은 사용 후 원자로 바로 옆의 물탱크에 보관한다.

북한은 미국이 테러지원국 해제조치를 취하면 이 냉각탑을 폭파하겠다는 입장을 미국 측에 전달한 것으로 알려지고 있다.

핵연료공장

원자로

재처리공장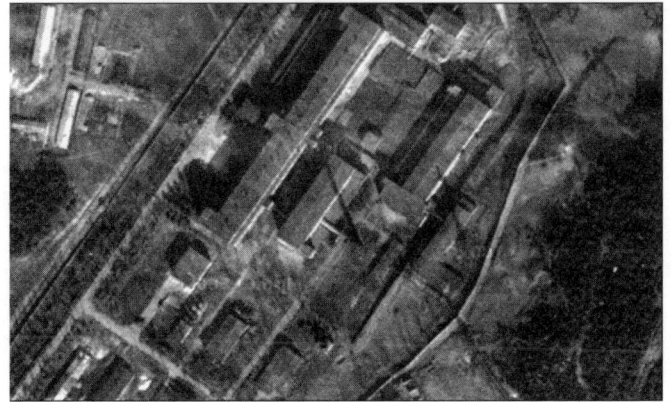

④ 50MWe 원자로

1985년 착공했으나 1994년 제네바합의로 건설이 중단되면서 완공되지 못했다. 북한은 2005년 5월 이 원자로의 건설을 재개하겠다는 입장을 밝혔으나 실제 공사는 진행되지 않았다. 해커 박사 일행이 2004년 방북했을 당시 이 건물은 사실상 방치되고 있었다고 한다. 이 원자로를 가동하면 해마다 핵무기 10개 분량의 플루토늄을 생산할 수 있다(미국 과학국제안보연구소).

플루토늄 핵과 우라늄 핵의 차이

북핵위기는 1993년 3월 북한이 핵확산금지조약(NPT)에서 탈퇴하면서 시작됐다. 영변 핵시설을 통해 플루토늄 핵무기를 개발한 것이다.

이후인 2002년 10월 북한이 미국에 우라늄농축프로그램(UEP)을 보유하고 있다고 밝힌 일이 2차 북핵위기의 발단이 됐다. 이 대목에서 궁금한 것은 플루토늄으로 핵무기를 개발하던 북한이 왜 우라늄농축에 나섰을까 하는 점이다. 전문가들은 그럴 만한 이유가 있다고 말한다.

그 사정을 이해하려면 플루토늄탄과 우라늄탄 차이를 알아야 한다. 먼저 플루토늄은 원자로에서 사용하고 남은 '사용후 연료봉'을 재처리해 만든다. 사용 후의 연료봉에 포함된 약 1%의 플루토늄239를 화학적 처리를 통해 90% 이상으로 농축한다.

이러한 플루토늄 추출공정은 비교적 까다롭지 않고 비용도 우라늄농축방식에 비해 상대적으로 저렴하다는 장점이 있다. 이것이 개발도상국들이 핵무기개발에 플루토늄방식을 사용하는 이유이기도 하다.

그러나 이 방식의 결정적 단점은 원자로와 재처리설비 등 대규모 시설이 필수적이라는 점이다. 그만큼 핵사찰이나 첩보위성 감시에 쉽게 노출될 수 있다.

1986년 9월 영변 5MW 원자로를 가동하기 시작한 북한은 1989년 처음으로 핵 연료봉에서 플루토늄을 추출한 이래 1994년 북-미 제네바합의 이후 핵시설을 동결해 추가 플루토늄 생산이 공식 중단됐다. 이럼에도 불구하고 두 차례 더 재처리를 통해 플루토늄 50㎏ 이상을 보유하고 있으리라는 게 국제사회 판단이다.

북한은 영변 핵시설을 통한 플루토늄 핵무기개발 외에 우라늄농축을 통한 핵개발에도 나선 것으로 확인되고 있다.

1990년대 우라늄농축 관련기술을 파키스탄에서 수입하기 시작한 데 이어 2002년 고농축우라늄(HEU : Highly Enriched Uranium) 프로그램을 운영하고 있다는 사실을 미국에 실토한 바 있다.

우라늄탄은 천연상태 우라늄을 정제하여 그 속에 포함된 우라늄235 비율을 0.7%에서 90% 이상으로 농축시키는 핵농축 과정을 통해 만들어진다.

우라늄농축시설에 어마어마한 자금이 들어가기 때문에 개발비가 많이 들지만 농축시설을 여러 곳에 분산 은닉할 수 있어 대외적으로 숨기기에 유리하다. 일단 제조시설이 설치되면 농축우라늄의 지속적이고도 은밀한 생산이 가능하게 된다.

또 하나 플루토늄탄은, 핵무기 제조는 수월해도 실제 폭파를 위해서는 첨단기술이 필요하다. 기폭장치가 한 치의 오차도 없이 동시에 작동해 순식간에 동시 핵반응을 일으키게 하

는 기술이 필요한데, 북한은 이 문제에 어려움을 겪고 있다고
알려져 있다.

반면 우라늄탄은, 핵 농축에 고도의 기술과 많은 비용이 들
어도 일단 핵무기를 개발하면 실제 기폭은 플루토늄탄보다 쉽
다고 전문가들은 분석한다. 이것이 북한으로서 우라늄탄 개발
유혹을 떨치기 어려운 이유로 보인다.

북한 핵문건 위조 가능성 의혹

미국 정부가 2008년 5월 8일 북한으로부터 전달받은 영변원
자로 가동일지 등이 위조됐을 수 있다는 주장이 미국 전문가
들 사이에서 제기되고 있다.

미 의회조사국(CRS)의 래리 닉시 박사는 5월 14일 "북한이
영변 원자로와 재처리시설을 운영해 오면서 이중문건을 작성
했을 가능성을 배제할 수 없다"고 말했다. 그는 이날 자유아시
아방송 인터뷰에서 "북한은 지난 20여 년간 핵활동을 해오면
서 미국 정보당국의 추정처럼 50킬로그램 정도의 플루토늄을
추출한 기록과 북한이 현재 주장하고 있는 30킬로그램 정도의
플루토늄 추출량만을 보여주는 별도의 '위조문건'을 갖고 있을
가능성이 있다"고 설명했다. 그는 덧붙여 "실제 북한은 지난
1992년 5월 국제원자력기구(IAEA)에 자체 핵시설과 핵물질
에 관한 150쪽에 달하는 초기 핵신고서를 제출하면서 일부 의
심스러운 핵시설에 대한 보고를 빠뜨렸다"고 지적했다.

당시 북한이 신고한 플루토늄의 양도 IAEA의 실사결과와
차이가 있는 것으로 드러났다. 이 때문에 IAEA는 지난 1993
년 2월 이런 문제점을 공식발표하고 북한에 의혹부분에 대한
해명과 핵시설 의심시설에 대한 접근을 요구했지만 북한이 거

부했었다.

미국 과학국제안보연구소(IISS)의 핵과학자이자 과거 이라크 핵사찰단 일원으로 참여했던 데이비드 올브라이트 소장도 비슷한 우려를 제기했다. 그 또한 이 날 방송인터뷰에서 "미국은 북한이 전달한 핵문건의 진실성을 가려야 한다"며 "1990년대초 IAEA가 북한에 기록 원본을 요구했고 북한이 이를 거부해서 문제가 생겼다"고 말했다. 올브라이트 소장은 "북한이 제출한 운영일지, 그리고 일지를 적는 데 쓰인 잉크를 감식하면 위조 여부를 가릴 수 있을 것"이라고 말했다.

북한 테러지원국 해제 이후가 더 위험하다

2008년 5월 중순 이후 북한이 테러지원국에서 삭제되리라는 전망이 주를 이루는 가운데 "테러지원국 해제가 이뤄져도 김정일 정권의 활동을 주시해야 한다"는 내용을 담은 미 의회보고서가 준비 중인 것으로 알려졌다.

미 의회조사국(CRS)의 한반도문제 전문가인 래리 닉시 박사는 의회에 제출할 보고서에서, 미국에 의해 테러단체로 지목된 레바논의 헤즈볼라와 이란혁명수비대에 대해 북한이 앞으로 더욱 테러지원 활동을 강화할 가능성에 초점을 맞춘 것으로 알려졌다.

미국은 최근 "김정일 정권이 2006년 이스라엘과 전쟁을 감행한 헤즈볼라에 대해 미사일을 재공급하고 있을 가능성이 있다"는 결론을 내린 바 있다.

헤즈볼라가 기존 미사일보다 사정거리가 훨씬 더 긴 미사일에 대한 재고량을 증가시킬 수 있는 이유도 북한의 지원 덕이며, 미국에 의해 테러단체로 지정된 이란 혁명수비대에 대해서도 김정일 정권은 핵과 군사협력을 계속 강화하고 있다는 것이다.

이와 관련, 미국의 자유아시아방송(RFA)은 5월 10일자로, 이 같은 내용을 담은 보고서가 미 하원 외교위원회 간사인 일리나 로스레티넨 의원(공화당)의 요청에 따라 최근 공화당 의원들에게 회람됐다고 보도했다.

이번 보고서는, 시기적으로 '성 김' 미국 국무부 한국과장이 5월 8일 북한을 방문해 플루토늄 핵신고 문건을 접수하고 미국 정부가 조만간 북한에 대한 테러지원국 해제를 준비하고 있다는 관측이 나돌고 있는 가운데 준비되고 있는 것으로, 테러지원국 해제문제에 대한 의회 차원의 우려를 반영하고 있다는 견해도 있다.

닉시 박사는 RFA와의 인터뷰에서 북한의 과거 행적을 살펴볼 때 "미국이 북한을 테러지원국 명단에서 풀어준다면 중동에서의 테러지원 활동을 더욱 고무하게 될 것"이라고 밝혔다. 김정일 정권이 테러지원국에서 해제되면 지금보다 더 대범하게 중동지역에서 테러지원 활동을 증가할 가능성이 있다는 견해다.

닉시 박사는 특히 북한과 이란 간의 오랜 미사일 협력은 지난 1993년 이래 핵협력으로 이어지고 있지만, 북핵문제 해결 차원에서 미국 정부에 의해 외면당했다고 지적했다.

실제로 최근 시리아 핵확산 건이 큰 주목을 받았지만 부시 행정부는 내심 시리아보다는 이란에 대한 북한의 핵확산 우려가 더 심각하다는 사실을 알면서도 북한과의 핵협상 타결을 유도하기 위해 이란문제는 그동안 삼가해 왔다고 닉시 박사는 덧붙였다.

닉시 박사는 또 북한이 헤즈볼라와 이란에 대한 무기지원이 외화 획득만의 목적은 아니라며, 김정일은 중동에 골칫거리를 만들어 미국외교를 중동에 묶어둘수록 북한 자체에 덜 위협이 되는 것은 물론 자신의 통치기반안정에 도움이 된다는 '전략적 계산'을 하고 있다고 분석했다.

닉시 박사는 이어 김정일 정권이 테러해제 뒤 헤즈볼라와 이란에 대한 지원활동을 증가시키더라도 "영변 핵시설이 불능화 상태로 남아있는 한" 미국에 의해 테러지원국에 다시 지정될 가능성은 '그다지 많지 않은 것'으로 전망했다.

부시 행정부의 대북정책에 대한 의회의 반대가 증가함에도 부시 행정부는 북한의 민감성에 부응하는 새롭고 상상력이 뛰어난 방법을 계속 모색하고 있다. 그러는 사이 부시 행정부의 동맹인 민주당 의원들은 미국의 대북 경제·군사적 지원을 금지하고 있는 '글렌 수정안' 해제를 추진하고 있다.

이런 전략적 어리석음은 부시 행정부가 북한의 플루토늄에만 집중하고 과거 및 현재 농축우라늄 활동에 대한 고려를 중단하기로 결정한 데 기인한다. 그것은 치명적인 실수가 될 수 있다.

우리 정보기관은 2002년 북한 정권이 산업용 규모의 농축 프로그램을 갖고 있다고 분명히 판단했다. 그 이후 새로운 정보를 얻지 못해 이에 대한 신뢰도가 비록 떨어지기는 하였지만, 본질적인 결론은 바뀌지 않았다. 이에 의하면 "북한은 우라늄농축 프로그램을 운영해 왔고 계속하고 있다"고 하는데, 이는 마이크 맥코넬 국가정보국장이 2008년 2월에 한 말이기도 하다.

부시 행정부에 새로운 자료가 부족하다는 말은 전체 우라늄 문제를 무시하려는 핑계에 불과하다.

플루토늄과 관련, 부시 행정부는 북한의 막연한 설명에 만족하려는 듯하다. 지난 몇 년 간 영변원자로 폐연료봉에서 추출했다고 생각되는 이 물질의 양에 대한 설명 등을 말하는 것이다.

부시 행정부는 북한이 얼마나 많은 플루토늄 무기를 갖고 있는지, 북한에 다른 숨겨진 플루토늄 시설들이 있는지, 북한의 핵무기개발 능력은 어떤지 등에 대해서는 관심을 나타내지 않고 있다.

국무부는 북한이 과거에 핵확산 활동을 했는지 모른다고 주장하고 있다.

북한이 시리아 유프라테스강 유역에 건설을 도왔던 원자로가 2007년 9월 이스라엘 공군에 의해 가루가 된 후, 핵확산 활동에 대한 북한의 노력과 관심이 중단됐는지도 모른다. 그것이 사실이더라도 안심해서는 안 된다.

이란이 가장 먼저 고려되어야 할 대상이다. 시리아가 북한 영변 핵시설과 똑같은 원자로를 유프라테스강 유역에 5년 이상 건설할 때 최소한 이란의 묵인이 없었다는 것은 상상할 수 없다. 이란은 분명히 관련되어 있는 것으로 보인다. 이란은 시리아가 북한으로부터 원자로 기술을 구입하는 데 재정지원을 할 수 있기 때문이다. 요컨대 이란은 시리아 원자로의 플루토늄 생산으로부터 이득을 얻으리라고 기대했을 것이다.

이란은 북한처럼 국제사회의 사찰로부터 핵활동을 숨기고 싶은 똑같은 인센티브를 갖고 있다. 북한 또는 이란에서 국제사찰단으로부터 금지된 핵활동을 숨기는 좋은 방법으로 시리아에 핵시설을 건설할 수 있다고 믿기 때문이다.

1999년 미사일발사 중지 선언 후 이란과 협력 미사일능력 개발

이란과 북한은 이미 자신들의 무기를 전세계 어디에서나 명중시킬 수 있는 운반시스템인 탄도미사일 분야에서 협력한 역사를 갖고 있다. 북한은 1999년 한반도에서 미사일발사 모라토리엄(중지)을 선언한 후 이란의 공격적 미사일 연구와 개발 프로그램을 협력해 왔다.

북한은 2006년 4월 이 모라토리엄을 파기하기 전 이미 (이란) 발사실험 자료로부터 이득을 보아왔다. 그 사이 북한은 동북아에서 미사일 발사 모라토리엄을 '도발적 행동의 명백한 포기'라는 정치적 선전에 이용했다.

무기 프로그램을 아웃소싱해 주는 일은 북한에게는 새롭지 않다. 우리 정보는 시리아 원자로가 현금거래를 통해 이루어졌다고 공개적으로 밝혔지만 의회 브리핑은 이에 대한 입증 증거를 담고 있지 않다. 이는 놀랄 만한 일이 아니다. 이스라엘의 공습은 문서를 조사해서가 아니라 유프라테스 강둑에서 본 구체적인 증거에 기초했기 때문이다.

북한, 영변핵시설 동결해도 제3국에서 플루토늄 확보

가정이기는 하지만 북-미간 핵합의가 북한으로 하여금 제3자로부터 생산된 플루토늄을 얻도록 했다면 어떨까? 제3자가 이란 또는 시리아라면 어떨까?

그렇다면 북한은 미국과의 합의를 통해 영변 원자로를 동결시켰지만 플루토늄을 다른 곳으로부터 계속 공급받을 수 있는 것이다. 이란은 국제원자력기구(IAEA)의 사찰로부터 면제된 원자로 개발기술경험을 갖고 있다. 시리아는 공개하지 않는 핵능력을 향해 주요한 진보를 했다.

이것이 문제이다. 북한의 핵확산은 전세계에 문제를 야기하는 '한 번의 거래' 이상이다. 자신들의 핵무기 프로그램의 본질인 것이다.

부시 행정부는 이러한 가능성이 없어졌으면 좋겠다고 생각하며 타결을 할 수 있다. 그러나 우리가 알지 못한다는 이유로 엄존하는 현실을 없어지게 할 수는 없다. 그 현실은 계속 남아 부시 대통령의 후임자를 괴롭히고 국제사회에 위협이 될 것이다.

제3장
한국의 북한 핵전략
한국은 지금 당장 남북통일 할 생각이 없다

한국 국내정치에 이용되는 남북관계

현재 남한과 북한 사이의 경제적 격차는 무려 30배가 넘는다. 한국의 방위비는 북한의 총 GNP보다 크다. 이런 상황에서 북한이 한국에 흡수통일되지 않으려면, 또 북한체제가 무너지는 일을 방지하려면, 북한으로서는 '핵무기'라는 심리적 안전장치가 절대적으로 필요하다고 생각할 것이다. 그래서 여러 가지 사정을 생각해 볼 때, 북한의 핵문제가 간단히 해결되기는 힘들 것이다.

우리나라 지금 정부차원에서 북한의 핵문제에 관해 다음 세 가지 원칙을 고수하고 있다.

첫째, 북한의 핵무장은 절대 허락할 수 없다. 북한의 핵무장은 우리뿐만 아니라 동북아 지역 전체에게 가장 큰 위협이기 때문이다. 게다가 9·11사태를 겪은 미국 입장에서도 북한 핵문제는 최우선적인 안전보장문제일 수밖에 없다.

둘째, 한반도에서 만일 사건이 발생한다면 분명 커다란 비극이 일어날 것이라는 점이다. 따라서 우리는 핵문제를 군사적 방법이 아닌, 평화적 방법을 통해 해결하기를 원한다.

셋째, 한국은 어디까지나 당사자로서 이 문제를 해결하고자 한다. 중재역이 아니라, 적극적인 당사자로서 핵문제에 대응하려 한다.

위의 세 가지 원칙을 중심으로, 우리 정부는 북한의 핵문제에 관여하기 시작하고 있다.

핵을 보유하려는 의지를 굽히지 않는 북한과, 양보하지 않고 완전한 해결만을 바라는 미국, 이런 두 나라 사이에서 우리나라는 윤활유 역할을 하고 있다.

"북한이 핵을 완전히 폐기하겠다고 동의하면, 일단 동결된 상태로 보고 북한에게 에너지 지원을 해 주자. 이렇게 사태를 가라앉히면서 대화로써 문제를 해결하자."

이것이 우리 정부의 제안이다. 이에 대해서는 미국도 동의하고 있다. 이 제안은 매우 유연하면서도 매우 엄격하다. 즉 북한의 완전한 핵폐기를 전제로 한 제안이다.

우리나라와 북한은 2007년 8월에 제2차 정상회담을 여는 데 합의했다. 2007년 8월 28일~30일까지 평양에서 열린다고 한 차례 발표했으나, 그 뒤 10월로 연기되었다. 북한의 홍수 피해가 그 이유였다. 그러나 북한은 뚜렷한 정치적인 이유 없이 결정을 변경할 나라가 아니다. 우리가 모르는 정치적인 이유가 있었던 것이다.

북한은 '남북정상회담'을 연다고는 발표하지 않았다. 노무현 대통령이 '평양을 방문한다'고 발표했다. 그 표현에 북한의 입장과 의향이 충분히 담겨 있다.

그럼 왜 그 시기에 남북정상회담이 열리는 것일까?

정상회담 개최를 이전부터 바라던 것은 한국의 노무현 대통령이었다. 2007년 말 대통령선거에서 여당후보가 승리하기 위해서는 남북정상회담이 반드시 필요했던 것으로 보인다.

노무현 대통령이 이끄는 여당인 열린우리당은 급격히 지지율이 떨어지고 있었다. 지지율은 10%대로 저조했다. '열린우리당'의 이름으로는 대통령선거에서 절대로 이길 수 없었다. 그래서 많은 의원이 탈당하여 신당을 결성하기로 했다.

"노무현 대통령의 지시를 받는 열린우리당의 이름으로는 대통령선거에서 질 것"이 그 이유였다. 열린우리당은 노무현 대통령이 만든 정당이었다. 한국에서는 대통령이 바뀔 때마다 새로운 정당이 만들어진다.

그래서 한국 정치는 "정당이 권력을 새로 만들어내는 정치형태가 아니라 권력자가 정당을 만들어내는 정치"라고 불린다.

정상회담 개최 발표 시점에서 여당세력은 2~4개의 정당-세력으로 분열되어 있었다. 이것을 하나의 정당으로 대통합하지 않으면 대통령선거에서는 이길 수 없다고 보았다. 이 대통합 분위기를 고조시키기 위해 정상회담의 실현이 필요했던 것으로 보인다.

남북정상회담은 그만큼 큰 정치효과가 있을까? 사실 이전만큼 열광적인 지지는 없을 것이다. 우리 국민도 매우 냉담해져 있었다. 그래도 정상회담 개최 합의 발표로 노무현 대통령의 지지율은 10%대에서 26%로 상승했다.

그러나 정상회담은 합의 뒤 얼마 안 있어 북한 수해를 이유로 연기되었다. 1개월 이상이나 늦은 10월 2일~4일 일정으로 변경되었다.

왜 연기되었는가?

김정일이 한 번 결정한 일을 보통은 변경할 수가 없다. 자신이 틀린 결단을 내린 것이 되기 때문이다.

연기 이유를 북한은 큰 수해 때문이라고 설명했다. 이것도 '별안간'이라고는 믿기 어렵다. 평양에서는 몇 만 명을 동원하는 아리랑공연이 수해 직후에도 중지되지 않았기 때문이다.

이 때문에 많은 북한전문가는 수해가 가장 큰 이유가 아니라고 판단했다. 수해도 이유 중 하나지만 가장 큰 이유는 아닐 것이라고 생각했다. 그럼 진짜 이유는 무엇이었을까?

여러 국내외 전문가들은 다음과 같은 이유를 대면서 수수께끼를 풀었다.

① 한국으로부터 더 많은 지원을 얻기 위해서다.
② 김정일의 건강이 악화됐다.
③ 한국이 김정일 '면회료'를 기한까지 지불하지 않았다.
④ 김일성 '묘'(「금수산기념궁전」) 참배가 결정되지 않았다.
⑤ 한국 대통령선거에 보다 효과적인 시기를 생각했다.
⑥ 남북간에 뜻밖의 사태가 생겼다.

①의 '더욱 더 많은 지원획득설'은 많은 국내전문가나 대중매체가 밝힌 사실이다.

우리나라에서의 역대 대통령선거는 북한을 끌어들여 전개된 바가 있다. 선거 전의 정상회담 실시는 한국정치에 대한 김정일의 영향력을 확대하게 된다. 한국의 정치와 정국에 김정일의 영향력이 크게 그림자를 드리우고 있다.

우리나라의 정치가들은 경쟁하듯이 북한을 방문해서 김정일과의 회담을 실현하려고 했다. 김정일과의 회담을 성과로 대통령 후보에 이름을 올리려는 움직임도 있었다.

당시 우리 사회에서는 김정일을 '독재자'라고 비판할 수 없었다. 만일 정치가가 그런 발언을 하면 좌파세력으로부터의 개인공격과 비난의 집중포화를 당하게 된다. 또한 북한 비판을 공개적으로 하면 좌익세력의 공격을 당하게 되어 신변의 위험에 부딪히게 된다.

미국의 기준에서 보면 한국은 민주주의 국가라고는 결코 말할 수 없다. 정부나 북한에 비판적인 언론인은 생명의 위험에 처해진다고 보기 때문이다.

북한으로서는 '햇볕정책'을 계속해서 무조건으로 지원을 확대해 주는 정권이 바람직하다. 이 때문에 그때 야당인 한나라당에 대한 공세를 강하게 압박해왔던 것이다.

다만 평양에서는 야당 후보라도 "박근혜라면 받아들일 수 있다"는 평가가 나왔다고 한다. 박근혜는 고 박정희 대통령의 딸이다. 북한을 방문하고 김정일과 회담을 했다. 이 회담에서 김정일은 박근혜를 마음에 들어했다고 한다.

어찌 됐든 박근혜는 이 회담 뒤에는 북한에 대한 지원을 적극적으로 하는 입장을 표명하게 되었다.

그녀로서는 북한의 지도자는 어머니인 육영수 여사를 1974년에 살해한 책임자라고, 또는 북한이 재일한국인 문세광을 시켜 박정희 대통령을 암살하려 했다고 여겼을 것이다. 그 혼란 속에 어머니인 육영수 여사에게 총알이 맞춰졌다.

어머니 살해문제에 대해 김정일로부터 어떤 설명이 있었을 것이다. 하지만 그녀는 입을 다물고 밝히지 않았다.

평양에서의 박근혜에 대한 높은 평가에 대해서는 '두 사람 모두 권력자 2세이기 때문'이라는 지적이 있다. 두 사람은 권력자의 자식으로서 주위로부터 'VIP' 대접을 받아 왔다. 그런 환경이 같은 사고방식을 키웠다는 것이다. 그러므로 회담을 하자 두 사람은 의기투합해 공감대가 있었다는 해석을 할 수 있을 것이다.

어찌 되었든 우리나라의 일부 정치가와 정치는 상당히 김정일에게 뒤흔들리고 있었다. 야당인 한나라당은 2007년 봄에 북한정책을 전환하는 방침을 공표했다. 정권을 얻은 경우에는 적극적으로 북한지원을 한다는 내용이었다.

한국의 정치와 국정은 명백히 김정일에게 놀아날 수밖에 없는 환경에 처해 있었던 것이다.

야당 한나라당의 후보로 당선된 이명박 대통령은 북한에 대한 지원에 대해서는 '상호주의' 원칙을 밝히고 있다. 상호주의는 북한에의 일방적인 지원은 하지 않겠다는 것으로 북한에게는 큰 타격이다.

노 정권은 왜 '퍼주기'로 일관했는가?

우리나라에서는 김대중 대통령의 '국민의 정부' 이래 10여년에 걸쳐 대북포용정책이 이어졌다. 국민의식도 젊은 세대를 중심으로 크게 변하고 있다. 북한에 대한 경계심이 옅어지는 반면 내셔널리즘이 고조되며 반미의식이 확대되기도 하였다.

이렇듯 대북유화정책이 강력히 추진되는 가운데 북한의 대남공작이 종료되었다고 할 정도로 노무현 정권의 중추에 친북

세력이 들어와 대북지원이 경제계까지 합세하여 대규모로 이루어졌다.

그 계기는 2000년 6월에 있었던 사상 초유의 남북정상회담이었다. 이 회담을 실현하기 위해 김대중 대통령은 거액의 자금을 북한에 제공했다고도 한다. 그 자금의 일부가 북한의 핵과 미사일 개발에 쓰였다는 설을 제기하는 사람도 있다.

두 정상이 '남북공동선언'에 서명한 후 남북교류와 협력이 확대되었다. 2002년 6월 서해에서 남북간 함정에 총격전이 발생하여 남북관계가 정체되었으나, 북한이 '유감의 뜻과 재발방지를 표명'함으로써 경제협력추진위원회, 남북적십자회담 등의 각종 협의가 잇달아 재개되었다.

대통령에 취임한 노무현은 2003년 2월 ① 대화를 통한 현안 해결, ② 상호신뢰·호혜주의, ③ 남북당사자원칙에 기초한 원활한 국제협력, ④ 국민참여 확대에 의한 '평화, 번영정책'을 내세워 김대중 노선의 승계를 명확히 했다.

2002년 10월 북한이 우라늄농축계획을 인정한 이후 국제사회와 북한의 긴장은 고조되었지만, 남북대화는 계속되었다. 그러나 핵문제 해결을 일괄적으로 촉구하는 한국과 핵문제는 미국과 해결하겠다는 북한의 의견이 대립하며 큰 진전은 없었다.

2004년 5월 평양에서 열린 제14차 남북장관급회담에서 '연평2해전'과 같은 충돌방지를 중심으로 회담이 이루어지며 비무장지대에서의 비난방송 중지가 합의되었다. 이에 우리 정부는 40만 톤의 쌀 지원에 합의했다.

우리 정부는 남북관계 발전을 위해 개성공단, 경의선 및 동해선 철도와 도로 연결, 금강산관광을 3대 사업으로 추진해왔다. 2008년 6월 2,700여 명의 북한 노동자가 개성공단에서 일하고 있으며 경의선·동해선은 연결구간 공사가 완료되어 2004년 11월부터 인원, 물자의 왕래가 시작되었다. 금강산관광은 1988년에 시작되어 2005년 6월의 관광객 누계가 100만을 돌파하였으며, 지금은 1일코스의 개성관광까지 진행되고 있다.

북한의 대외교역규모는 매년 30억 달러 내외에서 오락가락하고 있는데, 이 중 중국이 13억 9,000만 달러, 한국이 10억 달러, 일본이 2억 5,000만 달러를 차지하고 있다.

이런 가운데 안전보장면에서는 한국에 대한 미군의 영향력이 축소되었다. 주한미군은 세계적인 미군 재편 속에 축소 및 재편이 추진되고 있다. 2003년 용산 미군기지의 평택이전 등이 합의되었고, 2004년 5월에는 1만 2,500명의 주한미군 축소가 발표되었다. 2007년 2월에는 전시작전지휘권을 2012년 4월에 한국군에게 이양하기로 합의되었다.

다른 한편으로는 우리나라와 중국 및 러시아와의 군사교류가 추진되고 있다. 중국과는 2000년 츠하오톈(遲浩田) 국방부장의 방한을 계기로 함정 및 항공기 상호방문 등의 군사교류가 이루어지고 있다. 러시아와는 최근 군 고위관계자의 교류 및 함정의 상호방문이 이루어지고 있다. 1995년 이후 대러시아 차관상환의 일환으로 러시아로부터 전차·장갑차를 수입하고 있다. 2004년에는 비로소 한-러 양국 해군에 의한 수색구난훈련이 실시되었다.

아직은 모두 초보적인 단계에 머물러 있는데, 한국의 중국과 러시아에 대한 자세는 약간 차이를 보였다. 중국과는 경제, 러시아와는 안전보장 분야의 비중이 높았다.

노무현 정권의 특색은 북한이 요구하는 대로 한결같던 대북

원조 자세에서 나타난 바가 있는데, 이는 핵개발의혹이 이는 가운데 북한이 핵실험을 행한 후에만 한동안 주춤하였을 뿐 그 이후에도 계속되었다.

2005년 9월 제4회 6자회담에서의 공동성명은 다른 4개국이 '에너지 지원의향에 대해 언급한' 데 그쳤으나, 우리 정부만은 200만 킬로와트의 전력 제공을 재확인하였다.

2007년 5·6월 북한의 단거리 미사일발사에 대해서도 주한 미군사령관이 "한국과 한국 국민을 공격하기 위해 개발된 것으로 광범위에 걸친 위협"이라며 이례적으로 경고하였으나 우리 정부는 이를 '통상적인 훈련의 하나'로 과소평가함으로써 대조적인 면을 나타내기도 하였다.

그러나 북한이 발사하였던 이 신형 미사일의 위협효과는 생각외로 크다.

서울과 오산·평택이 사정거리에 들며, 이동성이 있고 고체연료를 사용하며 정확도도 높다. 사전 제압도, MD에 의한 저지도 어렵다. 핵탄두까지 탑재 가능할지도 모른다.

이 신형 미사일은 옛소련제 SS-21을 개량한 형태이고, 군사 퍼레이드에 등장한 신형 중거리탄도미사일도 옛소련제 SSN-6를 개량한 형태이다. 2000년 푸틴의 방북 이래 북한과 러시아의 관계는 깊어지고 있다. 특히 러시아가 자랑하는 군사 분야에서 비공식적인 지원이 이루어질 가능성도 있다. 그 성과가 이런 옛소련제 미사일의 배치로 이어지고 있는지도 모른다.

또 2007년 7월에는 북한이 IAEA의 대표단을 불러들여 영변의 원자로 폐쇄·봉인에 합의하자 우리 정부는 총액 200억 원, 266억 원이라는 식량원조 등을 결정했으며, 해외공동시찰의 경비와 개성공업단지의 노동자를 위한 교육담당 강사의 비용까지 북측을 위해 지출하였다.

이런 가운데 우리 정부는 북한과 제2차 남북정상회담을 평양에서 개최하였으며, 회담 후에 발표된 '남북관계발전과 평화번영을 위한 선언문'(이른바 '10·4선언')에서는 대규모의 사회자원을 동반하는 경제협력 사업을 '적극적으로 활성화해 지속적으로 확대발전시켜 나간다'는 데에 합의하였다.

그러나 이명박 대통령은 이런 합의 가운데 인도적 지원 이외의 남북경제협력은 핵문제의 해결과 병행하여 진행시킨다는 방침을 정했고 이전에 합의한 거액의 경제협력사업을 전면적으로 재검토하기로 했다.

앞으로도 이러한 방침이 유지되는 가운데 북한이 '핵문제'에 관해 어느 정도의 '분명하고도 정확한 해결책'을 제시하는가에 따라 남북관계의 진전여부가 결정될 것이다.

이미 진전하고 있는 북-미의 유화 흐름을 감안할 때 북한의 핵미사일 배치가 군사적으로 위협이 되는 것만은 틀림없다. 이에 대한 대책으로 미군의 퍼싱 등 지대지 미사일을 지상배치하는 안이 있으나 중동의 안정화를 고려하고 있는 미국이 대북 유화방침을 버리고 거기까지 단행할 가능성은 현실적으로 작아 보인다.

제4차 6자회담에서의 공동성명에도 우리나라는 핵무기를 반입하지 않겠다고 약속했다.

이런 미군 재편의 흐름 속에 노무현 정권하에서는 자주국방체제로의 이행이 진행되었다.

그러나 이명박 대통령은 한-미-일의 연대를 중시한다는 방침을 명시하고 있고 안전보장면에서도 미-일과의 관계강화를 해나갈 것이다.

단 미군의 재편을 이르는 '트랜스포메이션'은 세계적으로 미군 스스로의 필요성에 기인한 움직임이고 그 흐름이 멈추는 일은 있을 수 없다. 주한미군은 이미 감축되고 있으며, 앞에서 말한 대로 더욱 줄어들 것이 기정사실이다.

주한미군은 지금까지 단순히 북한의 침략을 제지하기만 한 것이 아니라 한국군이 북침하는 것도 억제하여 한반도의 안정을 꾀한다는 역할을 수행해 왔다. 이런 의미로 주한미군이라는 누름돌이 들려 우리나라 스스로 판단과 책임을 져야만 하는 자주국방체제를 구축하여야만 하는 시기가 다가오고 있다.

한반도의 현실은 북한체제가 급격히 붕괴된다면 남측이 주도하는 통일이 가능하겠지만 주변국이 간섭하고 있는 한 그 가능성은 낮다. 또 급격한 통일은 난민의 유입, 경제부담, 사회혼란을 일으키게 되어 우리에게 있어서도 바람직한 일은 아니다. 김정일 사후의 후계체제가 중국이 원하는 집단지도체제로 된다면, 그리고 개혁개방을 맞이해 서서히 경제성장, 체제 온건화에 이른다면 시간이 걸려도 평화로운 통일은 가능할 것이다.

그러나 북에 새로운 독재자가 등장해 체제의 본질적인 변화가 없다면 남-북의 대립은 계속되어 쉽게 통일되지 못할 것이다. 그럴 경우 핵폐기도 못하고 북-미의 평화조건체결도 요원해진다. 현 상태의 구조가 계속될 것이다.

이 중 어느 시나리오를 취하더라도 열쇠를 쥐고 있는 것은 북한의 후계체제이므로 우리 측은 결국 수동적으로 대응할 수밖에 없을 것이다. 우리 단독으로 북한 체제를 변화시킬 수 있는 힘은 없을 것이다. 이런 가운데 국내의 감정적인 내셔널리즘을 억눌러 미국의 적극적인 관여를 받아들이지 않으면 장기적으로 북한 주도의 통일이 실현될 가능성이 높다. 반대로 일본으로서도 우리의 보수파 정권하에서 한일관계를 굳건히 하여 북한 주도의 통일에 제동을 거는 일이 안전보장을 위해 매우 중요할 것이다.

아무리 같은 민족이라 할지라도 우리가 북한과의 통일을 맞이하는 일은 장기적으로는 저항하기 어려운 추세일 것이라고 생각된다. 통일 후 한반도와 우리의 운명은 한미간의 연대정도와 북한체제 본연의 모습이 크게 좌우하리라 예상되기 때문이다.

'조기통일'을 바라지 않는 이유

한국은 지금 당장 남북통일을 해서는 안 된다고 생각한다. 물론 독일의 경우처럼 통일이 '생각지도 않게 급작스럽게 다가오는' 현실은 어쩔 수가 없지만 말이다. 왜냐하면 지금 통일하면 우리 경제는 후퇴하고 그나마 최근 십수년간 OECD 회원국으로 편입될 만큼 신장된 우리의 경제력이 세계 최후진국인 북한 때문에 적지 않은 타격을 입어 정권자체가 흔들릴 가능성이 있기 때문이다.

우리나라의 한 사람 당 GNI(국민총소득)는 2006년 기준으로 약 1만 8,000달러이다. 북한은 공식 통계를 발표하지 않았지만, 한국은행이 미루어 계산한 바로는 1,000달러를 넘었으나 아무래도 그런 수준에는 미치지 못할 것이다. 그 생활수준에서 보자면 100달러 정도 수준에도 못 미칠 것으로 보인다.

우리의 인구는 약 4,800만 명. 북한 인구는 약 2,300만 명. 우리가 약 2배의 인구다. 통일을 하면 우리나라 두 사람이 북한인 한 사람을 먹여 살리게 된다.

다시 말해 한 사람당 GNI를 기초로 단순계산하면, 통일시 두 사람분의 GNI(약 3만 6,000달러)로 세 사람이 생활하게 된다. 한 사람당의 GNI는 1만 2,000달러로 내려간다. 게다가 국내의 혼란이나 북한주민에 대한 보조금을 생각하면 1인당 GNI는 9,000달러 수준까지 내려갈 것이다. 우리 국민의 생활 수준은 지금의 반 정도로 떨어진다. 우리 경제는 이것을 견뎌 낼 수 없다.

가장 큰 문제는 북한군의 처리다. 북한군이 무장해제를 거부하면 내전으로 발전한다. 또는 일부가 게릴라화할지도 모른다. 그렇게 되면 대혼란이 일어난다. 우리나라의 경제성장은 틀림없이 후퇴한다. 국민만이 아니라 기업도 해외로 도피할 것이다.

우리 사회의 일부에서는, 북한의 저임금을 이용하면 경제성장이 가능해진다는 주장을 하고 있다. 이런 경제적 차별이 오래 갈 리가 없다. 북한의 노동자가 '동일임금'을 요구하며 들고일어날 것이다.

이렇게 되면 통일한국은 새로운 남북문제에 직면하게 된다. 남의 부유한 사람과 북의 가난한 사람들의 '빈부격차'가 곧 사회문제가 된다.

그러므로 우리는 당장은 통일하고 싶지 않다고 생각하는 것이다. 어쨌든 김정일이 생존하고 북한이 100만 명의 군대를 거느리고 있는 이상 우리 주도의 통일은 어렵다. 북한정권이 내부분열해서 현재 지도층이 추방당하고 우리와의 통일을 바라는 세력이 출현할 때까지는 어렵다.

한편 우리의 경제지원이 효과를 올려 북한이 경제부흥하면 통일은 더욱 어려워진다. 사실 이것은 있을 수 없는 시나리오다. 북한은 젊은 노동층 100만 명을 10년간이나 군대에 보낸다. 2,200만 인구의 국가가 젊은 노동자 100만 명 이상을 군대에 보내면 산업의 노동인구는 절대 부족해진다. 이래서는 공장이나 농촌에 노동력이 미치지 않는다. 북한의 경제발전은 없다. 중국이나 베트남처럼 군대병력을 대폭 줄여 노동력을 산업과 농업으로 돌려 생산력을 향상시키지 않는 한 북한의 경제발전은 불가능하다.

'정통성'과 '대의명분'

남북한은 유교의 가치관과 전통을 생활에 철저하게 살리고 있는 나라다. 이만큼 유교가 살아남은 나라는 세계에 없다.

김일성은 일찍이 소련 고르바초프 서기장과 회담했을 때 "북한에서는 유교 전통을 모르면 지도자가 될 수 없다"고 설명했다.

우리나라도 북한도 가부장적 절대주의사회다. 아버지의 판단에 아들은 거스를 수 없다. 아들은 아버지 앞에서는 절대로 담배를 피울 수 없다. 이것은 유교의 가르침에 기초한 전통이다. 유교의 소중한 가르침은 부모나 선조의 제사를 반드시 지내는 것이다.

북한의 '주체사상'도 유교적인 가치를 살린 것이다. 북한에서는 지도자를 '어버이수령님'이라고 부른다. '어버이'란 부모를 최대한 존경하여 나타낸 말이다.

북한에서는 지도자를 민족의 '아버지'로 받든다. 인민은 그 자식, 가족이라는 말이다. 유교전통에서 보자면 부모의 명령에는 절대복종이다. 자식은 부모를 위해서는 무엇이든지 해야만 한다. 이것이 '주체사상'이다. 주체사상이란 유교적 가치관을 지배논리에 도입한 것이다.

그러므로 혹자는 북한을 '신유교사회주의'라고 부른다.

남북정치를 지금도 움직이는 최대 가치관은 '정통성'과 '대의명분'이다.

남북한은 오랫동안 한반도에 있어서 '정통성'다툼을 계속해왔다. 어느 쪽이 한반도의 유일한 합법적 정권이냐는 다툼이다. 물론 이런 정통성은 한국전쟁 훨씬 이전인 1948년 UN의 결의로 인해 남측이 '한반도에 있어서의 유일한 합법정부'라고 인정을 받기는 하였다. 그러나 적어도 남북한간의 공식적 관계에 있어서는 이런 다툼이 아직 명약관화하게 판가름나지는 않은 상황이다.

즉 '정통성'은 한반도의 정치판단으로는 가장 중요한 가치관이다. 그러므로 쿠데타로 정권을 잡은 박정희 대통령과 전두환 대통령에게는 '정통성이 없다'는 비판이 계속 가해졌다. 남북한이 대화와 협상을 통해 교섭하고 설득할 때는 상대의 '명분'을 세워주고 '정통성'을 보이면 곧 합의해 준다. 또한 논쟁을 할 때는 '명분이 없다' '정통성이 결여된다'고 반론하면 입을 다문다.

북한이 일본에 거듭 '과거청산'을 요구하는 이유 중 하나는 국내에서의 '명분론' '정통성론' 때문이다. 요구하지 않으면 담당자는 비난받기 때문이다. 물론 외교교섭에서는 그것을 협상카드로도 쓴다.

북한 입장을 대변한 한국의 중재안

2005년 7월 26일부터 13일 동안 베이징에서 열린 제4차 6

자회담에서는 합의문을 채택하지 못했다. 그 이유는 북한의 평화적 핵이용권에 대한 북한과 미국의 이견을 좁히지 못했기 때문이었다. 미국은 '모든 핵의 전면적 폐기'를 주장한 반면에 북한은 '모든 핵무기만의 폐기'를 고집해 결국 합의도달에 실패하였다. 여기서 주목할 점은 북한이 중국의 중재안을 거부했다는 사실이다.

중국은 "북한이 핵확산금지조약(NPT) 아래서 권리와 의무를 갖는다"는 중재안을 냈으나, 북한이 이를 거부함으로써 사실상 북핵문제는 난관에 부딪힌 것이다. 즉 중국은 북한의 혈맹으로 미국보다는 북한 입장을 더 배려한 중재안을 마련했음에도 북한이 이를 거부하자 심기가 불편했을 것으로 보인다.

중국의 중재안이 거부되자, 우리나라는 "북한은 NPT 아래서 핵의 평화적 이용권리와 의무를 갖는다"는 중재안을 냈으나, 이번에도 미국이 이를 거부하였다. 이 중재안에는 '핵의 평화적 이용권리'라는 문구가 추가되었다. 미국 입장은 '평화적 이용권리'를 북한에 부여할 수 없다는 것인데, 우리가 북한 편을 들었으니 미국이 수용할 리가 없는 것이다. 당시 우리 정부가 제시했던 중재안은 중국안보다 북한의 입장을 대변해 준 인상이 짙다.

미국은 근본적으로 북한핵의 평화적 이용을 신뢰하지 않는다. 북한은 영변의 5메가와트 (실험용)원자로를 에너지 공급을 위한 평화적 이용이라고 계속 주장해 왔다. 그러나 제네바 합의를 파기하고 NPT를 탈퇴한 후 폐연료봉을 추출해 재처리했다고 발표함으로써 이전의 단순한 의심과는 달리 큰 의혹을 불러일으켰다. 폐연료봉 추출은 재처리를 통한 플루토늄의 생산을 의미하기 때문이다.

그래서 중국은 미국의 내심을 제대로 읽고 막연하게 'NPT 아래서 권리와 의무를 갖는다'라고 '평화적 이용'을 빼고 표현해 북-미간의 민감한 부분을 피하려고 중재안을 낸 것이 확실하다. 그러나 북한은 평화적 핵이용권을 가져야 한다는 주장을 끝까지 고집함으로써 결국 합의문 채택에 실패했다. 당혹스러운 입장에 빠진 우리 정부는 '평화적 핵이용권'을 명문화한 중재안을 마련해 미국을 설득하려 했으나 실패했다.

당시 우리 정부 대표단이 제4차 6자회담의 실패를 면하기 위해 응급처방으로 중재안을 냈다고는 하지만 그 결과는 북측 입장을 도와주는 모양새를 나타냈으니, 그 진의가 어디에 있었는지에 관한 설명이 필요한 대목이었다. 물론 휴회 후 당시 정동영 통일부장관이 북한의 평화적 핵이용권에 대해 미국과 견해가 다르다는 입장을 밝힘으로써, 앞으로 6자회담에서 한국의 입지는 북한의 평화적 이용권 위에 있음이 분명하기는 하였지만 말이다.

회담이 끝난 후 미국의 크리스토퍼 힐 대표는 2005년 9월 또는 10월 말까지 6자회담을 매듭지을 것이라고 말했다. 그러나 회담의 성패에 관해서는 입을 다물었다. 특히 힐 대표는 한반도 평화체제에 관해 한국·북한·중국과 협의했다고 밝혀 비상한 주목을 받았다.

2005년 봄에만 해도 6자회담 개최여부는 불투명했다. 2002년 10월 농축우라늄 프로그램에 대한 부시 행정부의 주장에 북한이 '있다'고 시인한 후, 북핵문제는 계속 악화의 길을 걸어왔다. 2005년 2월에는 북한이 핵무기 보유선언을 했고 영변의 폐연료봉을 추출해 재처리를 성공적으로 끝마쳤다고 발표하기에 이르렀다. 핵무기를 둘러싼 북-미간 공방전은 이제 타협의 여지가 없는 듯이 보일 정도였다. 돌파구는 특사외교에서 열렸다. 북한에 대한 한국과 중국의 특사외교가 부시의 선제공격을 포함한 '최악의 시나리오'를 해소하기 위해 적극적으로 펼쳐졌다.

특히 정동영 통일부장관이 6·15공동선언 5주년행사에 남측 단장으로 참석해 김정일과 면담한 것이 결정적이었다. 김정일은 6자회담 참가와 핵무기 프로그램의 폐기와 국제원자력기구(IAEA)의 사찰수용까지 비치는 적극적 해법을 밝혔다. 그리고 노무현 정부의 200메가와트 전기공급 제의가 정동영 특사의 입에서 나왔다. 물론 북한에 의한 핵무기 프로그램의 전면적 폐기가 전기공급의 전제조건이었다.

남북의 화해분위기가 무르익는 가운데, 김정일이 "7월에는 6자회담에 나갈 수 있다"고 말했으나 결단을 내리지 못하는 것으로 비쳐졌다. 미국을 비롯한 국제사회는 '김정일이 과연 6자회담에 참가할 지'에 비상한 관심을 보였다. 북한은 7월에 참가하기로 극적으로 결정했다. 그래서 2005년 7월 26일 베이징 제4차 6자회담이 제3차 6자회담 후 1년 2개월 만에 열린 것이다. 제3차와 제4차 회담 사이 북핵문제는 최악의 상황에 빠져 있었다. 그런데 이 자리에서 북한은 핵프로그램보다는 한반도평화협정 문제를 먼저 끄집어냈다. 북한의 관심은 '김정일의 공산주의체제 보장'에 있고 또 휴전협정을 평화협정으로 대체하는 데 있다고 판단했기 때문이다. 평화협정 문제는 휴회기간에 힐 대표가 기자회견에서 설명했듯, 제4차 6자회담 전에 먼저 협의한 것으로 밝혀졌다. 북한은 오래 전부터 휴전협정을 평화협정으로 대체하자고 주장해 왔으나, 이는 '주한미군의 철수'를 얻어내기 위한 '공작'이라는 비판 때문에 긍정적 반응을 얻을 수 없었다.

우리 정부는 제4차 6자회담에서 북측의 평화협정 주장을 긍정적으로 수용하기로 방침을 정했다고 한다. 내부논의를 통해 '평화협정'보다는 '평화체제'에 관한 논의가 가능하다는 입장을 정리했다. 우리측은 7월 24일 남북대표 실무협의에서 평화체제 구축을 위한 논의를 할 수 있다는 입장을 밝혔다. 평화체제 문제는 이미 1990년대 남·북·미·중 4자회담의 논의에서 합의한 바 있으므로 수용은 그리 어려운 일이 아니었다.

그러나 우리측은 이것이 주한미군 철수에 대한 북한의 종래 요구이므로 그대로 수용할 수 없는 일로, 불가입장을 고수했다. 북한은 '미군철수'를 고집하다가 '주한미군의 지위변경'이라는 말로 표현을 바꾸었다. 즉 북한은 한국전쟁에서의 적대관계 결과 주한미군이 주둔한다는 사실을 다른 목적의 주둔으로 바꾸자고 하였다. 주한미군을 북한에 대한 억지력뿐만 아니라 다른 포괄적 목적으로 주둔하는 것으로 바꾸자는 것으로, 6·25전쟁 참전에 의한 주둔의 의미를 완화할 수 있다는 목적이 있는 것으로 보였다.

갈림길에 선 한국

민족공조는 민주주의와 평화, 인권 등 국제사회의 보편적 가치추구와 일치할 경우에만 정당성을 갖는다. 국제공조에서 이탈하는 나라는 국제사회에서 고립되고 소외되기 마련이다. 북한이 입버릇처럼 되내이고 있는 민족공조는 김정일 체제와 전체주의를 지원하는 것이 분명한 논리이므로 북한인권과 탈북자 문제를 다루는 유엔 등 국제공조보다 우선할 수 없다. 민족공조와 국제공조의 내용과 성격이 모순되거나 갈등관계에 있으면, 국제공조를 선택하는 것이 원칙이다.

냉전이 지속되고 한국전쟁이라는 이념전쟁이 종식되지 않고 있는 휴전상황의 한반도에서 김정일 체제와 공조하면서 유엔 등 국제사회의 협력을 무시하는 것은 고립을 자초하는 일이었다.

핵강대국도 아니고, 경제적 선진국도 아니며, 최고의 도덕성도 갖추지 못한 노무현 정권이 만일 북한의 민족공조에 동참하면서 국제공조에서 이탈한다면, 원칙이 없이 우왕좌왕하게 될 일은 필연적이었다.

틈새를 노려 주변국들이 집적대고 괴롭히는 것은 뻔한 일이었다. 일본이 독도영유권을 주장하고, 고이즈미 총리가 신사참배를 강행하며 일본군국주의를 미화하는 교과서를 왜곡해 편찬한 것은 노 정권 출범 후 더 심화되었다. 특히 중국이 동북공정으로 고구려와 발해를 자국 지역사(地域史)에 편입한 것도 이와 궤(軌)를 같이한 것이라 볼 수 있겠다.

노 정권이 유럽연합(EU)과 국제사회의 대북인권결의안에 동참해야만 하는 일은 당연한 민주국가의 의무다. 대한민국은 민주주의를 시민의 역량으로 쟁취한 나라로서 당당하게 북한의 개혁개방과 인권문제를 거론하고 인권개선을 촉구해야만 했다. 인권결의안에 찬성표를 던지며 EU의 대북인권운동에 동참함으로써 한국의 민주적 도덕성을 제고해야만 했다. 그러나 남북관계의 악화를 우려하여, 그러지 못했던 점은 참으로 아쉬웠던 일이다.

21세기에 접어들면서 북한미사일문제는 북-미간 대결이 아니라 북-국제사회간 대결양상으로 발전하였다.

이런 가운데 한반도를 중심으로 한 동북아시아 정세는 매우 불안정하며 긴장이 지속되었다. 북핵문제는 1992년 3월 빈의 국제원자력기구(IAEA)에서 발생한 후 16년째 해소되지 않고 있다. 1994년 제네바합의는 폐기되었고, 2005년 9월 19일 베이징 6자회담에서 공동선언이 채택되었으나, 행동을 위한 후속회담에 당사자인 북한의 불참선언으로 문을 닫았고 2007년 방코델타아시아(BDA) 문제로 6자회담은 한동안 어처구니없이 정회되었다.

북한은 제네바합의 폐기 후 2003년 8,000개의 폐연료봉을 추출해 재처리했으며, 핵확산금지조약(NPT)에서 탈퇴했고, 2005년 2월에는 핵무기보유를 선언했다. 9·19공동선언은 북한핵의 선(先)폐기를 담고 있으나, 북한은 처음부터 선(先)경수로공급을 주장하며 이견을 드러냈다. 게다가 부시 행정부가 북한의 슈퍼노트(위조달러) 문제를 제기하며 금융제재를 단행하자, 북한은 6자회담에의 불참을 선언했다. 미국과 중국이 북한의 6자회담 조속복귀를 촉구했으나, 미국의 위조달러 명분의 금융제제를 구실로 불참해 왔다.

여기서 한 걸음 더 나아가 북한은 미국 본토에 도달하는 대륙간탄도미사일 실험으로 미국과 국제사회를 위협하기도 하였다. 여기서 동북아시아와 한반도의 불안정과 긴장의 핵심에 북한의 김정일체제가 도사리고 있는 것이다. 김정일의 새 선군정치와 세습군주적 전체주의의 유지가 동북아시아 긴장과 불안의 진원지인 것이다. 공산당 일당지배임에도 '사회주의적 시장경제'를 발전시켜 국제사회의 지도국으로 업그레이드된 중국모델이 북의 본보기가 되어야 함에도 마이동풍이다. 북한 핵문제와 미사일 문제는 북한의 체제유지용이기 때문에 앞으로도 풀릴 전망은 매우 흐리다.

이렇듯 지금 한반도에서는 긴장이 증폭되고 있음에도 '민족통일'만을 부르짖으면서 북한주민과 나눔이 없는 분배는 의미가 없다는 외침이 아직도 우리 사회 일각에서 들려오고 있다.

잘 알다시피 우리나라는 다른 선진국과는 아직 먼 취약성을 내포하고 있으며, 경제는 10년째 정체상태에 빠져 있다. 북한이 변화를 거부하고 국제사회 긴장의 원인 제공을 지속하는 마당에 "무조건 통일, 무조건 나누어 먹자"는 일부 층의 낭만적 주장은 '공멸'만을 가져올 뿐이다.

먼저 우리 내부의 민주화를 굳건하게 다지고 경제적 '파이'를 더 키우는 선진국으로의 업그레이드가 급선무다. 우리보다 엄청난 부자였던 서독이 동독을 흡수통일한 지 18년, 매년 1천 억 달러 규모의 동독지원으로 오늘의 독일은 EU 회원국 가운데 4등에서 꼴찌라는 빈국으로 전락한 사실을 참고해야 한다.

해답은 이렇다. 민족공조의 정당성이 결여될 때 국제공조로 가지 않으면 안 된다. 이유는 김정일의 전체주의를 강화하는 민족공조는 국제사회의 지탄거리로 고립을 자초하기 때문이다. 민족공조는 홀로서기외교와 백지 한 장 차이다. 미·중·러 3개 핵강대국으로 포위되어 있고 제2 경제대국 일본을 지척에 둔 한반도가 강대국들의 핵우산을 뛰쳐나와 홀로서기를 하기란 '자멸의 길'을 선택하는 일과 다름없다. 1990년대 영국과 프랑스 등 서유럽 선진국들이 핵강대국임에도, 소련이라는 공산주의의 적이 멸망했음에도, 북대서양조약기구(NATO)라는 연합기구에서 이탈하지 않고 미국의 핵우산 밑에 계속 잔류하는 까닭을 알아야 한다. 서유럽 여러 나라들은 미국 핵우산 밑에서 러시아 핵으로부터 보호받고, 영국과 프랑스는 중국·인도·일본 등에 얕보이지 않는 방패로 쓰고 있다.

사정이 이러한데, 핵강대국도 아니며 경제선진국도 아니고 냉전적 분단이 지속되고 있는 우리의 현실에서 외교안보상 홀로서기를 한다면 '멍청한 바보짓'이다. 그렇다고 중·러의 핵우산을 쓸 수는 없을 것이다. 이미 북한이 쓰고 있으며 지정학적·역사적으로, 우리나라는 자본주의와 민주진영에 속해 왔으므로 미국의 핵우산을 쓰는 것이 더 자연스럽다.

실패한 '무궁화꽃' 핵프로그램

"문제의(우라늄과 플루토늄) 실험은 일부 과학자들의 '학문적 호기심'에서 개별적으로 이루어졌으며, 한국 정부는 핵무기 개발은 물론 어떤 농축 및 재처리 프로그램도 갖고 있지 않다."

오스트리아의 수도 빈에 있는 국제원자력기구(IAEA) 이사회에서 조창범 한국대사가 밝힌 정부해명이다. 그러나 칸데리노 IAEA 이사회 의장은 이렇게 응수했다. "(2004년) 11월 24일 예정된 다음 IAEA 이사회에서 한국의 핵물질실험에 대해 본격적으로 논의할 것이다. IAEA 사무국은 그 때까지 한국 핵물질실험 사찰내용을 기초로 한 한국 핵문제에 관한 보고서를 제출하라"고…… 지난 2004년 9월 17일 IAEA 이사회의 한국 핵문제에 관한 의장결정에 따라 19일 2차 IAEA 사찰단이 입국해 조사활동을 개시했다. 9월 3일 AP통신이 우리나라의 핵물질실험의혹을 처음 보도한 후 우리 정부는 해명에 진땀을 뺐다.

이렇듯 핵의혹이 커지게 된 시점인 2004년 9월 18일 노무현 대통령은 정동영 통일부장관, 반기문 외교통상부장관, 오명 과학기술부장관 등과 공동 기자회견을 열고 "군사적 목적의 핵개발계획을 추진하지 않았다, 핵무기개발과 관련된 활동이나 교류에 참여하지 않을 것이다, 앞으로 핵의 투명성 원칙을 확고히 유지한다, IAEA의 공정성과 전문성에 입각한 검증에 기대하며 IAEA 사찰에 적극 협력한다, 그러나 평화적 핵이용은 계속해 나갈 것"이라고 밝혔다.

그러나 국제사회는 이러한 핵물질실험에 대한 해명을 신뢰하지 않았으며, 또 다른 의혹을 낳는 괴상한 현상으로 나타났다. 당시의 해명은 주로 '과학자의 호기심'을 거론하는 것이었으며, 진실을 밝히지 않는다는 국제사회의 의심만 키우고 있었던 것으로 보였다.

이런 핵물질실험에 대한 국제사회의 의혹은, 엘바라데이 IAEA 사무총장이 '심각한 우려(serious concern)'라고 표현한 데서 정부의 '별일 아니야!' 방식의 해명과는 상당한 거리가 있는 것이었다. 북한 핵문제를 포함한 세계의 핵확산을 차단하는 최고 핵전문가집단인 IAEA에 대해 정부가 해명에만 매달리는 것은 핵외교에 대한 인식부족이나 무지를 드러내는 셈이라는 비판도 있었다. 당시 IAEA의 한국 핵의혹에 대한 우려가 '심각하다'는 것은 북한이나 이란, 그리고 과거 이라크에 대한 '깊은 우려'보다는 매우 낮은 단계였지만 사찰결과에 따라서는 상향조정이 가능하다는 뉘앙스도 풍기고 있었다.

일반적으로 IAEA는 '심각한 우려'라는 표현을 핵안전협정 위반을 지적할 때 사용한다는 점을 고려하면 '별일 없을 것'으로 보고 안일하게 '과학자의 호기심'으로 변명만 할 일이 아니었다는 생각이 든다. IAEA를 포함한 국제사회, 특히 유엔안보리 상임이사국들은 이런 핵의혹에 한국 정부가 개입했는지, 기획된 수순을 받은 실험이 아닌지, 특히 우리 여론에 광범위하게 확산되고 있는 '핵주권'과는 어떤 연관성이 있는지에 관해 면밀히 주시하고 있다는 사실을 알아야 했었다.

당시 우리의 핵물질실험에 처음부터 민감한 반응을 보였던 일본 대표는 "한국정부의 핵활동 미신고에 유의한다"고 말하고, IAEA 사무국의 사찰결과 공식보고서를 기초로 판단할 것이라고 말했다. 우호적 발언을 했던 미국 대표는 한국 정부가 IAEA의 핵안전조치협정 불이행을 11월에 IAEA가 판정할 경우 유엔안보리 보고의 가능성을 지적함으로써 한국에 대한 의문과 의심을 거두지 않았다. IAEA 이사회는 사찰단의 최종보고서를 보고 판단한다는 얘기다. 이것은 결코 우호적 태도라고는 보기 힘들다.

이런 추이를 본다면 당시도 그렇고, 지금도 우리의 핵물질실험에 대한 국제사회의 눈초리는 대단히 날카로우며 조금도 안심할 수 없다고 보여진다. 특히 '과학자의 호기심'으로만 변명한 우리 정부의 태도는 국제사회의 분위기를 고려하지 않은 '변명'으로 오히려 신뢰추락의 계기가 되었던 것으로 보인다. 이런 변명은 "그것이 설령 진실이라고 하더라도 신중하지 못하다"는 인상을 주기에 충분했다. 불필요한 것으로서 더 신중한 대응이 있어야 했다.

우리 정부는 북한보다 앞서 핵무기개발을 시도했다는 '전과'가 있기 때문에, 국제사회의 의심은 '변명'으로 쉽게 거두어지지 않았다는 사실을 간과해서는 안 된다. 이제라도 우리는 "건망증이 심해서 과거사를 잊고 있지만 국제사회는 이를 절대로 잊지 않고 기억하며 과거를 기초로 현재를 판단한다"는 사실을 상기할 필요가 있다. 소설 〈무궁화꽃이 피었습니다〉가 한때 베스트셀러로 우리 모두에게 '핵주권'에 대한 향수를 불러 일으켰던 감동이 이제 북한 핵문제가 국제사회의 시급한 해결과제로 부상하면서 더욱 확산되어갈 것으로 보인다.

1992년 2월 IAEA 이사회에 처음으로 제기된 북한 핵문제는 1994년 10월 북-미간 제네바합의로 일단락된 것으로 보였으나, 2002년 10월 북한이 고농축우라늄 프로그램문제가 터지면서 제네바합의는 현재 파기된 상태다. 게다가 북한은 제네바합의에 따라 IAEA가 북한 핵시설에 설치한 감시시설과 봉인을 해체하고 사찰요원을 추방했고, 핵확산금지조약(NPT)에서 탈퇴함으로써 국제사회에 큰 충격을 주었던 전력도 가지고 있지 않은가?

이렇듯 '핵주권'에 대한 우리나라의 여론은 한때 국제사회의 주목을 받았고 불안요인으로까지 작용하였다. 이미 1970년대 박정희 정부의 핵무기프로그램이 미국의 압력에 의해 좌절된 사실을 안타까워하는 '무궁화꽃이 피었습니다'류의 '핵주권'에 대한 향수가 이제는 북핵문제가 대리만족을 시켜주는 것처럼 보인다고 국제사회가 보는 것 같다. 바로 이런 시점에서 한국의 핵물질실험 이야기가 터졌던 것이다.

"1975년 4월 주프랑스 한국대사관에 이희일 경제담당공사가 부임해 왔다. 그는 당시 경제기획원 고위관료로, 경제관계의 비중이 별로 크지 않은 프랑스에 경제공사로 부임해 온 이유가 처음부터 석연치 않았다.

얼마 후 그는 청와대의 특수임무를 띠고 파리에 왔음이 확인되었다. 프랑스에서 핵연료재처리 시설을 극비리에 수입하는 것이 그의 핵심임무였다. 당시는 박정희 대통령이 선포한

유신시대이므로 극소수만이 이희일 공사의 비밀작업을 알았다. 이 공사는 결국 프랑스의 실험용 핵재처리시설을 수입계약하는 데 성공했다. 250만 달러로 재처리시설과 기술을 프랑스의 핵전문기업인 생고벵사와 계약, 대금도 지불했다. 그러나 프랑스의 핵재처리시설은 끝내 한국에 인도되지 않았다.

이런 가운데 미국이 한국-프랑스의 핵재처리시설계약을 탐지하고 은밀히 프랑스 정부에 판매하지 말도록 설득하고 있다는 소문이 돌았다. 미 CIA가 극비리에 추진된 프랑스프로젝트를 탐지해내어 포드 대통령에게 곧바로 알렸다는 것이다. 당시 파리에는 한국의 박정희 정부가 프랑스로부터 핵찌꺼기 재처리시설을 도입해 플루토늄을 추출, 핵무기를 제조하려고 한다는 정보가 비밀리에 흘러다녔다. 그러나 이것은 '유비통신'일 뿐 아무도 확인해 주지 않았다.

1976년 7월 프랑스 지스카르 데스탱 대통령은 미국독립 200주년 기념식에 참석하기 위해 국빈방미(國賓訪美)하였다. 지스카르의 방미는 한국 핵무기 프로그램의 장송곡을 울렸다. 워싱턴에 도착한 프랑스 대통령은 당시 포드 미국 대통령과 장시간 회담하고 내셔널프레스클럽에서 미국언론과 조찬기자회견을 가졌다.

사실 그때 미국-프랑스정상회담에서 프랑스의 핵재처리시설 한국판매가 중요의제가 되리라고는 그 누구도 생각하지 않았다. 미국독립 200주년 기념잔치에 프랑스 대통령이 미국시민의 호의에 답하여 국빈으로 참가한다는 의미가 보도의 주내용이었다. 프랑스는 미국독립전쟁에서 라파이에트 장군이 지휘하는 정예군 1만 8,000명을 지원군으로 파견해 승리를 가져오게 했다. 그리고 프랑스는 독립 100주년 기념식 때 유명한

'자유의 여신상'을 제작해 선물로 준 내력이 있다. 그래서 지스카르 대통령의 기자회견은 미국기자들과 프랑스 대통령의 대화 자리였다.

바로 이 자리에서 프랑스의 대(對)한국 핵재처리시설 수출문제가 첫 질문으로 거론되었다. '어젯밤 포드 대통령과의 정상회담에서 프랑스의 한국에 대한 핵재처리시설 판매문제가 논의된 것으로 알고 있다. 어떻게 결론이 났는가?'라는 질문의 내용이었다.

지스카르 대통령은 당연히 질문이 나오리라 예상한 듯, 기다렸다는 자세로 간단히 대답했다. '그 문제는 사실 첫 의제로 논의했다. 워싱턴에 오기 직전 나에게 문제의 결재서류가 올라왔다. 나는 이 문제가 핵확산의 우려가 있다는 사실을 주지했기 때문에 결재를 거부했다. 그리고 돌려보냈다' 지스카르는 미국의 압력이 있었다는 암시를 전혀 하지 않았다. 그 자신의 자발적인 결정으로 한국수출을 거부한 것처럼 답변했다.

아마도 지스카르는 미국독립 200주년 국빈방문에 대한 선물로 핵재처리시설의 한국판매 거부를 준비해 포드에게 주었음이 틀림없다. 그러나 지스카르의 답변은 사실과는 거리가 있었다. 당시 이희일 공사는 구매계약을 하고 대금을 지불했기 때문에 프랑스 정부의 승인에 관해 자신감을 가지고 있었다. 이 공사는 정부의 비준이 없이 계약과 대금지불은 불가능하다고 생각했던 것이다. 아무튼 지스카르의 답변은 미국언론에 대서특필되었다."[*]

---

*朱燮日〈金正日とアメカが手を結ぶ日―朝鮮半島から核はくなるか〉長崎出版, 2007, p.68.

1970년대 우리의 핵무기프로그램은 이렇게 실패했다. 그 후 우리나라는 핵의혹에서 슬그머니 멀어졌다. 그리고 베를린장벽붕괴로 동유럽 공산권과 공산종주국 소련이 붕괴된 후, 1992년부터 이번에는 북한 핵문제로 한반도가 오늘날까지 떠들썩하다. 한반도에서의 핵문제는 제네바합의를 계기로 끝난 것으로 모두가 알았고 그렇게 이해했다. 특히 1992년 남북한이 '한반도비핵화공동선언'을 체결했기 때문에 한국은 IAEA의 핵안전협정을 충실히 이행하고 있는 것으로 알려져 있었다. 그렇기 때문에 한국의 핵외교는 북한 핵문제를 해결하면 한반도의 긴장이 완화되고 남북화해를 앞당겨 통일기반을 닦는다는 사실에 초점이 맞추어져 있었다.

그런데 2004년 9월 3일 한국의 핵물질실험이 외신에 폭로됨으로써, 한국은 뜻밖에도 북한과 같은 의혹의 당사자로 전락하고 말았다. 한국의 핵물질실험은 무엇보다도 IAEA에 신고하지 않고 오랫동안 숨겨왔다는 점에서 국제사회의 불신을 자초한 셈이나 다름이 없다. 1970년대 플루토늄프로그램 이후 1982년 4~5월, 전두환 정권시절 플루토늄추출실험을 했다는 것이고, 2000년 1~2월 김대중 정권시절에는 우라늄분리실험을 했다는 사실이 드러난 것이다.

어쨌든, 핵무기프로그램은 국가의 운명을 좌우하는 중대문제다. 이 때문에 이라크의 후세인 정권은 미국의 침공을 받아 붕괴되었고(핵무기를 포함한 대량살상무기가 발견되지 않았지만) 아직도 북한 지역에서 강도가 높은 '인공지진'이 발생하면 혹시 "핵실험을 한 것이 아닐까"라는 의혹으로 우리는 불안감에 휩싸이게 된다. 그만큼 핵문제는 그 어떤 문제보다도 우리 모두에게 '매우 민감한 사안'으로 다가오고 있으며, 이는 어쩌면 우리 민족의 상생공영을 저해하는 최대 요소로 작용하는 것인지도 모른다. 결론적으로 앞에서 소개한 2004년 하반기의 IAEA에 의한 우리나라의 핵의혹과 관련하여 당시 프랑스의 유력지 〈르몽드〉지가, '서울의 의도에 혼란을 주는 비밀실험'이라는 제목의 기사에서 논평한 글을 인용하고자 한다.

"한국 과학자들의 플루토늄추출과 우라늄농축에 대한 비밀활동 폭로는, 북한 핵무기프로그램을 저지하기 위한 베이징의 6자회담협상을 어렵게 할 위험이 많고 한국 정부의 (핵물질실험에 대한) 의도에 의혹을 불러일으켰다."

제4장
미국의 북한 핵전략
달아나는 '불량배'를 놓아준 '보안관'

백악관이 흔들린 날

미국은 1993~1994년에 걸쳐 북한이 핵무기 제조에 이르기 전에 핵개발계획을 중지시키려고 북한과 교섭을 했다. 최종적으로 1994년 가을에는 북-미합의가 성립해 큰 일은 벌어지지 않았다. 수석대표로서 교섭을 담당했던 당시 미 국무부 북한문제 담당대사 전임 로버트 갈루치(미 조지타운대학 외교대학원 원장·교수)에 의하면 그 무렵 클린턴 정부는 1994년 4월, 미군의 북한과의 전투상태를 결의하고 개전 직전까지 갔다. 클린턴 대통령은 북한 핵시설을 파괴하기 위해 북한에 대한 선제공격을 결의했었다는 것이다.

이런 사실을 당시 윌리엄 페리 국방장관도 1995년 1월 미 의회에서의 증언을 통해 밝혔다. 북한의 핵무기개발을 막기 위해 미군이 어떤 대책을 강구하려 했었는지에 대해 페리 장관은 "솔직히 말하면 우리는 어떻게 하면 좋을지 충분히 알고 있었다"고 말했다.

이 증언에 대해 갈루치는 "페리 장관이 말한 '어떻게 하면 좋을지'는 핵개발 중인 영변의 핵개발시설을 선제공격한다는 것이었다"고 해설한다.

갈루치에 따르면 미군에 의한 선제공격 시나리오는 1993년 가을부터 백악관 멤버들을 중심으로 짜여졌다. 같은 해 11월 15일에는 백악관 내 군사적인 중요문제 등을 협의하는 상황실에서 회의가 열렸다. 출석자는 앤서니 레이크 안전보장문제담당 대통령보좌관, 샌디 버거 대통령보좌관, 워런 크리스토퍼 국무장관, 레스 애스핀 국방장관, 그리고 존 샬리카쉬빌리 장군 (나중에 미군 통합참모본부의장에 취임), R. 제임스 울시 CIA 장관 등 클린턴 정부의 쟁쟁한 간부들이다.

논의의 초점은 영변에 있는 핵개발시설이나 핵폭탄을 파괴하는 데 있었다.

레이크는 "표적의 파괴 자체는 가능하다. 핵개발시설을 방사능 유출이 없도록 완벽하게 파괴하는 것은 가능하다"고 말했으나, 추출이 끝난 플루토늄이 이미 어딘가로 이동되어진 경우에는 그 추적조사가 불가능해서 "굳이 선제공격으로 영변을 급습하는 효과는 불확실해질 것"이라고도 말했다.

울시 CIA장관도 "핵폭탄은 쉽게 이동할 수 있으므로 표적의 포착이 어렵다. 우리는 영변의 각 시설이나 건물을 하나하나 샅샅이 뒤질 수는 없다"고 말해 그 목표물을 장악하고 포착하는 일, 그리고 파괴하는 일의 어려움을 강조했다.

울시 CIA장관은 회의 전에 영변을 중심으로 한 주변의 위성사진을 꼼꼼히 보고 온 듯, 정보전문가로서 영변의 지형을 해설했다.

"영변의 핵개발시설은 산의 경사면 아래에 있어 높은 산을 배경으로 건설되어 있다. 이 경우 전투기가 공격하면 전투기가 산의 경사면에 충돌할 가능성이 높아진다. 매우 공격하기 어려운 지형이다."

이를 보충하기 위해 샬리카쉬빌리 장군도 영변 부근의 무장 상황을 설명했다.

"영변 주변에는 300대의 고사포가 설치되어 있으며, 주변 6 개소에 지대공미사일기지가 배치되어 있다. 게다가 지하기지 이니만큼 공격은 매우 어렵다. 이 경우 1991년 이라크공격 시 '데저트 스톰작전'에서처럼 미군 항공모함에서 크루즈미사일을 발사하면 표적파괴는 가능하다."

샬리카쉬빌리 장군은 설명을 계속했다.

"하지만 표적이 지하기지나 저장고에 감추어져 있을 가능성 이 있다. 지하에 큰 충격을 주는 벙커버스터 폭탄이 개발되었 으나 보통 지면에서는 지하 30미터, 콘크리트라면 지하 6미터 밖에 파괴하지 못한다. 이래서는 핵폭탄을 파괴하려는 당초 목표가 이룩되지 않는다."

나아가, 샬리카쉬빌리 장군은 미군의 선제공격에 대해 북한 군이 큰 반격행동을 일으키리라는 우려를 표명했다.

"북한군의 군비는 구식이지만 그 병력 수는 200만여 명 이 상이며, 훈련도 매우 빈틈없이 이루어지고 있다. 또 구식이라 고는 하지만 화포나 로켓런쳐·전차·해군함선의 수는 압도적으 로 많다. 공군력이 한-미연합군에 비해 떨어질 뿐이다."

또 샬리카쉬빌리 장군은 이렇게 말하였다.

"가장 우려되는 것은 북한군이 보복조치로서 한국 영내 원자 력발전소의 원자로를 공격하지나 않을까 하는 우려이다. 한국의 원자로는 해안을 따라 있어, 북한군이 보기에 매우 공격하기 쉬 운 곳이다. 북한군 가운데서도 정예부대로 불리는 특수부대 10 만여 명이 총력을 기울여 공격을 해오면 원자로는 간단히 파괴되어 방사능유출에 의한 피해가 확대될 가능성이 높다."

울시 CIA장관이 샬리카쉬빌리 장군의 설명을 이어받아서 말했다.

"우리가 가장 우려하는 것은 서울에서 48킬로미터밖에 떨어지지 않은 남북한 국경의 비무장지대에 북한군의 40%가 집중되어 있다는 사실이다. 그 북한군이 우리의 선제공격을 기해 눈사태가 일어난 듯이, 해일처럼 한국 영내로 돌입해 서울을 점령해 버릴 수도 있다."

워런 크리스토퍼 국무장관도 계속해서 말했다.

"비무장지대 지하에는 북한군이 팠다는 한국 영내로 통하는 비밀 땅굴이 있다는 이야기를 들었다."

"그렇다. 지금 발견된 것은 세 개밖에 없지만 실제로는 40개나 되는 땅굴을 팠다는 북한 망명자의 증언도 있다."

울시 CIA장관이 자신있게 말했다.

"남북한이 전쟁상태에 빠지면 미군은 '데저트 스톰작전'과 마찬가지로 54만 5,000명의 병력을 한반도에 집결시키게 된다. 이 결과, 남북한과 미군의 군사전투요원 모두 35만 명에서 70만 명이 사상한다는 시뮬레이션(가상상황) 결과가 나왔다. 여기에는 민간인 사상자는 포함되어 있지 않다. 민간인에게는 전투요원 이상의 사상자가 나오리라 예상된다. 나아가 경제적 손해를 포함하여 매우 큰 인적·물질적 피해가 예상된다."

샬리카쉬빌리 장군의 이야기를 이어받듯이, 좌중의 보스격 존재인 레이크 보좌관이 조용히 끼어들었다.

"다시 말해 우리가 영변을 선제공격하면 한반도가 전면적인 전쟁상태에 빠질 가능성이 높다는 말인가? 그리고 그 결과 소중한 미군병사의 목숨을 다수 잃는다는 것이군."

레이크 보좌관의 독백 비슷한 물음에 답하는 사람은 아무도 없었다. 잠시 뒤, 레이크 보좌관은 자기가 부른 침묵을 깨듯이 중얼거렸다.

"어찌되었든 북한으로의 군사옵션은 포기할 수 없다. 될 수 있는 한, 피해가 적고 군사적인 효과가 큰 공격방법을 생각해 나가기로 하자."

클린턴의 결의

이 토의 내용은 페리 국방장관에게도 보고되었다. 당시 미군을 둘러싼 환경은 혹독하였다. 1993년 10월 18명의 미군병사가 죽은 소말리아공격의 실패 등으로 국방부가 심한 곤경에 처해 있었다. 후일담이 되겠으나, 이 실패가 원인이 되어 레스 애스핀 국방장관이 1993년 12월 사임하기에 이른다. 그 후임이 윌리엄 페리 국방장관이다.

이런 소말리아군사정책을 둘러싼 격렬한 논의는 클린턴 대통령 비판으로도 직결되었다. 소말리아공격 전인 1993년 9월의 〈뉴욕타임스〉지와 미 CBS텔레비전 합동조사에서는 52퍼센트가 "클린턴 대통령의 외교정책 운영을 지지한다"고 답했으나, 소말리아공격 후의 조사에서는 결과가 역전하여 61%가 "클린턴 대통령의 외교정책운영은 지지하기 어렵다"고 답했다. 이것은 객관적으로 북한으로의 군사공격을 실행하기 어려운 상황으로 작동할 것임이 틀림없었다.

그렇더라도 페리 국방장관은 북한으로의 선제공격이라는 군사옵션을 포기할 수는 없었다. 미군은 '2정면전략'방침을 포기할 수 없었고 실제로 북한이 핵무기를 개발한 일을 못 본 척 지나칠 수는 없었기 때문이었다.

이에 대해 1993년 12월 초순, 당시의 애스핀 장관은 북한으로의 군사공격에 대해 "그런 행동을 취할 수는 없다"고 명확히 부정했다.

그러나 클린턴 대통령은 그로부터 얼마 지나지 않은 12월 8일 수요일 오찬회에서 북한문제의 대응에 대해 기자단의 질문을 받고, "곧바로 군사적인 선택지를 취할 수는 없으나, 어떤 선택지도 모두 백지인 채"라고 말해 선제공격의 가능성을 부정하지 않았다.

여기에도 클린턴 정부 내부의 군사옵션에 관한 의견 통제의 혼란이 보인다. 나중에 보면 대통령과 국방장관의 의견이 일치되지 않음이 드러나, 애스핀 장관의 사임도 시간 문제였다고 할 수 있다.

하지만 그 무렵 국방부 내부에서는 백악관에서의 샬리카쉬빌리 장군의 발언으로 대표되듯이 북한에 대한 선제공격에는 신중한 의견이 많았다.

이 '북한위기' 이전에도 핵개발시설을 전투기로 공중폭격한 예가 없지 않다. 1981년 6월 7일, 이스라엘군이 이라크 오시라크 원자로를 급습해 공중폭격한 경우와, 1986년에 미군에 의한 리비아급습의 예도 있다. 그러나 이러한 예들은 어디까지나 이라크나 리비아가 불시에 공격을 당한 예로, 방심의 결과였다.

미군 내부에서는 '데저트 스톰작전' 당시 과거 이스라엘군과 마찬가지로 이라크의 핵시설을 공격하려 했으나 주변에는 고사포 등 군사무기가 집중해 있는 기지가 있었기 때문에 공격을 그만뒀다고 보고되었다.

북한 측도 당연히 이 이스라엘군에 의한 오시라크공격은 알고 있었을 것이다. 이스라엘군과 마찬가지로 미군이 영변의 핵시설을 공중폭격하려할 것이라는 사실을 경계해, 주변에 고사포 등을 빽빽히 늘어세웠음이 백악관에서의 샬리카쉬빌리 장군의 발언을 볼 때도 명백하다. 또한 당시는 이라크공격의 영향도 있어 미국내에는 반전분위기가 감돌아, '데저트 스톰작전'처럼 54만 5,000명이나 되는 군을 전선으로 보낸다는 것은 더없이 어려운 일이었다고 할 수 있다.

그 무렵 미국 〈워싱턴포스트〉지 1993년 12월 12일자는 국방부의 시뮬레이션을 인용하면서 미군이 54만 5,000명이나 되는 병력을 한반도에 집결시켜도 전투는 82~112일이 걸리며 격렬한 전투가 전개되어 한국은 붕괴위기에 처하게 될 것이라고 예측됐다.

카터-김일성회담

사태는 북한이 전혀 타협을 하지 않는 추세로, 북-미고위급협의 재개는 불가능한 상황이어서 누가 보아도 미국에는 이제 전투옵션밖에 남지 않았다는 절망적인 국면까지 나아갔다. 북한 측에서 미국 측의 조건을 받아들인다는 답이 없을 경우 "내일이라도 공격지령을 내릴 수밖에 없다"고 클린턴 대통령은 생각했다.

바로 그때, 1994년 6월 17일 북한 평양에서 백악관에 전화가 걸려왔다. 평양을 방문 중인 카터 전 대통령으로부터였다. 그러나 당시 클린턴 대통령은 백악관에 없었고 시카고에 머무르고 있었다. 앤서니 레이크 안전보장문제담당 대통령보좌관이 전화를 받았다.

"앤(레이크 보좌관의 퍼스트네임), 김일성이 북-미고위급

1994년 6월 17일 평양 대동강 유람선에서 회담하는 카터 전 미국 대통령과 북한의 김일성

협의 재개를 승인했네. 김일성은 핵무기를 제조할 마음은 없다고 하네. (북한에 대한) 공격은 기다려 주게."

카터는 레이크 보좌관에게 이렇게 말했다.

레이크는 믿을 수 없었지만, 한편 이런 안도감이 들었다.

"위기는 지나갔다. 내 명령으로 많은 미국 국민을 전장에 보내지 않아도 된다."

"알겠어요. 짐(카터의 퍼스트네임). 고마워요."

레이크는 이렇게 대답했다. 그 뒤에도 카터는 거의 철야로 레이크 등 백악관 직원들과 연락을 취하며 김일성과의 상세한 회담 내용에 대해 설명했다.

동시에 카터-김일성회담의 내용에 대해서는, 평양에서의 취재가 허가되었던 미 CNN텔레비전의 생중계를 통해 전세계에 순식간에 전해졌다.

"북한이 미국의 조건을 받아들였다."

카터의 평양 방문은 '개인' 자격이었으나 실질적으로는 클린턴 정부의 의향을 전하는 '특사' 역할을 수행한 형태였다. 북한 측도 최고의 대우로 응대했고, 국제원자력기구(IAEA)의 탈퇴에도 불구하고, IAEA 사찰요원의 북한체재를 보장하는 등 '미소작전'으로 응했다.

하지만 클린턴 미 대통령이 6월 17일, 방문처인 시카고에서 발표한 코멘트는 너무나 냉담했다.

"카터가 무슨 말을 했는지는 모르겠으나 제재에 관한 미 정부의 입장은 변함이 없다."

모처럼의 외교적인 성과를 카터에게 빼앗겨 아쉽다는, 당혹을 감출 수 없는 마음이 코멘트에 배어나와 있었다고도 볼 수 있는 발언이었다.

마이어스 미 대통령 대변인도 "북한이 전날 표명한 내용을 확인하는 작업을 진행하는 한편, 유엔에서의 대북한 제재협의를 계속하는 것이 미 정부의 입장"이라는 성명을 발표했다.

한편 고어 미 부통령도 6월 17일 아침, CBS 텔레비전과의 인터뷰에서 북한에 대한 제재협의에 대해 '현시점'에서는 계속하는 방침을 확인했다.

"다만 북한이 핵계획을 동결할 의사가 있다면 북-미고위급협의를 재개한다. 그렇게 되면 유엔에서의 대(對)북한 제재협의에도 당연히 영향을 미쳐 이후 상황에 따라서는 유엔의 협의사항을 정지할 수도 있다."

고어 부통령으로서는 매우 파격적인 코멘트다. 그만큼 카터에게 기대를 한 코멘트였다고 생각할 수 있는데 클린턴 대통령·고어 부통령 모두가 이 시점에서는 여우에게 홀린듯한 기분이었던 것으로 보인다.

이틀 뒤인 6월 19일, 귀국한 카터 전 대통령은 백악관으로 직행해, 갈루치 및 앤서니 레이크 대통령보좌관(국가안전보장 문제담당), 국가안전보장회의 핵문제전문가 다니엘 폰먼 등과 회담했다. 그러는 동안 캠프데이비드에서 휴양 중인 클린턴 대통령과 약 30분, 전화로 얘기를 나누고 평양에서의 김일성 등과의 회담 내용을 상세히 보고했다.

카터는 '위기는 끝났다'는 낙관적인 인식을 드러냈으나 갈루치는 "유엔에 제재를 회부하는 방침에는 변함없다"고 말하여 보다 신중히 대응하는 모습을 보였다.

"당했다. 공적을 빼앗겼다."

갈루치는 그때의 기분을 이렇게 말했다.

'닭 쫓던 개 지붕 쳐다본다'는 속담이 있는데 갈루치 등 실무자들은 북한 측과 1년 이상에 이르는 교섭을 계속해 온 것치고는 노력이 결실을 맺지 못했는데, 거꾸로 부탁도 하지 않았는데 클린턴 대통령측에 상의를 하고 '개인자격'으로 북한에 들어간 카터가 교섭을 결정한 점에 대해 "정말로 분했다"고 갈루치는 털어놓았다.

이것은 북한의 정책결정은 "모두 한 사람이 한다"는 원리원칙을 똑똑히 보여 준 예였다. 이런 원칙은 지금도 변함이 없다. 옛날에는 김일성이고 지금은 김정일이라는 최고권력자다.

카터가 북한을 방문하게 된 것도 사실은 김일성의 초대를 받았기 때문이다. 카터의 고향이자, 농장이 있는 미국 조지아주 카터사무소에 김일성의 친서가 도착했는데, 편지에 카터를 평양으로 초대하겠다는 내용이 적혀 있었다. 친서는 한 번만이 아닌 두 번, 세 번 도착했다. 이런 김일성의 열의에 카터의 마음은 움직였다. 그리고 개인자격으로 평양을 방문할 결심을 굳혔다.

카터에 의하면 회담은 평양을 흐르는 대동강의 김일성 전용 유람선에서 약 세 시간 반 동안 이루어졌다.

카터는 ①제3회 북-미고위급협의 개최에 잠정적으로 동의한다. ②북한 원자로를 플루토늄이 나오지 않는 경수로로 바꾸는 문제를 협의할 생각이 있다. ③북한으로의 핵 불사용선언을 검토할 생각이 있다는 등 미 정부의 의향을 전달했다.

이에 대해, 김일성도 성의를 담아 대응했다.

"대미관계 개선에 전력을 다한다."

"한국전쟁시의 행방불명된 미군조사, 유골찾기를 북-미 양국 공동으로 실시하기로 한다."

이것은 미 여론을 의식해 대(對)미 우호자세를 강조한 것이었다.

북한의 핵문제에 대해, 김일성은 "과거도 현재도 핵무기를 제조할 의도가 없다"고 말하고 "핵개발계획은 동결하겠으나, 그 전제조건으로 제3회 북-미고위급협의 개최보장을 원한다"고 해 ①북한이 흑연감속로에서 경수로로 전환하는 것을 미국이 지원한다. ②미국을 비롯한 외국이 북한을 핵공격 대상으로 삼지 않을 것을 공식으로 보장한다면 IAEA의 사찰관 2명과 사찰장비의 북한 잔류를 인정한다는 등 타협안을 제시했다.

결국 극적인 카터 미 전 대통령의 방북으로 일촉즉발이었던 사태는 진정되어, 북-미 양국은 7월에 제네바에서 고위급협의 제3라운드를 시작했다.

그러나 예상도 할 수 없는 일이 일어났다. 김일성이 갑자기 사망한 것이다. 이 죽음에 대해서는 북-미교섭이 진행 중인 상황에서, 북한 측이 어떤 교섭을 하는 것이 아닐까 하는 관측이 흐르고 있던 매우 미묘한 타이밍이었던 만큼 "어떤 인위적인 힘이 작용한 것이 아닌가?"라는 정보도 흘렸다.

북-미교섭도 한때 중단은 했으나 결국 그 뒤도 교섭은 계속됐다. 10월이 되어 북한의 핵문제 해결에 더해 양국의 국교정상화 노력도 더해진 내용의 북-미기본합의문서가 조인되었다.

그것은 북한이 흑연감속로 등을 동결하고 핵개발을 포기하는 대가로 미국 등이 평화이용 목적의 경수로를 2003년까지 제공하고 그때까지는 대체에너지로서 중유를 제공한다는 것을 골자로 했다.

이 결과, 한반도의 긴장은 완화되어 이듬해인 1995년에는 경수로 제공을 위해 한-미-일을 중심으로 한 한반도에너지개발기구(KEDO)가 설립되었다.

그러나 그 뒤로도 수많은 우여곡절이 이어졌다. 제공하는 경수로의 형식을 둘러싼 북한과 미·일 등의 대립이 계속되어, 계획이 늦어진 데다가 미국 측의 경유 공급도 늦어지는 등, 북한과 미국 등의 관계는 더욱 복잡하게 되었다.

긴박한 상황

북한의 태도가 분명한 변화를 보이기 시작한 1998년 8월 중순, 미 중앙정보국(CIA)이 〈뉴욕타임스〉지 등 미 유력 매체에 "북한핵의혹의 중심이었던 영변지구 북서 40킬로미터 부근인 평안북도 대관군 금창리 지하시설에서 핵개발을 하고 있을 의혹이 있다"는 정보를 공표했다.

바로 그 직후인 8월 31일, 북한에서 '대포동 1호'라는 미사일발사실험이 행해져 이 미사일이 일본열도를 넘어 태평양 위에 떨어지고 일본은 공황상태에 빠졌다.

미국은 핵시설사찰을 원했으나 북한은 미 정부의 사찰요구에 강하게 반발했다.

"현재의 일촉즉발 상황 속에서 미국제국주의 침략자와 싸울 준비를 갖췄다."

북한의 인민무력부 부상은 이런 고압적인 성명을 발표했다.

"전쟁이 일어나면 우리는 기회를 놓치지 않을 것이다. (북한군의) 공격을 피할 수는 없을 것이다."

이렇게 말하며 여러 번에 걸쳐, 전쟁 준비가 끝났음을 강조했다.

이에 대해 미 국방부(펜타곤)의 베이컨 대변인은 기자회견에서 북한의 성명처럼 북한의 무력침공이 있을 경우 "신속·단호한 조치를 취하겠다"고 말하며 반격에 나설 것을 강조하고 북한에 강하게 경고하는 등, 북-미관계는 긴박한 상황 아래 있었다.

이 때문에 한반도는 단숨에 긴장된 공기에 휩싸였다. 미군은 주한미군에 '패트리어트미사일' 24기를 보내겠다고 발표하고 서울의 미국대사관은 한국에 있는 미국인들을 도쿄로 피난시키는 계획의 입안에 들어갔다. 나아가 6월에는 요코스카를 기지로 하는 항공모함 '인디펜던스'나 미사일 이지스함이 한반도 주변에 출동, 순찰을 맡았다.

또한 주한미군 1만 명을 추가로 파견하는 계획이 세워지는 등 임전태세에 들어갔다. 이 북한공격계획은 1994년의 북핵위기 때에 작성된 작전계획을 참고로 입안된 것으로 보인다.

1999년 미 국방부 관계자에 따르면, 1994년 봄과 1998년 겨울 공격계획의 가장 큰 차이는 북한을 완전히 격파한다는 점에 있다.*

"우리는 1994년 당시 영변으로의 선제폭격을 계획했으나 그 뒤의 대응에 관해서는 북한 측이 어떻게 나올지를 기다렸다. 가장 우려했던 것은 북한군 안에 약 10만 명이라고 하는 정예 특수부대가 기습공격을 해 와서 단숨에 군사분계선을 넘어 한국영내에 침입할 가능성이었다. 이 경우 다수의 희생자가 나올 것이 걱정거리였다. 그러므로 1994년의 군사계획을 바꿔야만 했던 것이다. 이 점에서 본다면 1998년의 경우는 북한의 게릴라공격에 대해 만전태세를 갖추고 있었다는 점이 다르다."

결국 1994년 당시의 작전계획으로는 북한이 공격을 해오는 것을 기다려 한-미연합군이 반격으로 전환한다는 것으로 한-미연합군은 북한군에 비해 압도적으로 우위인 중화기 등을 많이 이용하면서도 북한군을 군사분계선까지 퇴각시키면 그 이상 공격을 하지 않는다는 것이 작전의 기본원칙이었다.

그러나 1998년 공격계획의 경우는 달랐다.

"공격을 개시하면 북한군의 침공을 막을 뿐만 아니라 육·해·공 3군을 총동원해서 북한군을 철저하게 쳐부수고 가능하면 최고지휘관인 김정일의 지도체제를 붕괴시키는 것도 작전범위에 넣었다. 이것은 걸프전에서 이라크 최고지도자 사담 후세인의 지휘계통을 붕괴시키지 않았기 때문에 미국은 지금도 그 '후유증'에 시달린다는 교훈을 기초로 한 것이었다. 화근을 싹부터 잘라버려야 한다는 것이다."

클린턴 대통령은 미 정부의 확고한 결의를 나타낼 필요도 있어 1998년 11월 20~22일까지 한국을 공식방문했다. 클린

＊相馬勝〈北朝鮮最終殲滅計劃〉講談社, 2006, p.122.

턴 대통령 마지막날인 22일 주한 미공군기지를 방문해서 미군 병사들에게 북한으로부터의 '위험한 조짐'에 관한 우려를 강조하였다. 그리고 여기서 한 걸음 더 나아가 북한이 건설 중인 핵개발에 관여한 것으로 보이는 지하시설의혹이나 미사일발사 실험 등을 언급해 '북한의 (한국에의) 침입' 위험성이 높아지고 있어 "우리는 경계해야 한다. 그리고 나는 여러분들(주한 미군)에게 감사한다"고 말해 북한의 군사적인 위협에 대한 경계를 호소했다.

클린턴 대통령이 공군기지를 방문한 것은 "막상 북한공격에 들어가면 전투기가 가장 먼저 출동해야 한다는 배려가 작용했다"고 미 국방부 관계자는 설명했다.

클린턴 대통령은 이에 앞서 11월 20일에 방문한 도쿄에서도 북한은 미국이 의혹을 가지고 있는 핵시설사찰을 받아들이는 대신 3억 달러의 지불을 요구한 것에 대해, "도저히 받아들일 수 없다"며 북한의 요구를 일축하는 등 강경한 자세를 보였다.

미사일실험이 강행되어 양국관계는 단숨에 긴박도를 더했으나 미 국방부 내부에서는 북한을 너무 몰아세우면 그야말로 '쥐도 궁지에 몰리면 고양이를 무는' 사태가 될지도 모른다는 의견도 있었다.

사실 북한은 '미사일'에 대해 '로켓실험'이라고 주장하고 있어 "국무부내에는 미사일설에 회의적인 의견도 많다"고도 했다. 이처럼 미 정부내에는 당초 북한의 주장을 인정하는 '인공위성'파와 북한의 주장을 인정하지 않는 '미사일'파, 둘로 나뉘어 있었다.

특히 무력이 아니라 교섭에 의해 사태를 해결하려는 의견이 많은 국무부는 '인공위성'파로, "대화노선을 기본으로 한 관여 정책을 관철하는 자세를 흩뜨려서는 안 된다는 의견이 강하다"고 한다. 왜냐하면 여기서 핵합의를 파기하면 북한이 핵개발을 재개해 한국 등 주변에 전하는 위협이 더욱 커지기 때문에 어디까지나 교섭에 의한 해결을 최우선으로 했다.

이 국방부와 국무부의 의견대립은 워싱턴에서 열린 한 세미나에서도 잘 볼 수 있다.

"그런 저자세라서 북한 같은 작은 나라에도 얕보이는 것이다. 그들은 우리 미국의 지하시설사찰의 보답으로 3억 달러의 지불을 요구하고 있다. 세계 평화를 지키려는 미국이 세계 평화를 무너뜨리려고 하는 북한에 어째서 3억 달러나 되는 돈을 지불해야 하는가? 이렇게 어처구니없는 소리가 또 있을까?"

이렇게 미 국방부 관계자가 역설하자 국무부 관계자는 강하게 반발한다.

"무슨 소린가? 이래서 펜타곤은 전투적이고 야만인이라는 소리를 듣는 것이다. 희생당하는 것은 젊은 세대다. 타국에서 죽을 수도 있는 일을 시킬 필요는 없다."

한반도에서의 개전위기가 닥쳐오는 가운데, 북한에 있는 핵 의혹 시설사찰을 요구하는 북-미협의는 1998년 11월부터 평양·뉴욕·워싱턴 등에서 계속해서 열렸다.

그러나 북한대표단은 미 정부가 의혹시설의 사찰을 실시한다면 '보상'으로서 3억 달러를 지불해야 한다는 요구를 강경하게 주장하고 이것을 미국 측이 거부하는 등, 협의는 완전한 평행선을 걸어서 이대로 '결렬인가?'라고 보여졌다. 그러나 이듬해인 1999년 3월 이런 우려는 빠른 속도로 타결 국면에 진입하게 된다.

이 교섭의 내막은 어떤 것이었을까? 교섭의 미국 측 책임자였던 찰스 카트먼 한반도평화협의 담당대사가 교섭타결 직후인 3월 하순, 하버드에서 열린 세미나에 출석해 교섭 내용에 대해 자세히 밝혔다. *

우선, 교섭 장소에 대해 카트먼 대사는 이렇게 말했다.

"뉴욕에서의 교섭에서는 미국 측 대표단이 15명, 북한 측은 8명이었다. 교섭이 행해진 곳은 양국 대표단 23명이 들어가면 가득 찰 만큼 비좁은 방이었다."

교섭시간에 대해서도, 뉴욕에서의 제4라운드에만도 95일 동안이 걸린 것에 대해 다음과 같이 말했다.

"예상 이상으로 길어진 장기간 교섭이었던 것은 북한 측이 때때로 교섭 내용이나 결정해야 할 사항에 대해 본국 정부에 조회하는 절차를 밟았기 때문이다."

북한대표단이 하나의 결정을 하는 데도 일일이 본국에 연락해서 허가를 받아야 하기 때문이었다고 말한다.

예를 들어, 금창리로의 사찰에서 미국 측이 두 차례 이상의 사찰을 제의한 데 대해 북한 측은 "한 번으로도 충분하지 않은가?"라는 거부의 자세를 보였으나 미국 측은 "두 차례 이상의 사찰이 아니면 실효가 없다"며 납득하지 않았다.

이에 대해 "우리는 양보할 수 없다"고 하며 김계관 외무성 부상이 자리를 박차고 일어나고, 다음날에는 아예 교섭에도 나오지 않은 적도 있었다고 한다.

그러나 김계관은 미국 측의 태도가 강경하다는 것을 알자

---

* 相馬勝 〈北朝鮮最終殲滅計劃〉 講談社, 2006, p.126.

양보자세를 보여 이렇게 말했다.

"본국정부에 조회할 때까지 시간을 달라."

교섭에서는 사찰횟수와 원조금액·양·내용 등을 정하는 데 일일이 이런 '주고받기'가 이어져 미국 측은 인내를 강요당했다고 한다.

이 카트먼 대사의 지적을 통해 알 수 있듯이 북한교섭단은 실권이 없는 본국의 '꼭두각시'였다.

카트먼 대사는 이에 대해 적절하게 설명했다.

"탁자를 둘러싸고 실제로 교섭하는 북한대표단은 어디까지나 가짜 교섭상대이며 진짜 교섭상대는 북한 본국에 있는 최고지도자인 김정일이며, 북한군이라는 점이 분명했다. 다시 말해 교섭에 임해 누가 진짜 교섭상대인지를 가려내는 것이 중요했다."

또한 카트먼 대사는 이렇게까지 지적하고 있을 정도다.

"핵의혹이 있는 금창리의 지하시설은 북한군이 관리하고 있다. 북한대표단이 좋지 않은 교섭결과를 가지고 귀국한다면 군에서 압력을 받을 것은 필연적이며, 경우에 따라서는 귀국하자마자 군의 손에 의해 대표단이 죽을 수도 있다."

"이건 어디까지나 농담이지만 하룻밤에 교섭상대가 사라져 버릴 수도 있다. 그만큼 북한대표단도 교섭에 있어서는 필사적이었을 것이다. 이쪽도 당연히 마음을 다잡고 교섭에 임해야 했다. 이때까지 뉴욕·제네바·평양 등에서 교섭이나 협의 등이 열렸으나, 매우 긴장을 강요당한 교섭이었다."

이 때문에 카트먼 대사는 교섭에 나갔을 때를 이렇게 술회했다.

"교섭단의 배후에서 지시를 하는 김정일과 북한군의 모습을 상상하면서 교섭을 계속해 가야 했다.”

다시 말해, 교섭에 있어 최종결정권을 가진 것은 김계관이 아니라 김정일이었다는 것이다. 카트먼 대사에 의하면 교섭의 최대 쟁점이었던 사찰횟수나 원조금액 등에 대해 김계관 등 북측 대표단은 이렇게 말했다고 한다.

“이 건에 대해서는 우리로서는 결정할 수 없다.”

이것은 최종적인 결정은 김정일이 내린다는 증거라고 할 수 있다.

이것은 1994년 당시 미국과 북한의 교섭에서도 똑같이 나타났다. 1994년의 경우는 당시 최고지도자 김일성이 카터 전 대통령과 이야기해서 미국 측의 조건을 받아들이는 것으로 타결했다. 1998년의 경우도 최고지도자인 김정일의 결단에 의해 해결했었다.

“북한에서는 무엇이든지 최고지도자가 결정하지 않으면 끝나지 않는다.”

이것은 김일성의 뒤를 이은 김정일체제에서도 전혀 변하지 않는다. 이것도 세습체제가 초래한 결과일까? 정말로 북한은 ‘국가’가 아니라, 마치 ‘일가’ 같은 것이라고 보아야 할 것 같다.

사찰을 받아들인 이유

그러면 북한이 사찰을 받아들인 이유는 무엇이었을까? 카트먼 대사는 다음의 두 가지를 지적한다.

“가장 큰 이유는 사찰을 받아들이고 그 결과 의혹을 증명하듯이 핵시설인 것이 판명되어 파괴되게 되더라도, 곧바로 다시 새로운 핵시설을 만들면 괜찮기 때문이라고 생각한다.”

“이것에는 개인적인 상상도 들어 있지만, 이미 북한이 핵개발을 하고 있다는 정보가 흘러나온 지 10～15년은 지났다. 이 사이에 북한이 핵개발을 계속했으면 이미 핵시설을 건설하는 기술은 충분히 축적했을 것이다. 이미 핵무기를 만드는 기술도 익혔을지 모른다. 그 가능성은 부정할 수 없을 것이다. 즉 파괴되어도 또 만들면 되는 것이다. 북한 측에서 보면 매우 간단한 일이다.”

“다음으로 만일 북한이 미국 측의 제안을 거부하게 되면 미 의회나 여론, 언론매체의 반응 등에 힘입어 미군이 본격적으로 북한공격에 들어갈지도 모르기 때문이다. 교섭이 결렬되면 그 가능성은 매우 커질 것이다. 그렇게 되면 북한이라는 국가는 소멸될 수도 있다. 그 위험성은 북한 자신이 충분히 알고 있을 것이다.”

“또한, 북한은 현재 기아가 만연해 있다. 미국 측의 제안을 거부하면 국가존망의 위기에 서게 됨과 동시에 사찰의 대가인 식량원조도 잃게 된다. 처음에 북한이 사찰 조건으로 3억 달러를 요구한 것을 보아도 잘 알 수 있을 것이다.”

이처럼 카트먼 대사는 해설했다. 이 발언에서 알 수 있는 것은 북한이 미군의 공격을 극도로 두려워했다는 사실이다. 북한은 공식보도에서는 “전쟁도 불사하겠다” 등의 매우 과격한 발언을 했으나 실제로는 전쟁이 현실화되면 어떻게 될까? 북한지도부 스스로가 잘 이해하고 있을 것이다.

그렇다면 미국 정부는 교섭을 통해 북한정세를 어떻게 하려고 생각했을까? 카트먼 대사는 다음과 같이 분석한다.

“이 교섭이 성공함으로써 전쟁의 위기를 영원히 피하게 된 것은 아니다. 북한이 새로운 시설을 만들거나, 핵무기를 제조하는 의혹이 나오면 또 다시 교섭을 시작해, 그 결과에 따라서는 군사적인 선택을 할 필요가 생길지도 모른다."

"이 사실은 북한 자신이 누구보다 잘 알고 있을 것이다. 페리 전 국방장관이 강조했듯이 군사적인 선택은 부정할 수 없을 것이다. 펜타곤은 위성 등을 통해 북한정세를 똑똑히 보고 있다. 군사적인 움직임이 있으면 곧바로 대응할 수 있도록 되어 있을 것이다."

또한 카트먼 대사는 북한 측이 새로운 군사적 시나리오를 짰을 가능성을 지적한다.

"북한이 '대포동' 등의 로켓폭탄으로 한국의 도시를 노리거나 군사시설을 표적으로 할 가능성도 생길 것이다. 화학무기나 핵폭탄을 탑재한 로켓으로 미군이 집결하는 부산이나 오키나와의 미군기지를 노릴 수도 있다."

"그렇다고는 해도 북한이 일단 공격한다면 자기 나라가 붕괴해 버린다는 것도 북한의 지도자는 충분히 알고 있을 것이다. 그것을 모를 만큼 북한의 지도자는 어리석지 않다."

카트먼 대사는 냉정했다.

당시 서방에서 북한과 유일하게 접촉을 가졌던 사람은 국제기구 중 하나인 KEDO(한반도에너지개발기구)의 최고책임자 데사이 앤더슨 수석대표였다. 앤더슨은 동아시아문제세미나에서 현재 북한정세에 관한 강연과 그 뒤의 질의응답을 했다. 이 내용을 대강 소개하면, 당시 미 정부의 북한 인식을 거의 파악할 수 있을 것이다. *

---

* 相馬勝 〈北朝鮮最終殲滅計劃〉 講談社, 2006, p.132.

"한반도의 전략적인 중요성이 커졌다."

우선, 앤더슨은 강연 첫머리에 이렇게 말을 꺼냈다.

"북한의 군사적인 야심은 높아져 가고 있어서, 3단식 로켓 '대포동'은 미사일이며, 한국과 일본을 겨냥하고 있음은 틀림 없다. 나아가 '대포동'은 알래스카를 사정거리에 넣을 수 있는 만큼 한반도정세에 대해서는 한국과 미국, 일본이 협력해 안 전보장문제를 협의해 가야만 한다."

앤더슨은 북한의 위협을 솔직하게 표현하였다.

특히 미군에 의한 군사적인 선택에 대해서는 "북한과 미국 은 특히 1994년에는 전쟁 일보직전까지 갔다. 당시 전쟁은 단 순한 가능성이 아니라 매우 현실적인 것이었다. 미국은 걸프 전의 교훈에 따라 이라크를 공격한 것과 마찬가지로 한반도 주변에 군을 집결시켰다."

"미군이 지금(1998년)도 한국에 군을 주둔시키는 것은 한 반도의 유사시에 대비하기 위해서이기도 하다. 지금과 1994년 당시와 다른 점은 북한의 영변 가까이에 지하시설을 발견한 것이며, 이 지하시설이 미사일시설인 것 외에 핵개발시설일 가능성도 크다."

북한이 핵무기개발을 하는 목적에 대해서는 이렇게 말했다.

"김정일이 미사일개발이나 핵무기개발을 시작한 것은 북한 의 주요 지원국이었던 소련이 1991년에 붕괴되고, 이웃나라인 중국은 한국과 국교를 수립하였기 때문이다. 열세를 만회하기 위해 핵무기를 개발하려고 하는 것이다."

앤더슨은 이렇게 서론을 말하고, 자세한 이야기를 다음과 같 이 하기 시작했다.

"김정일은 지금까지 계속했던 경제개발 노력을 포기한 듯이 보인다. 북한에서는 미사일개발 등에서 볼 수 있듯이 군 등의 강경파가 대두하는 경향이 강하게 나타난다. 나아가 핵무기개발을 계속하려 하고 있는 듯하다. 이것은 위험한 조짐이다."

"이런 북한의 위험한 움직임이 동북아시아에서의 군사적 균형을 무너뜨리게 되어, 미국은 아시아의 평화를 위해 북한의 군사세력의 대두를 막아야만 한다."

앤더슨은 경우에 따라서는 북한으로의 군사공격이 필요함을 이론적으로 강조한 것이다.

부시의 군사공격전략

1994년, 1998년에 두 번의 '북한위기'가 일어났다. 그리고 2005년 2월에 북한이 '핵폭탄 보유·증산'을 선언했다. 이로써 우리는 세 번째 북한위기를 맞이하게 되었다. 미국은 표면상 '대화를 통한 해결'(라이스 국무장관)을 추구하고 있지만, 실은 군사적인 방법도 버리지 않고 있다.

미국의 핵문제 전문잡지인 〈뉴클리어 포스처 리뷰(Nuclear Posture Review)〉 2002년 3월호에서는 미군이 선제공격을 고려하고 있다고 보도했다. 그리고 공격준비가 끝난 국가목록을 공표했는데, 그 중에는 북한도 들어가 있었다. 이 사실이 2002년에 이미 결정되어 있었다는 점은 매우 충격적이다.

미국 외교평의회는 국무부의 외곽단체로, 미국정부의 외교정책에 강한 영향을 끼친다. 그런데 이 평의회가 2003년 6월에 발행한, 북한문제 태스크포스(특별조사팀)가 쓴 보고서에는 다음과 같은 내용이 실려 있었다.

"이것은 틀림없이 미국 정부가 본지에 흘려준 정보다. 미국 정부는 여전히 북한핵개발에 강한 경계심을 느끼고 있으며,

군사적인 수단을 써서라도 북한의 야망을 막으려는 굳은 의지를 품고 있다."

부시 대통령이 '북한공격명령'을 내리는 순간, 미군은 즉시 행동할 것이다. 미군은 그만한 태세를 정비하고 있음에 틀림없다.

미군 합동참모본부의 마이어스 의장은 2005년 2월 16일에 열린 하원 군사위원회에서 이런 견해를 밝혔다.

"미군은 이라크에서 군사행동을 계속하면서도, 이란이나 한반도에서 일어나는 사태에도 대처할 수 있다. 미군은 이 같은 '2정면전략'(이른바 'Win-Win전략'을 지칭)을 기본적으로 유지하고 있다."

마이어스 의장은 2정면전략에 대해 정기적으로 검토하고 있다고 말한 뒤 다음과 같이 강조했다.

"이라크 이외의 상황, 즉 한반도에서 무슨 사태가 일어난 상황에서도 우리는 그에 충분히 대처할 수 있을 만큼의 군사력을 보유하고 있다."

'2정면전략'은 지금까지 국방장관이 계속 강조해 왔던 미군의 기본전략이다. 미군은 이라크 등의 중동지방에 많은 군대를 파견하고 있는 상태에서도 세계의 다른 지역에서 분쟁이 일어난다면 충분히 개입할 수 있도록, 군사적 여력을 남겨 둔 것이다.

2003년 2월, 북한의 어느 고위관리가 이런 말을 했다.

"미국이 파병규모를 늘릴 경우, 선제공격할 수도 있다."

그러자 플라이셔 대변인은 "미국은 어떤 긴급사태에도 대응할 준비가 되어 있다"라고 강하게 경고했다. 그리고 북한은 지금까지 비슷한 발언을 많이 했다면서, 북한의 말을 단순한 위협으로 치부하고는 이렇게 결론지었다.

"미국은 한반도에서 일어날지 모르는 긴급사태에 충분히 대비하고 있다."

당시 미 국무장관이었던 파월도 상원에서 다음과 같이 증언했다.

"우리는 하나(이라크)만 붙들고 있을 순 없다."

럼스펠드 미 국방장관도 하원에서 이 문제를 말했다. 그는 북한의 '영변 핵시설 재가동 표명'에 대해, 이라크와 북한 양국에 대하여 '양면작전'을 펴는 일도 마다하지 않겠다고 강조했다. 이라크 정세가 더욱 급박해지긴 했지만, 북한에 대한 미국 측의 강한 태도는 여전하다는 사실을 보여준 것이다.

또 럼스펠드 장관은 이렇게도 말했다.

"북한은 새로운 위협을 들고 나왔다. 현재 북한이 갖고 있다고 추측되는 1~2개의 핵무기 외에도, 그들은 단시간에 새로운 핵무기 6~8개를 더 보유할 수 있을지도 모른다. 그들이 그 무기를 테러국이나 테러집단에게 팔 가능성도 있다."

그러므로 한반도의 정세가 급변할 경우, 이라크 정세와 상관없이 무력행사도 불사하겠다는 것이었다.

럼스펠드 장관은 이렇게도 덧붙였다.

"북한의 행동은 위협의 연속이다. 이는 주한미군·한국군에게도 커다란 위협이다."

이처럼 그는 미국이 현재 상황을 여전히 매우 심각하게 받아들이고 있음을 강조했다. 그리고 "그들은 과거에 했던 네 가지 합의 중 세 가지를 파기했다"라며 북한을 강하게 비난했다.

럼스펠드 장관은 2002년 2월에도, 미군은 이라크와 북한 양국에 대한 군사행동을 동시에 펼칠 수 있다고 말했다. 그러면서 북한에 다음과 같이 경고했다.

"해외에서 두 개의 큰 전쟁을 수행하는 일은 얼마든지 가능하다. 먼저 한쪽을 결정적으로 무너뜨린 뒤, 바로 나머지 한쪽을 물리칠 수 있다."

이때 럼스펠드 장관은 마치 서부극에 나오는 보안관처럼 강한 태도를 보였다.

한편 라이스 국무장관도 대통령 국가안보보좌관 시절에, ABC방송국의 한 프로그램에서 이렇게 말했다.

"북한의 핵개발은 예정보다 훨씬 더 많이 진행된 상태다."

이처럼 그녀는 뒷날 이라크와 마찬가지로 북한에도 무력행사를 할지 모른다는 가능성을 시사했다.

이제까지 북한은 부시 정부를 맹렬히 비난해 왔다. 부시 대통령이 선거 유세에서 김정일을 '폭군'이라 불렀다는 이유로, 북한은 '부시야말로 히틀러보다 몇 십 배는 더한 폭군 중의 폭군'(2004년 8월 23일, 외무성 대변인)이라고 말했다. 게다가 '국가테러의 원흉', '전대미문의 날강도집단', '사기꾼'(2004년 10월 29일 〈노동신문〉) 등의 폭언도 쏟아냈다.

이같이 심한 표현은 부시 정부의 선제공격론에 대한 공포와 거래가 통하지 않을 것이라는 원칙주의에 대한 분노에서 비롯된 것으로 보인다. 북한이 가장 두려워하는 것은, 미국이 북한체제 변환—즉 김정일정권 붕괴—을 본격적으로 검토하는 일이다. 미국이 이라크나 아프가니스탄에 대하여 그랬던 것처럼……. 그런데 부시 정부는 이런 체제변환까지도 검토할 만큼, 심한 긴장사태가 한반도에서 벌어질 것이라고 전문가들은 말한다.

미국과 북한은 2004년 6월에 열린 제3차 6자회담에서, 핵

폐기와 관련된 안을 제출했다. 그러나 미국과 북한의 의견차이는 여전했다. 미국은 북한이 우라늄농축을 포함한 모든 핵개발을 중지하길 바랐으나, 북한은 플루토늄방식의 핵개발 동결만 제안하고 그에 대한 보상까지 요구했다. 양국이 서로 타협할 기색은 전혀 보이지 않았다. 미국의 대북 정책에 밝은 한 연구자는 이렇게 말했을 정도다.

"미국은 우라늄농축을 폐기하라는 주장을 결코 굽히지 않을 것이며, 북한의 시간벌기에 더 이상 놀아나지도 않을 것이다."

2005년 2월이 되자 북한은 '핵폭탄 보유·증산'을 선언했다. 그리고 6자회담 참가를 무기한 연기하겠다고 일방적으로 통고해 왔다. 김정일은 그 이유에 대해, 때마침 방북하였던 중국 공산당 대표단 앞에서 다음과 같이 말했다.

"6자회담에 출석해 봤자 의미가 없다."

또 북한은 이후 비망록을 발표했다. 여기서 북한은 미국 정부를 심하게 비난했다. 몇몇 예를 살펴보자.

"미국은 대북 적대정책에 집착하고 있다. 그러니 회담을 할 명분조차 없다."

"부시 정부가 2차로 발족할 때 열렸던 공청회에서, 라이스 국무장관은 우리의 이름을 거론하며 '압제정치를 끝내겠다'라고 말했다. 미국은 이를 당장 사과하고 그 발언을 취소해야 한다."

"미국이 신뢰할 만한 성의를 보여 주고, 회담 개최조건과 대의명분이 충족된다면 우리는 언제든지 회담에 응할 것이다."

이처럼 북한은 그야말로 적의에 가득한 막말을 하였던 것이다.

괌 군사력의 대강화

북한이 군비를 증강하자 미군은 한반도의 유사시에 대비해 괌섬 전체의 군사기능을 강화하기 시작했다. 괌섬에는 섬 전체의 절반 이상을 차지한 미군기지가 있다.

미 태평양군의 파고 사령관은 2003년 6월 26일, 미 하원 외교위원회의 아시아·태평양소위원회에서 다음과 같이 증언했다.

"괌은 태평양(의 안전보장)에 관해 전략상 매우 중요하다. 괌은 우리 함선을 정비하고, 후방지원을 할 능력을 보유하고 있다. 무엇보다도 매력적인 것은, 동아시아 연안과 가깝다는 점이다."

그는 괌의 유용성을 위와 같이 지적했다.

또한 괌은 공격형 원자력잠수함 '샌프란시스코'·'코퍼스크리스티'·'휴스턴'의 모항이기도 하다.

그는 이어서 이렇게도 말했다.

"괌이 뒷날 전략상 어떤 역할을 맡을지 현시점에서 논의하는 것은 시기상조이나, 괌은 군 입장에서 매우 중요한 위치에 있다."

이처럼 그는 괌이 지니게 될 군기능에 대해서는 정확한 언급을 피하면서도, 괌에 영구기지가 건설될 가능성을 적극적으로 시사했다.

미군당국은 왜 이토록 괌을 높이 평가하는 것일까? 그 이유는 다음과 같은 세 가지로 설명이 가능할 것이다.

① 한반도까지 비행기로 세 시간이면 도착할 수 있다. 또 괌에서 필리핀까지의 거리는, 하와이에서 필리핀까지 가는 거리의 $\frac{1}{3}$ 밖에 안 된다.

② 미국영토이므로, 한국이나 오키나와와는 달리 현지 주민

들과의 마찰이 적다.

③섬 주민의 90%가 기지를 환영하고 있다.

괌은 전쟁이 끝난 뒤에도, 미군에 있어 전략적으로 중요한 지점으로 여겨져 왔으나 영구기지로 사용되지는 않았다. 이 섬은 항공기 및 함선의 전선, 출격기지로만 이용되어 왔다. 베트남전쟁 무렵에는 이곳을 거점 삼아 B-52 등의 대형 폭격기가 출격했다. 2001년 가을 미군이 아프가니스탄에서 벌인 대테러전쟁에서도 B-52와 더불어, 초음속 가변날개 폭격기인 B-1이 한동안 괌을 거점으로 삼았다.

또 2003년 봄 북한정세가 긴박해짐에 따라 B-1·B-52 및 B-24기가 한때 미국내 기지에서 파견되었다. 2004년이 되자 미 공군은 장거리폭격기 B-52 6기를 괌의 앤더슨기지에 상시배치하기로 결정했다. 앤더슨기지에 B-52가 상시배치되는 일은 베트남전쟁 이래 처음 있는 일이었다. B-52의 배치와 더불어, 약 300명의 담당요원이 이 기지에 배치됐다.

"괌섬의 전략적인 가치는 급속도로 상승할 것이다."

미 태평양군의 베가드 공군사령관이 위와 같이 말했듯이, 미 국방부는 동아시아·태평양의 미군을 재편하면서 괌을 새로운 중요거점으로 만들려 하고 있다. 베가드 사령관은 2003년 여름에 비공식적으로 이런 제안을 내놓았다.

"동아시아에서 벌어지는 일에 즉시 대처하려면, 전투기와 폭격기를 포함한 강력한 항공부대를 하와이에서 괌으로 옮겨야 한다."

이런 구상은 그 뒤 미 국방부에서 다듬어지면서 실현가능성이 점점 구체화되고 있는 것으로 보인다.

한편 오키나와의 미군 등을 재편성하는 과정에서는, 총 1만

5,000명의 장병들이 감축되었다고 한다. 이는 미국 〈워싱턴 포스트〉지에 보도된 내용이다. 이에 따르면, 미국은 동아시아·태평양지역의 주둔병력을 축소하는 대신 기능 확충에 힘쓰기로 한 듯하다. 그래서 괌을 중요거점으로 삼고자 한 것이다. B-52를 괌에 상시배치하게 된 일은, 미군 재편성에 따른 새로운 전략적 움직임이 이미 시작되었음을 보여 준다.

이와 더불어 미 국방부는 미사일방어(MD) 초기배치의 일환으로, 2004년 9월부터 동해에 이지스함을 배치하여 북한의 군사적 움직임을 감시하도록 했다. 이지스함이란 탄도미사일을 요격할 수 있는 함정이다.

이 밖에 미 항공모함도 한반도를 감시하고 있다. 이를테면 일본 요코스카를 모항으로 삼는 미 항공모함 '키티호크'는 한반도 근해에서 북한에 대한 정찰활동 등의 작전임무를 수행하고 있다.

또한 2003년에 실시된 한-미합동군사훈련(Foal Eagle)에서 미군은, 레이더로 잡기 어려운 스텔스공격기인 F-117 '나이트호크'와, 원자력항공모함 CVN-70 '칼 빈슨'을 투입했다. 미국이 한반도 유사시에 대비하고 있음을 잘 보여 주는 예다.

F-117은 주한미군에서 공개되어 있는데, 기체가 편평한데도 최고속도가 마하 0.9이며, 레이더유도폭탄도 탑재한 미군의 최정예 전투기 중 하나다. 게다가 부산 근해에서 전개하고 있는 '칼 빈슨'은 F/A18C '호넷', E2C '호크아이', SH60 '시호크' 등 각종 전투기나 조기경계기, 수송기를 싣고 있다.

'칼 빈슨'의 웨인 사령관은, '칼 빈슨'의 존재가 북한에 대한 억지력이 될 것이라고 말하면서 다음과 같이 단언했다.

"우리가 한반도에서 일어날 사태에 대비하는 것은 당연하다."

요컨대 미국은 북한의 동향에 따라 얼마든지 대응할 준비가 되어 있다는 뜻이다.

'스텔스전투기'의 괌 전진배치

미 공군 F-22(랩터) 전투기 작전반경 및 제원

한반도·중국 고려한듯

미 공군은 스텔스 기능을 가진 최신형 전투기 F-22 랩터(Raptor)를 괌 공군기지에 전진배치하고 또 7개 F-22 비행대대 가운데 3개 대대를 태평양지역에 배치하기로 확정했다.

미 군사전문지인 〈에어포스 타임스〉는 2008년 5월 25일 "미 공군이 알래스카에 배치한 F-22 전투기 10여 대를 올 7~8월쯤 한반도지역을 작전관할하는 괌공군기지에 전진배치할 것"이라고 보도했다. F-22의 이 같은 전진배치는 한반도와 중국을 염두에 둔 것으로 풀이된다.

캐럴 챈들러(Chandler) 미 평양공군사령관은 최근 미 언

제원

- 제작사 : 록히드 마틴
- 날개길이 : 13m
- 중량 : 14.4t
- 비행속도 : 마하 1.8
- 작전고도 : 1만 8,288m
- 작전반경 : 3,219km
- 적재무기 : 폭탄 4,536kg, AIM-120 등 미사일 8기, M61A2 20㎜포 1문

론과 가진 인터뷰에서 "괌에 배치된 F-22 전투기는 일본을 비롯해 괌 주변의 우방국 공군과 함께 훈련을 실시하게 된다"고 말했다.

미 공군은 2007년 초에도 버지니아주 랭리 공군기지의 F-22 전투기 10여 대를 일본 오키나와의 가데나 공군기지에 3개월간 배치한 바 있다. 괌의 이번 배치가 얼마나 지속되는 것인지에 대해선 알려지지 않고 있다.

미 공군은 F-22전투기 7개 비행대대 가운데, 3개 대대를 알래스카와 하와이 등 태평양지역에 배치하기로 확정했다. 챈들러 사령관은 "이번 결정은 태평양이 우선 순위에 있다는 걸 보여주는 것"이라고 밝혔다.

챈들러 사령관은 또 "카네다 공군기지에 있는 2개의 F-15 비행대대를 최신예 전투기인 F-35로 대체할 계획"이라고 밝혔다. F-35는 F-22전투기와 마찬가지로 최신예 스텔스전투기이지만, 작전능력이 F-22에는 다소 미흡한 중형 전투기다.

한편, 챈들러 사령관은 미국 기자들에게 "한반도에 비행대대를 증강배치해야 한다"고 밝혔으나, 그가 언급한 '비행 대대'가 F-22전투기를 의미하는 것인지는 확인되지 않았다.

F-22전투기는 록히드 마틴사가 미 공군의 주력기인 F-15를 대체하기 위해 개발한 최신예 전투기로, 미 공군은 현재 F-22 전투기 183대를 보유하고 있는 것으로 알려져 있다.

오키나와에서 본 아·태지역 세력판도

2008년 5월 22일 한국기자단이 해외주둔 미군기지 가운데 최대 규모를 자랑하는 일본 오키나와 가데나 공군기지를 방문한 적이 있다. 이 기지는 일본주둔 미 공군력의 절반이 배치된 곳으로, 군산과 오산 미군기지를 합친 것보다 큰 덩치가 방문객을 놀라게 하였다. 이 기지에 주둔하는 항공기와 장비시설을 돈으로 따지면 무려 60억 달러(약 6조 원)에 이른다. 미군의 브리핑을 듣고 기지를 둘러보면서 방문객들은 아시아·태평양지역의 안보와 안정을 위해 전진배치(Forward Deployment)된 미군의 힘을 절감했다고 한다.

이 자리에서 브리핑장교는 일본열도를 위쪽에 놓고 한반도와 중국 및 러시아를 아래쪽으로 가게 한 위성사진을 가리켰다고 한다. 왼쪽에서 오른쪽으로 길게 펼쳐진 섬나라 위에 미국과 일본동맹이 위치하고, 아래쪽 유라시아대륙에는 중국과 러시아가 미일동맹에 맞서 있다. 중간은 분단된 남북한의 자리다. 아·태지역의 안보환경을 이보다 더 압축적으로 보여줄 수는 없는 사진이었다고 한다.

모름지기 한반도의 지정학적 절박성을 체감하려면 한 번쯤 오키나와를 방문해 전후좌우를 멀리 크게 둘러봐야 한다는 생각을 하게 된다. 남북한을 갈라 붙이면 이른바 남방 3각(한-미-일)과 북방 3각(중-러-북)의 대립구도가 된다. 그런 구도에서 우리가 지향해야 할 목표는 어디인가? 한미·미일동맹 외에는 지역의 평화와 안보를 확보할 전략이 보이지 않는다.

오키나와를 포함해 일본 곳곳에 주둔하고 있는 미군을 한반도 평화를 위한 버팀목으로 적극 활용해야 할 당위성이 바로 여기에 있는 것으로 보인다. 미일안보조약 제6조는 "일본의 안보와 극동지역의 평화와 안보를 위해 미국은 일본에 주둔하는 육해공군력을 사용할 수 있다"고 명시하고 있다. 미일 주둔군지위협정(SOFA)은 좀 더 구체적으로 한반도 유사시 미군파병의 길을 열어놓은 것이다.

오키나와에서는 서울이 도쿄보다 가깝다. 서울은 1,250㎞ 떨어져 있는데 도쿄까지는 1,600㎞나 된다. 항공기는 불과 2시간 만에 북한까지 출동할 수 있다. 민간에서는 '시간은 돈'이라고 하지만 군에서는 '시간이 생명(Time is life)'이다. 오키나와 주둔미군이 북한을 향한 억지력이 되는 것은 물론이고 중국과 러시아도 무시할 수 없는 강력한 안보자산이다. 현명한 국민이라면 최악의 상황에까지 대비하고 있는 주한미군과 주일미군을 방패삼아 평화와 번영을 더욱 굳건하게 구축하는 데 힘을 합쳐야 할 것이다.

1주일간 주일미군기지와 일본 외무성 방위성을 방문하면서 한국기자단이 줄곧 제기한 의문은, 일본의 전수방위(全守防衛) 의지와 한미·미일동맹의 우선순위였다고 한다. 이 자리에서 동맹문제에 대해 패트릭 리네핸 주한미대사관 공보참사관이 명쾌한 해답을 내놓았다. 리네핸 참사관은 한미동맹과 미일동맹의 우선순위를 묻는 질문은 "24명의 손자 손녀를 둔 그의 할머니에게 '누가 제일 좋으냐'고 묻는 것과 마찬가지"라고 했다. 그는 "모두를 똑같이 사랑한다"는 것이 할머니의 대답이라면서 한미·미일동맹의 목표는 똑같이 동아시아의 안보라고 강조했다. 그는 한국과 일본 주재 미대사관을 오가며 15년을 근무한 양국문제 전문가다. 주일미군 관계자와 다른 미 외교관들도 미국은 한국과 일본을 아·태지역의 중요한 우방이자 전략적 자산으로 보기 때문에 한국과 일본이 경쟁심을 가질 필요는 없다고 거들었다.

미 핵항모 8월 일본배치

미국 측의 보도대로라면, 2008년 5월 말 재래식 항공모함인 키티호크가 요코스카를 떠나고 대신 핵추진 항공모함 조지워 싱턴이 8월에 배치된다. 우리로서는 상상하기 힘든 이런 핵항 공모함의 배치전환에 대해 일본 정부는 국민의 반핵정서를 극복하고 미일동맹을 위해 수용했다.

일본이 다시 전쟁의 망령에 사로잡히지 않는 한-미-일동맹 은 우리에게 위협이 되지 않는다고 봐야 한다. 한일관계를 상 정하지 않더라도 친구(美)의 친구(日)는 적이 되기 어렵기 때 문이다. 바로 이런 점에서 한미·한일동맹이 2인 3각의 순기능 을 발휘할 수 있도록 하는 것이 '가장 확실한 한반도 안보 대 책'이 아닐까 라는 생각을 하게 된다.

전쟁이 터지면 이렇게 된다

한반도에서 전쟁이 시작되면 어떤 상황이 벌어질까? 한국 국방연구원은 지난 2004년에 시뮬레이션 내용을 문서로 정리 해서 발표한 바 있다.

"북한이 장거리포로 일제히 한국을 공격했을 때 한국이 주 한미군의 지원을 받지 못한다면, 1시간 뒤 서울의 $\frac{1}{3}$이 파괴 될 것이다. 그리고 16일 안에 수도 방어선이 붕괴될 것이 다."*

시뮬레이션 분석 결과는 이처럼 충격적이었다. 우리 국민들 도 놀란 것은 당연하다.

이 분석은 국방부 산하의 국방연구원이 2003년 1월부터 약 4개월에 걸쳐 실시한 것이다. 분석결과는 비공개였지만, 한나 라당의 박진 의원이 그 중 일부를 국회에서 밝혔다.

---

* 相馬勝 〈北朝鮮最終殲滅計劃〉講談社, 2006, p.169.

그에 따르면 북한은 현재 약 1만 2,500문의 장거리포를 보유하고 있는데, 그 가운데 1,000문을 군사분계선 10킬로미터 이내에 배치해 놓았다고 한다. 따라서 북한이 기습공격을 하면 1시간에 포탄 2만 5,000발이 날아와서 서울의 $\frac{1}{3}$을 파괴해 버린다는 것이다.

그러므로 이 상황에서 우리는 북한의 장거리포를 서둘러 무력화해야 한다. 그런데 미군의 증원에 문제가 생기거나 해서 한국군이 단독으로 응전할 경우, 항공전력의 지원이 불충분한 탓에 수도권—한국 인구의 절반이 집중된 지역—의 피해는 막대해질 것이다.

이에 대해 국방부는 "한국 단독응전이라는 시나리오는 최악의 경우를 가리키며, 이런 상황이 발생할 가능성은 가장 낮다"고 해명했다. 그러나 박 의원은 물러서지 않았다. 그는 국방연구원이 2003년 말에 완료한 다른 분석 결과를 발표했다. 그 결과에 따르면 미국의 증파는 한-미관계에 좌우되므로, 유사시에 미국의 증파가 과연 계획대로 실시될지 의문이라는 것이다.

이런 분석과는 별개로, 미군의 준기관지인 〈스타스 앤드 스트라이프스(Stars and Stripes)〉는 2003년 2월, 주한미군 관계자들의 말을 인용해 다음과 같은 시나리오를 실었다.

"미국과 북한이 군사충돌을 일으킬 경우, 북한의 대포나 미사일 공격으로 24시간 이내에 서울에서 100만 명의 사상자가 나올 것이다."

한편 미 상원 군사위원회의 워너 위원장은 이렇게 말했다.

"북한 핵문제의 평화해결이 실패로 끝나 군사충돌이 발생한다면, 격렬한 전쟁이 벌어질 것이다. 이 전쟁에서 미군의 사상자 수는 베트남전쟁에서의 미군 희생자 총수(약 5만 명)에 이를 가능성도 있다."

어쨌든 제2차 한국전쟁이 시작된다면 분명히 수많은 희생자가 나올 것이다. 그럼 미군 당국자는 개전(開戰)사태를 어떻게 생각하고 있을까?

미군의 마이어스 합동참모본부 의장은 2003년 7월 24일, 미 상원 군사위원회 공청회에서 아래와 같이 증언했다.

"북한과 전쟁한다면 미군은 커다란 희생을 치르게 되겠지만, 최종적으로는 김정일 정권을 무너뜨릴 수 있을 것이다."

미국은 북한 다루기가 벅찬 것일까?

부시 정부가 김정일을 '도망치도록 놔준' 2007년의 사건은 두고두고 이야깃거리가 될 것이다.

그것은 미국이 아시아에서 물러나는 모습이라고까지는 말할 수 없지만, 미국이 과거에 경험했던 아시아에 있어서의 수많은 사건 가운데 가장 화근을 남긴 실책으로 기억될 것이 틀림없다. 부시 정부는 스스로 '악의 축'이라고 명명한 북한에게 핵보유국으로 가는 길을 그대로 둔 채, 동북아시아의 안전보장을 송두리째 중국에 맡기려 하였기 때문이다.

미국의 역대정권 가운데서 부시 정부만큼 독재국가에 대한 증오를 외교에 반영시킨 정부는 없었다. 9·11테러에 대한 보복의 맹세가 '테러와의 전쟁'을 선포하게 했다면서 대부분의 미국인은 부시 정부의 결연한 자세에 찬사를 보냈다. 이라크 침공을 미국 국민은 지지하였고, 그 뒤 대량파괴무기가 발견되지 않아 전쟁의 대의(大義)가 흔들리기 시작했을 때에도 사담 후세인을 타도했다는 것 자체에 정의가 있었다며 자국 정부를 깊이 이해하려 했다. 부시 정부에 대한 찬사가 사라진 것은 엄청난 숫자의 미국병사 유해가 알링턴 묘지로 돌아오는 광경에 미국 국민이 가슴 아파했기 때문이었다. 그런데도 부시 정부의 '정의'는 어렵지만 미국 국민 대부분은 아직 살아 있다고 생각했었다. 김정일을, 김정일의 핵과 함께 언젠가는 퇴출시키리라고 내다본 때문이었다. 그런 김정일을 2007년에 부시 정부는 놓아 주려 했었다.

〈워싱턴포스트〉지의 밥 우드워드의 말을 빌리면 "미국의 전통은 민주주의에 있고, 이 이상주의를 다른 나라에 전파할 사명이 있다"고 진심으로 믿고 있었다. 그러나 조지 W. 부시의 생기발랄했던 모습이 아시아에서 보이지 않게 되었을 때, 그는 한국문제로 잔뜩 지쳤던 트루먼, 베트남에서 상처를 입은 존슨, 닉슨 이상으로 아시아에서 꼴사납고 우스꽝스런 모습을 떠올리고 있었다. 어째서 그렇게 된 것인지 풀리지 않는 의문을 가지고…….

부시 정부는 출발 초기부터 대북한정책의 우선순위를 '정권 교체'에 두어 왔다. 핵폐기와 김정일 정권의 존속을 나눠서 생각하지 않았던 것이다. 부시 정부는 집권 2기에 들어와 확실히 변했다. 핵폐기를 약속하기만 해주면 어떤 요구도 들어 주겠다는 메시지를 평양을 향해 거듭 보내기에 이르렀다. 2기 국무장관에 취임한 콘돌리자 라이스는 '북한은 주권국가'라고 말하고, 김정일을 '제대로 된 국가의 제대로 된 원수'로 대접하려 했다. 그녀는 크리스토퍼 힐이라는 외교에 능숙하고 뛰어난 신사풍의 측근을 6자회담의 수석대표로 베이징에 보내고, 힐이 지쳤다고 느낀 순간 미국의 주요 미디어가 '친북파'라고 부르는 비장의 외교관을 차석대표로 힐 밑에 보냈다.

부시 정부의 변신은 어디까지 왔을까? 그토록 독재정권을 증오하던 모습은 대체 어디로 사라진 것일까? 금융제재라는 절묘한 대책으로 김정일을 궁지로 몰아놓고 최후의 일격을 망설이게 한 것은 무엇이었을까? 아무도 명쾌한 해답을 내놓지 못했다. 아시아문제에 정통한 사람들, 그 중에도 '북한전문가'라는 소리를 듣는 사람들은 "이라크에서 정체상태에 빠지고, 북한에서 안달을 했기 때문이다"라고도, 또 "처음부터 아시아에 그럴 만한 열의가 없었고, 지나치게 중국에 통째로 내던졌기 때문이다"라고도 했다. 나중에는 "자위의 핵이라는 북한의 구실에도 일리가 있었기 때문이다"라고 하는 분석이 나오기까지 하였다.

　이런 전문가들의 나름대로의 '해설'은 대체로 시시각각 변화하는 북한문제의 변화를 따라가기에만 바빴다. 어제는 "미-중의 보조가 맞아 대북 포위망은 완성되었다"고 했다가, 오늘은 '북한을 설득하지 못하는 6자회담의 교착된 모습'을 지적했다. 마른침을 삼키며 북한문제를 지켜보던 사람들은 일희일비를 되풀이하던 끝에, 눈앞에 닥친 것은 여전히 살아남아 있는 북한과, 뒤쫓을 기세를 잃은 미국이었다. 미국 DIA(국방정보국)의 한 아시아 분석관은 "불량배가 도망치는 것을 놓아주어선 안 되는 보안관은 남몰래 입술을 깨물고 있다"고 표현했다.

　사람들이 알고 싶었던 것은 북한전문가들에 의한 시시각각으로 변하는 '시사해설'이 아니라 북한이 국제사회의 압력을 받으면서도 언제까지 목숨을 연장할 수 있을까와 초강대국 미국이 엉거주춤한 태도를 보이는 진정한 이유였다.

"미국에 분함을 느끼게 한 것은 무엇인가" 라는 물음에 대하여 북한전문가 중에는 김정일의 '만만치 않음'을 부각시키고 싶어하는 사람이 있었는데, 그는 부시 정부가 그것을 과소평가한 것이라고 말한다. 김정일의 능수능란한 외교플레이가 초강대국을 손 안에서 가지고 놀 정도로 교묘했던 것이라고……. 납득이 가는 분석이라고 말하기는 어렵지만, '터무니없는 소리'라고 지적하는 목소리는 의외로 들리지 않았다.

NPT(핵확산금지조약)의 탈퇴를 밝힌 북한이 핵개발의혹을 받고, 한반도에 긴장이 고조되던 1993년에 "김일성과 김정일은 걸프전쟁의 광경을 떠올리고 미군의 핀포인트폭격을 당하는 악몽을 꾸었다."

1994년 4월, 한국으로 망명한 한 탈북자의 증언 내용이다. 김정일은 '이제는 끝'이라며 내던지게 되어 있었다는 것이다. 김정일은 어떻게 손쓸 도리가 없어서 잔뜩 초조해 있었다고 한다.

"미국이 공격할 것이 분명하다. NPT로 복귀하든지 핵을 포기하지 않으면 일부 지역을 공격할 것이라고 김정일은 믿고 있다. 그는 자기 집에서도 잠들지 못할 정도로 신경이 날카로워져 있다."

그 탈북자는 김정일의 심정을 이렇게 나름대로 묘사하였다. 이런 증언은 진퇴양난의 갈림길에 놓인 김정일과 북한 간부들의 모습을 어느 정도 드러내고 있었다. 그러나 북한은 위기를 벗어났다. 그리고 한 고위 간부는 '기적이 일어났다'며 한숨을 놓았다고 그는 전한다.

기적이라면 기적이었다. 북한을 구한 것은 김정일의 '능수능란한 전략'이 아니라 카터의 방북이라는 우연한 일이 긴장을 해소한 것에 지나지 않았다. 붕괴 직전의 북한을 존속시킨 것은 핵위협을 완화하기 위해 시작된 한-미의 북한 연착륙 방침이 북한체제의 붕괴 자체가 걱정되어 구원책으로 돌린 때문이었다.

부시 정부는 당시 클린턴 정부의 정책이 김정일의 기를 살려주고, 버릇없이 기어오르게 만들었다고 판단하고 대북한책을 수정했지만, 북한의 체제붕괴를 염려하는 주변의 목소리가 이러한 미국의 행동에 강한 제동을 걸었다. 견제의 힘을 가장 강하게 작용시킨 것은 중국이었다. 중국은 북한을 고립시키는 정책을 써서는 안 되며, 대화의 길만이 문제를 해결할 것이라고 미국을 설득했다.

객관적으로는 붕괴해도 아무 이상할 것이 없는 북한에 대해 이렇듯 붕괴시키지 않으려는 힘이 작용하고 있었으며, 6자회담은 바로 이렇게 해서 시작되었다.

북한을 포함하여 한반도의 비핵화를 협의하기 위해 시작된 6자회담은 북한이 '핵보유를 선언'한 뒤에는 그 존립 자체가 한동안 명분을 잃을 수밖에 없었다. 다시 말하면 6자회담 자체가 대화는 장으로 계속되었고, 북한에 대한 집행유예의 장이었다. 2006년 10월의 핵실험에서 그 집행유예는 취소되어야 마땅했다. 유엔안보리의 제재결의가 그것을 세계에 알려야 했다. 그러나 북한에 대한 집행유예가 언제까지 연장될지 가늠할 수 없을 정도로 유엔결의는 지지부진했다. 많은 사람들이 이것은 이상한 일이 아니냐며 의아해 했다. "태산이 흔들리는데 원인은 겨우 생쥐 한 마리더라는 꼴이 되지 말아야 할 텐데"라고 생각했던 것이다. 그러나 이런 걱정은 적중했다.

핵문제로 북한에 휘둘린 미국

소련의 정치적 위협이 사라진 후 1990년대 중반에는 인류사상 최대의 공포, 그리고 최악의 파괴를 가져올 수 있었던 군비확충 경쟁이 종결되었다. 더할 수 없는 불안정과 무모한 대립 속에 상식적인 범위 내로 상한선이 정해진 것은 인류 모두에게 커다란 안도감을 주었고 냉전이 종결되었다는 현실감을 안겨 주었다.

클린턴에게 이 군비확충 경쟁의 제한은 전략적 우위성을 추구하는 '부시독트린'의 작은 수정을 의미했다. 미·소 양국은 오랜 세월에 걸쳐 상대가 명확한 전략적 우위성을 획득할 것에 대해 두려워했다. 그리고 냉전이 끝나자 경제력과 기술면에서 크게 앞서 온 미국은 이 기회를 틈타 전략적 우위성을 확립할 생각은 없다고 러시아를 안심시켰다. 이 구두 약속을 성문화한 것이 바로 '핵군축조약'이었다.

그러나 경제적으로 러시아보다 압도적으로 유리한 입장에 있던 미국은 자원을 집중적으로 유용하면 통상전력의 즉각적인 전개능력을 높일 수도, 통상전력장비를 고도화할 수도 있었다. 즉 러시아가 대항할 수 없도록 세계적 규모의 자유재량권을 획득할 수도 있었다. 결과적으로 미국과 러시아, 두 나라는 안보면에서 진전을 보았으나 군사활동의 범위를 세계 구석구석까지 넓힘으로써 대적할 자가 없는 세력을 확립한 것은 미국뿐이었다.

몇 분만에 지구를 파멸시킬 수 있는 두 대국 사이에 전략면에서 접점이 형성된 것은 전세계에 커다란 이익을 가져왔다. 그러나 당시 국제사회가 필요로 했던 것은 보다 포괄적이고 효과적인 안전보장체제였다. 그다지 부유하지 않은 나라가 핵무기를 손에 넣고 인접국과의 정치적 투쟁에 사용하려는 불길한 생각은 버섯구름처럼 번져 새로운 봉쇄의 틀 형성을 요구하는 논거가 되었다. 이 문제가 떠오른 것은 부시 정권 때의 일이다. 북한, 인도, 파키스탄, 리비아, 이란의 계획을 저지할 수 있는 막강한 힘을 가진 국가는 냉전의 멍에를 푼 미국뿐이었다.

북한의 폭거가 드러난 것은 클린턴의 첫 번째 취임식으로부터 겨우 몇 주 후였다. 국제원자력기구(IAEA)는 핵개발프로그램 보고서의 내용에 의심을 품고 북한에 대해 특별사찰 수용을 요구했다. 북한은 이 요구를 거부했을 뿐만 아니라 핵확산방지조약(NPT) 탈퇴를 일방적으로 통고했다. 이 조약의 제10조 규정을 들어 국가안전보장상의 이유로 인한 탈퇴를 주장한 것이다.

이 노골적인 도발행위는 취임 직후의 미국 신임 대통령인 '제2대 글로벌 지도자'에게 처음 직면하는 위기였다.

북한의 의혹에 대해서는 추측할 수밖에 없었다. 그러나 이 일은 미국이 세계에서 리더십을 발휘할 때 유념해야 할 교훈을 시사했다. 북한은 틀림없이 1991년의 이라크전쟁을 참고했을 것이다. 이 전쟁에서 미국은 군사적인 면에서 신속하게 조치를 취함으로써 일방적으로 승리를 거머쥐었다. 미군의 압도적인 통상전력 앞에 의지할 만한 억지력이 없던 이라크는 어찌할 바를 몰랐다. 북한은 또 소련 붕괴와 미-러의 전략적 협조를 눈앞에 두고 핵억지에 관한 정세변화를 염려했음이 틀림없다. 일국주의를 취하는 미국의 핵위협에 대해 러시아 핵전력의 역할은 감소된 것은 아닐까? 러시아의 핵우산은 이미 자국만을 보호하는 것으로 다른 공산제국에는 뻗치지 않는 것이 아닐까?

북한에게 또 하나의 의지인 중국은 최저한의 전략적 억지력을 유지할 자세를 관철하고 있었다. 중국 입장에서는 미국의 위협을 봉쇄하기에 충분한 핵전력도, 무슨 짓을 저지를지 모를 호전적인 인접국 북한에 대해서는 핵우산으로 충분한 방어력을 갖추고 있지 못하였던 것이다. 이리하여 핵억지력을 잃은 북한은 아마 다음과 같은 결론에 다다랐을 것으로 상상해 볼 수 있을 것이다.

"국익을 지키는 최선의 방법은 자체 핵무기—당초에는 한국이나 일본에게 미치는 것이 고작일지 모르지만—를 비밀리에 개발하여 미국의 권익에 큰 타격을 주는 능력을 갖는 것"이라고……

그 후 계속된 성과 없는 기록은 클린턴 정권이 자랑스럽게 생각할 만한 것이 아니었다. 북한이 NPT 탈퇴를 선언했을 때 미국은 지극히 이성적으로 대응했다. 북한의 핵에너지개발이 평화적으로 추진되도록 흑연로(원자폭탄 연료를 제조할 수 있음)에서 경수로로의 전환을 지원하겠다고 제안한 데다 북한에 무력행사를 하지 않겠다는 뜻을 약속했던 것이다. 미국의 행동의 자유가 최대화되어 북한이 거의 고립화되던 시기에 클린턴 정권은 건설적인 제안만 제시했을 뿐, 해상봉쇄 등의 제재조치를 전혀 취하지 않았다. CIA의 추측에 의하면, 1993년 말까지 북한은 12킬로그램의 플루토늄 추출을 끝마쳤다. 이 양은 핵폭탄 1~2개 분량이다.

이런 과정에서 한동안 북한은 양보와 도발을 반복했다. 1994년 북한은 핵 사찰 수용에 합의하였다가 곧 거부로 돌아섰고, IAEA 탈퇴를 표명했다가 최종적으로는 미국과 '틀형성

합의'를 성사시켰다. 이것은 북한이 핵무기개발을 단념하는 대신 미국과 한국의 경제적 원조로 장래 경제, 외교관계를 정상화하겠다는 것이었다.

그 후 몇 년간 북한의 미사일기술 수출 등에 관하여 성과 없는 북·미협상이 계속되었다. 1996년 클린턴 정권은 북한의 핵시설에 대한 선제공격을 다소 진지하게 검토하며 결국 한정적인 경제제재 실행을 결정했다. 이윽고 북한문제는 일본과 한국을 둘러싼 지역협상이나 중국을 포함한 지역협상 속에서 진행되게 되었다.

이러한 협상이 지지부진하면서 한국은 북한과의 직접 교섭에 나서 이른바 '햇볕정책'을 추진했다. 당시 우리 사회 내부에는 남북통일을 바라는 범 한민족주의가 고조되었고, 미국의 피보호국으로서의 입장에 불만을 갖고 있는 세력이 한참 힘을 얻고 있을 때였다. 지정학적 혜택이 가장 큰 중국은 은근히 우리 사회 내부의 이러한 움직임, 특히 반일감정을 이용하여 극동에서의 영향력 강화를 도모하였다.

저지할 수 없는 핵확산

1999년 클린턴 정권의 전 국방장관이 북한의 수도 평양을 방문해 북-미간의 광범위한 화해가 가능한지를 비공식적으로 탐색했다. 2000년 말 미국 대통령선거 2주 전에는 현역 국무장관 올브라이트가 평양에서 김정일과 회담했다. 교착된 북-미관계를 타개하기 위해 평양에 온 장관은 클린턴 대통령의 방북도 가능한 듯한 분위기도 풍겼다. 여기까지 오면 미국 측의 자세는 설득이라기보다 회유였다.

북한의 문제에서는 세 가지의 추론 도출이 가능하다. 첫 번째는 북한은 어떤 시점에 놓여 있어도 핵무기 획득을 위한 비용보다는 핵무기로부터 얻을 수 있는 이익을 더 크게 예상하고 있다는 것. 둘째는 미국의 우유부단함을 알아챈 북한이 남북통일을 희망하는 한국의 정서를 부추겨 한-미 공동태세의 붕괴를 꾀하는 것. 가장 중요한 세 번째는 북한이 초지일관으로 핵개발을 계속해 미국의 정부 고관이 결론지은 것처럼 2001년까지 여러 개의 핵무기를 제조함으로써 도발적인 수법을 사실상 성공으로 이끌려 하는 것이었다.

이전에 미국은 인도와 파키스탄의 핵개발문제에 관해서도 같은 패턴으로 무익한 노력을 거듭했다.

북한의 무용담이 널리 퍼진 속에서 클린턴 정부는 핵확산을 막을 결정적 요인으로 NPT의 무기한 연장의 실현에 힘을 쏟았다. 일부 나라들은 이 움직임에 대해 국가안전보장상의 불평등을 세계규모로 항구제도화하느냐고 크게 반대했다. 당시 미국에는 다음과 같은 비판이 쏟아졌다. NPT의 무기한 연장의 시비는 둘째 치고 핵보유국의 수를 줄이는 진지한 노력이 없으면 원자력에너지의 개발기회를 보장하는 자세도 없다고……

마침 그 무렵 두 가지의 사건이 연달아 일어나 클린턴 정부에게 한층 더 어려움을 안겼다. 하나는 프랑스가 태평양에서 여러 번의 핵실험을 강행했다는 점이다. 유럽 핵억제력의 신뢰성을 유지하기 위해서는 핵실험에 의한 기술갱신이 불가피하다고 프랑스 정부는 주장했지만, 이것은 명백히 프랑스만의 핵억제력의 문제이다. 1995년 미국이 실현시킨 NPT의 무기한 연장도, 염치없는 인도와 파키스탄의 항의도 프랑스의 핵실험을 멈추게 하는 것은 불가능했다. 이런 가운데 중국이 자국 내에서 지하핵실험을 실시했다.

당시 클린턴 정권은 포괄적 핵실험금지규약(CTBT)을 상원에 비준시키기 위해서 분주했다. 국제사회의 시인을 얻는 형식으로 핵불확산을 위한 방화벽을 세우기 위해서는 CTBT는 필수적인 구성요소였기 때문이다. 그러나 프랑스의 핵실험 강행은 비준 찬성파의 세력을 약화시켰다. 상원의 심의에서는 강한 의견들이 분출했고 당리당략의 분쟁이 확산되어 거의 확실했던 비준은 최종적으로 부결되었다. 미국이 핵확산방지를 고집하는 주된 목적은 '핵전력의 독점'에 있다는 많은 나라들의 생각은 이 코미디에 의해 더욱 굳어졌다.

이러한 흐름 속에 인도와 파키스탄은 별다른 신경을 쓰지 않고 자국의 핵무기개발에 몰두할 수 있었다. 1993년 초 미국 정부는 파키스탄에 대한 일방적인 규제가 무의미하다는 것을 이해한 것으로 보인다. 숙적 인도의 핵개발이 방치되어 있는 상황에서 미국이 제재를 더한다면 파키스탄 정부는 핵개발의 촉진에 박차를 가하지 않을 수 없었기 때문이다. 동시에 파키스탄만을 표적으로 한 제재조치는 남아시아지역에 있어서 미국의 국익을 떨어뜨리고 있었다.

결과를 동반하지 않는 방지책을 끈기 있게 관철시켜 온 미국은 1997년 드디어 이 둘의 새로운 핵보유국이 한 발을 더 내딛을 수 있게 만들었다. 같은 해 가을 파키스탄 수상은 "파키스탄의 핵보유는 이미 기정사실이다"라고 선언했고, 1998년 초에는 핵탄두가 탑재가능한 장거리미사일의 발사실험을 했다. 미국은 이 사건을 계기로 파키스탄에 대한 제재를 재개했다.

같은 해 5월에는 인도가 5번의 핵실험을 감행했고, 그 중 1번은 열핵무기의 실험이었던 것으로 판명되었다. 2주 후, 다시 파키스탄이 6번의 지하핵실험으로 대항했고, 미국과 일본을 비롯한 많은 나라들은 더욱 엄한 제재를 해야 한다는 의지를 표명했다. 그러나 대응은 너무 늦었다. 이미 새로운 두 핵보유국은 지금까지 5개국에 의해 제한당해 온 핵클럽의 회원국 권리를 낚아채듯 무리하게 손에 넣은 것이다.

인도와 파키스탄에서 이루어진 성공과 북한의 은밀한 성공은 틀림없이 이란에도 파급효과를 안겼을 것이다. 1990년대 친이스라엘 로비단체의 압력을 받은 미국 의회는 이란을 표적으로 한 법안을 계속해서 채택해 미국과 이란과의 대화를 사실상 불가능하게 만들었다.

석유와 무역 분야에서 제약을 부여한 1995년의 「이란제재법」과 더욱 엄격해진 1996년의 「이란·리비아제재법」에 의해 클린턴 정권은 수족을 칭칭 묶어버렸고 때때로 이라크가 대화에 응하는 기색을 보여도 긍정적인 대화의 실현을 매듭지을 수가 없었다. 물론 대화가 이루어졌다면 핵개발의 움직임을 저지할 수 있었다고 단언하기는 힘들지만, 이란이 인도·파키스탄 양국의 성공에 영향을 받았을 것이라는 것만은 짐작할 수 있다. 어쨌든 왕정시대로부터 계속되어 온 이란의 핵개발(초기에는 프랑스가 협력했고 나중엔 이스라엘도 지원을 했다)이 장래 미국·이란관계의 중요한 쟁점이 될 것은 분명했다.

극동과 남아시아에서의 핵확산방지 실패는 뼈아픈 교훈을 숨기고 있었다. 한 나라가 물러서지 않을 결의로 핵무기 보유를 진행할 경우 설령 세계유일의 최강국일지라도 혼자 힘으로는 사태를 저지할 수 없다는 것이다. 일국주의적인 군사행동으로 나오지 않는 이상은……

평화리에 핵보유 결심을 바꾸게 하고 싶다면 문제가 발각된

시점에서 진지한 궁리를 시작해 관계국들에게 단호한 공동대
처를 일으키는 것은 물론, 핵개발을 자주적으로 단념하면 어
떠한 이익을 얻을 수 있는지, 계속하면 어떤 징벌이 가해질
지를 하나의 프로그램으로 정리해 초기단계에서 제시해 둘 필
요가 있을 것이다.

　냉전 종식 직후의 미국은 세계유일의 초강대국의 지위에 취
해 있었기 때문에 핵확산이 싹트는 것을 간단히 무시해 버린
경향이 있었다. 핵개발을 그만두게 하기 위해서는 미국이 위
엄을 보이는 것으로 충분하다는 과신이 있었기 때문이었을
까? 핵보유를 꾀하는 나라와 미국과의 사이에 얼마나 큰 전력
차이가 존재하던 전쟁 이외의 방법으로 문제를 해결하고 싶다
면 핵개발이 싹트기 전에 대책을 세우기 시작해서 적어도 지
역을 베이스로 진짜 국제협력체제를 구축할 수밖에 없다. 이
교훈은 클린턴 정권으로부터 다음 정권으로 넘겨졌다.

부시 정부는 표변하는가?

　2007년이 밝은 석 달 동안 '동북아시아 안정의 문제'가 믿어
지지 않을 정도로 빠르게 해결에의 길로 나아가고 있었음에도
불구하고 국무부의, 특히 안전보장 분야와 관련된 적지 않은
사람들은 우울한 나날을 보내야 했다.

　"Go to the bad." (타락하다)

　그들은 이 말을 자주 뇌까렸다.

　1월부터 3월에 걸쳐 베이징-베를린-뉴욕에서 크리스토퍼 힐
국무차관보는 김정일의 대리인인 김계관을 상대로 일을 빠르
게 진행하고, 북한으로부터 핵포기의 약속을 받는 등 다각도
로 활약했다. 매파라고 불리는 국무부의, 그들의 눈에는 그

광경이 무시무시하게, 'Go to the bad'로 비쳤던 것이다.

미국 국무부는 '워싱턴DC 20520'이라고 구획이 표시된 포토맥 강가에 있다. 건물은 각 청사 중에서도 유달리 번듯하고 장중한 구조로 백악관·펜타곤과 나란히 위용을 과시하고 있다. 3만 명의 직원과 351억 달러의 예산을 가진 거대조직이다. 건물 안으로 들어가면 1층 로비의 전시관에 국새(國璽)가 전시되어 있다. 국새의 중앙에는 미국의 국조인 흰머리 독수리가 그려져 있고, 오른쪽 발에는 올리브 가지를, 왼쪽 발에는 13개의 화살(미국 13개 주)을 쥐고 있다. '그레이트 실'이라고 불리는 미국의 이 국새는 외국과의 조약 및 대통령 포고가 있을 경우의 특정문서 이외에는 붙이지 않는다. 국새의 공식관리자는 국무장관이다.

1789년 창립된 이래로 국가의 외교정책을 장악해 왔던 이 국무부가 '네오콘'이라는, 나침반을 잃고 헤매는 대통령 밑에서 전에 없던 혼란을 거듭해 왔다. 안보에 관련된 사람들 몇몇은 이미 떠났고, 2007년 2월에는 북한과 이란의 핵개발문제를 담당했던 로버트 조셉이 사퇴했다. 국무부 매파의 마지막 거물이었다. 떠나가는 그들에게 부시 정부는 이미 기댈 데가 없는 존재가 되어 있었다.

조셉은 2007년이 밝은 첫 달에는 국무부를 단념할 생각은 없었다. 부시는 아직 의기양양했다. 1월 10일 저녁에 그는 텔레비전을 통해 미국민들 앞에서 큰소리를 쳤던 것이다.

"바그다드의 안보는 미국의 안보입니다. 물러서는 것은 결코 허용되지 않습니다. 이것은 이라크에 민주화를 초래할 정의의 싸움인 것입니다. 나는 임기 중에 사명을 다할 작정입니다."

이라크전쟁에 미국의 정의 따위가 있을 리 없었다. 이라크

침공의 대의명분이라던 대량살상무기도, 알카에다와의 관련도 이라크에는 없었다. 미국민은 부시의 말을 괜한 소리라고 생각했지만, 바그다드에서 철수하기가 쉽지 않다는 정도는 알고, "칼은 뽑아들기는 쉽지만 거두기는 어렵다"는 장군들의 격언을 실감하고 있었다.

부시는 이라크철수를 바라는 하원의 ISG(이라크연구그룹, 초당파적 독립소위원회)의 제안도, 민주당의 의회결의도 물리치고 이라크주둔군의 증원을 결정했다. 이 시점에서 그의 외교노선에 변화가 찾아왔음을 예상한 사람은 아무도 없었다.

2주일 뒤, 공화당에서 백악관의 방침을 의아하게 여기는 목소리가 나오기 시작했을 때, 부시는 면목을 잃기 시작했다. 최초로 의문을 던진 것은 베트남 종군경험이 있는 상원의원 척 헤겔이었다.

"정부는 미군의 생명을 탁구공으로 아는가? 베트남전쟁 이래 가장 위험한 도박행위이다."

민주당이 주도하는 상원외교위원회에서 이라크 증파에 반대하는 의견이 이루어졌을 때, 헤겔은 소리 높여 정부를 비판하고 결의에 찬성했다.

실제로 미군의 희생과 이라크의 종파간 대립은 격렬해지기만 할 뿐, 증파는 아무런 도움도 되지 않았다. 헤겔의 말처럼 부시는 베트남에서의 교훈을 살리지 못하고 미국을 또다시 전쟁의 수렁으로 몰아넣었다.

이라크문제로 헛발을 디딘 부시가 어딘가에서 한시름 놓고 싶었다고 해도 이상할 것은 없다. 커다란 외교적 성과를 올려야만 한다는 초조함은 누가 보아도 뚜렷했다. 국무장관 라이스가 부시의 뜻을 헤아렸을까, 아니면 부시가 그녀에게 지시한 것일까?

변화는 뜻밖의 곳에서 생각지도 않은 형태로 진행되고 있었다. 그것은 바그다드가 아니라 베이징에서 '북한에 대한 누그러짐'이라는 형태로 나타났다.

북-미 직접협의, 금융제재의 전면해제, 6자회담에서의 대폭양보에 따른 합의……

부시 정부는 북한이 바라는 것을 이것저것 가리지 않고 모조리 주었다. 북한을 테러지원국가 리스트에서 제외할 움직임마저 보이고, 국교정상화로 가는 문을 열려 하고 있었다. 한국 언론이 "이라크문제에 차질이 생기자 한시라도 빨리 대북한문제를 해결하고 싶었던 것"이라고 보도한 것은 그나마 호의적인 이해였다. 〈뉴욕타임스〉지는 2007년 3월 21일자 사설에서 "이라크의 테러 진흙탕에 빠져서 세계를 바꾼다는 목표로 향할 의욕마저 잃었다"고 하고, 미국의 외교노선 자체가 베이징에서 변질되었음을 지적했다.

부시는 그러나 '만족스럽다'고 했다. 라이스도 또한 "긴 여정의 시작이다. 이것은 끝이 아니다. 인내심 강하게, 창조적으로, 굽히지 않는 외교의 성과다"라고 자화자찬했다.

로버트 조셉은 전혀 반대의 말을 했다.

"범죄국가이고, 도덕적으로 혐오하여 마땅한 나라가 결국 목숨이 연장되고 말았다. 이라크가 제2기 부시 정부를 외교에서 혼이 빠지게 한 것이다."

라이스는 대수롭지 않게 여기고 있었다. 북한을 6자회담의 틀 안으로 끌어오는 것에 성공하고, 게다가 그들에게 핵포기를 약속하게 할 수가 있다면 국제외교에서 실추된 미국의 위

신을 회복시킬 수 있으리라고⋯⋯. 밖에서는 미국의 눈물겨운
노력에 칭찬의 목소리도 높았다. 미국의 국내여론은 정권지지
율을 더욱 저하시키는 형태로 응답했다. 뜻밖에도 미국 국내
에서 가장 격앙했던 곳은 민주당이었다.

3월 2일에 김계관이 VIP 대우로 뉴욕에 들어와 전에 없이
의기양양하게 행동했을 때, 하원 외교위원회 위원장 톰 란토
스는 괴로웠다.

김계관은 기세등등했다. 베이징에서 있었던 2월 13일의 합
의는 북한이 60일 이내에 영변의 핵시설을 폐쇄·봉인하는 대
신 다른 5개국이 에너지지원을 한다는 것이었는데, 그 합의의
이행기한인 4월 14일까지는 아직 시간이 있는데도 그는 벌써
부터 테러지원국가 리스트에서의 제외와 국교정상화를 힐에게
압박할 생각이었다.

전 미국의회 ASC(미안전보장평의회) 한국안보연구소장으로
현재 미국의 아시아평화안전보장회의의장을 맡고 있는 김용훈
은 란토스의 기분을 충분히 이해하는 한 사람이었다. *

"김계관은 샌프란시스코에서 뉴욕까지의 비행기 여행을 즐
겼다. 뉴욕의 유엔본부에 있는 북한외교관은 사무실에서 48킬
로미터 이상 떠나선 안 된다. 김계관도 미국에 오면 예외가
아니다. 그러나 그는 48킬로미터 이상의 여행을 특별히 허가
받았다. 베이징에서의 합의에 이바지했다고 해서 특전을 받은
것이다. 이틀 전에 외교위원회의 청문회를 막 끝낸 란토스는
여간 불쾌하지 않았을 것이다."

란토스는 그날 하원 외교위원회에서 청문회를 열고, 베이징

＊黃民基〈ならず者國家はなぜ生き殘ったのか〉洋泉社, 2007, p.29

합의를 다시 검토하도록 위원들에게 촉구했다. 전례가 없었을 정도로 많은 위원들이 출석했다. 힐도 있었다. 이 자리에서 란토스는 힐의 베이징에서의 퍼포먼스를 칭찬하는 것이 아니라, '김정일에게 맞아 피투성이가 된 사람'이라고 빈정거리면서 위원들에게 그를 소개했다. 란토스는 합의가 실패로 끝났다는 것을 힐에게 가르쳐주려 했던 것이다.

"앞으로의 진전에서 무엇을 중시해야 할지는 자명하다. 모든 핵개발 리스트를 북한에게 제출하게 하는 것, 그리고 그것이 불충분할 경우의 대책을 어떻게 강구하느냐이다. 2월합의가 얼마만큼 부족했는지를 분명히 인식할 필요가 있다. 나아가 인권·민주화·탈북자문제 등 미해결문제가 너무나 많다. 이것들을 규명하지 않고는 김정일은 우리를 만족시킬 수 없다."

란토스의 발언은 〈월스트리트저널〉의 표현을 빌리면 '강한 스트레이트'였다.

"국교정상화 따원 도저히 있을 수 없다." 란토스는 모여 있는 의원들에게 못을 박았다. 미국에는 아직은 어리석지 않은 자가 있다고 그는 말하고 싶었던 것이다.

의회의 반응은 핵문제만으로 끝나지 않았다. 3월 1일에 열린 하원 외교위원회 아시아·태평양환경소위원회의 청문회에서는 국무부 측에 서야 마땅한 북한인권특사 제이 레프코비츠가 북한의 인권문제를 놓고 정부의 대북자세를 비판했다.

"6자회담의 합의에 따라 북-미 작업부는 만들어졌지만, 미국이 북한과의 관계개선에서 도저히 물러설 수 없는 것이 한 가지 있다. 인권문제이다. 이것은 반드시 규명하지 않으면 안 된다. 오히려 최우선과제라고 해야 마땅하다."

에니 팔레오마베가 위원장은 좀 더 격렬했다. 북한과의 합의가 성립한 이틀 뒤 위원회에서 "김정일을 상대로 무슨 대화를 한다는 것인가?"라며 6자회담 자체에 큰 이의를 제기했다.

"국민에게 열악한 생활을 강요하면서까지 핵무기의 생산에 미쳐 날뛰는 김정일 정권과의 대화는 매우 위험하다. 이 정권을 국제사회의 일원으로 삼으려면 나름대로의 노력을 기울여야 한다는 것은 알지만, 이 나라의 심각한 실상과 문제를 하나씩 확인하고 정리해 나가지 않으면 안 된다. 국교정상화 따윈 먼 나중의 이야기이다."

팔레오마베가는 북한의 정치범수용소 실태를 조사한 위원회의 보고서를 손에 들고 간절히 호소했다.

"정치범은 15만에서 20만으로 알려져 있다. 북한 인구의 거의 1%에 이르는 사람들이 기본적인 인권조차도 누리지 못한 상황에 놓여 있음을 잊지 말기 바란다. 우리는 북한 청소년의 건강상태를 조사했다. 기아에 의한 신체적 특징이 뚜렷하다. 7세 어린이의 경우 한국의 어린이들보다 키는 20센티미터, 몸무게는 8킬로그램이나 뒤떨어져 있는 것으로 나왔다. 김정일의 국가와 국교를 맺는다는 것은 이런 사실을 도외시한다는 것과 같다."

6자회담의 합의에 대한 불만과 분노의 목소리는 의회의 거의 모든 위원회에서 소용돌이쳤고, 백악관까지 휩쓸 기세였다.

NSC(국가안전보장회의) 부보좌관 엘리엇 에이브러햄스의 분노는 가장 격렬했다.

"북한이 테러지원을 중단했다고 스스로 증명한 것도 아닌데 어떻게 테러지원국가 명단에서 제외할 수 있는가?"

〈뉴욕타임스〉지는 3월 13일자에서 "베이징합의 이후 미국 정부내 대북강경파들의 불만은 폭발 직전으로까지 높아져 있다"고 보도했다.

"나는 그들이 내리는 평가에는 전혀 동의하지 않는다."

부시는 자신을 비판하는 사람들이 불쌍하다는 듯 미소를 띠면서 말했다고 한다.

〈워싱턴포스트〉지는 이렇게 썼다.

"대통령의 주인인 국민은 이라크에서 전쟁을 계속할 대의는 없고, 범죄국가인 것이 분명한 북한에 대해서는 미국의 정의를 발휘해야 한다고 말한다."

부시와 라이스는 미국의 국내 여론에 지나치게 둔감했다고 NSC의 한 관계자가 말했다.

"부시 정부가 북한과 한 합의를 견딜 수 없다."

2월 말에 국무부를 사직한 로버트 조셉이 떠날 때 한 말이었다.

매케인 "북핵 완전폐기가 미국외교의 핵심"

외교정책 특별연설에서 북한 직접 언급

"가까이, 그러나 너무 가깝지는 않게……."

미국 공화당 대선후보인 존 매케인 상원의원은 2008년 5월 27일 밤 애리조나주에서 부시 대통령과 함께 선거자금 모금을 위한 후원회에 참석했다.

대선전 개막 이래 부시 대통령이 여당 후보를 위한 모임에 참석한 것은 이 날이 처음이다. 행사는 철저히 비공개로 진행됐고 사진촬영도 금지됐다. 인기도가 최저인 대통령과 가까운 사이로 비치는 게 선거에 도움이 되지 않는다는 매케인 캠프의 판단에 따른 것이다.

"부시 대통령의 도움을 받되 차별화가 필요하다"는 매케인 캠프의 전략은 북한핵문제에서도 구체적으로 드러나고 있다.

매케인 의원은 이날 낮 콜로라도주 덴버대에서 외교정책에 관한 특별연설을 하면서 서두에 안보정책의 최대과제로 '핵무기확산방지'를 꼽고 곧바로 북한을 언급했다.

"존 F. 케네디는 '불안정하고 무책임한 나라들의 손에 핵무기가 들어갈 경우 인류에게 안식은 없을 것'이라고 경고했는데 그 경고가 어느 때보다 절실히 들려온다. 북한은 핵무기 프로그램을 추구하고 있으며 독재자 김정일은 핵실험을 통해 여러 개의 핵탄두를 보유하고 있는 게 거의 확실하다."

이어 그는 "북한은 핵과 미사일 기술을 시리아를 포함한 다른 나라들에 나눠주고 있다"며 "북핵프로그램을 완전히, 검증가능하며, 돌이킬 수 없도록 폐기(CVID)시키는 게 핵심적인 국익"이라고 강조했다.

그는 이란 핵문제를 언급한 뒤 "일부는 미국 대통령이 평양이나 테헤란의 지도자와 마주 앉는 게 핵프로그램을 종식시키기 위해 할 수 있는 모든 일인 것처럼 말한다"며 민주당 오바마 상원의원을 비판했다.

하지만 그는 "다른 사람들은 군사적 행동으로 우리의 목표를 이룰 수 있다고 생각하지만, 이는 그 자체로 끔찍한 위험이 뒤따른다"며 "군사력 사용이 필요할 수 있으나, 이는 오로지 마지막 수단이어야 한다"고 말했다.

'북한 인권도 중요', 부시노선과 차별화

이에 앞서 매케인 의원은 〈월스트리트저널〉 아시아판 5월 27일자와 일본 〈요미우리신문〉 5월 28일자에 조지프 리버먼 상원의원과 공동 기고한 글에서 북핵문제 해결을 위해 "6자회담의 틀이나 유엔안전보장이사회의 결의, 한-미-일 정책조정 그룹 등의 힘을 빌려야 한다"고 말했다.

그는 또 북한의 한국인 및 일본인 납치문제, 북한 인권문제도 중시해야 한다고 강조했다.

매케인 의원이 북한에 대해 이처럼 선명한 발언을 쏟아내는 것은 오바마 후보와 각을 세우되, 부시 행정부와도 차별화를 분명히 하겠다는 의도로 풀이된다.

매케인 의원의 대북정책은 공화당 정통보수파의 견해와 맥을 같이한다.

부시 대통령은 집권 1기 초기에는 네오콘(신보수주의자)의 강경론에 기울었다가 차츰 "미-북 양자협상은 안 되지만 6자회담은 좋다"며 '채찍과 당근'을 병행하는 쪽으로 바뀌었고, 2007년 초부터는 인권·납북자문제 등은 후순위로 미룬 채 북한핵문제에만 집중하고 있다.

매케인 의원의 대북정책 차별화는 워싱턴에 팽배한 보수파의 비판론에 힘을 실어줄 수 있지만, 부시 행정부의 대북정책에는 구체적 영향을 미치지 않을 것으로 보인다.

부시 대통령 역시 북핵 폐기(CVID)를 강조하고 있고 6자회담 틀 내의 진전은 보수파도 인정하기 때문이다. 하지만 북한의 테러지원국 해제 등이 구체적 이슈가 되면 차별화 시도가 더욱 구체화할 가능성이 크다.

초조했던 크리스토퍼 힐

국무차관보 크리스토퍼 힐은 미국 프로야구팀 보스턴 레드삭스의 열렬한 팬으로 알려져 있다. 4월에 선수들이 펜웨이파크(레드삭스의 프랜차이즈)에서 경기하는 것을 즐거움으로 삼고 있음을 그는 언론에 여러 차례 말했었다.

"이번 일(6자회담)이 끝나면 다시는 이 문제와 관련될 생각이 없다. 펜웨이파크의 스탠드에서 마쓰자카 투수에게 눈이 꽂혀 있는 나밖엔 보지 못할 것이다. 그것 외엔 더 이상 공공장소에 나설 생각이 없다."(〈뉴스위크〉 2007년 2월 21일자)

4월 12일, 마쓰자카 투수는 펜웨이파크의 마운드에 섰지만 힐은 스탠드에 없었다. 베이징과 워싱턴을 황급히 오가고 있었다. 그 완강한 재무부를 함락시키고, 북한이 목에서 손이 튀어나올 정도로 바라고 있던 금융제재 해제라는 값비싼 선물을 내놓았는데도 2월 합의는 지지부진, 진전이 없었다. 북한은 해제된 돈이 수중에 있지 않음을 핑계로 최후의 마무리가 될 3월의 6자회담을 보이콧하고, 김계관을 평양으로 불러들였다. 힐은 한동안 펜웨이파크에 올 수 없었다. 오기는커녕 더 이상 배겨낼 수 없는 상황에 빠졌다.

그는 샌드백처럼 얻어맞았다.

"6자회담의 합의는 비난과 함께 이루어졌다. 보수파는 힐의 행위를 배신으로 받아들이고, 민주당은 제1기 부시 정부가 부정하고 물리쳤던 클린턴 시절의 거래에서 큰 진전 없는 타결로 북한을 핵보유국으로 인정하게 되었다는 비난을 받았다. 이 결과는 부시 정부가 어떤 외교적 성공을 위해 부심했다는 것과, 양보에 반대하던 럼스펠드나 볼턴 등 이른바 '강경파'의 퇴진을 불렀다. 힐은 오랫동안 정부의 매파에게서 의혹의 눈길을 받아왔다."(〈워싱턴포스트〉 2007년 2월 14일자)

힐로서는 납득이 가지 않는 비판이었을 것이다. 그가 콘돌리자 라이스 국무장관에게서 받은 지시는 북한을 어떻게든 6자회담 테이블로 끌어들여 핵포기 확약을 받는 것이었다. 그는 임무를 다했다. 칭찬은 못할망정 헐뜯기만 하다니……. 미국 국내의 혹평을 힐은 참기 힘들었다고 한다.

2005년의 6자회담에서도 힐은 북한과의 타결에 성공했지만, 재무부의 방해에 부딪혔다. 합의성명이 나온 직후에 재무부가 마카오의 방코델타아시아(BDA)의 북한계좌를 동결해 버린 것이다. 북한은 이것을 이유로 합의를 번복했다. 그 뒤로 힐은 금융제재의 강화를 꾀하는 재무부와, 제재의 완화를 바라는 국무부와 대립각에 서 있어 왔다. 이 상황을 〈뉴스위크〉는 이렇게 전했다.

"북한과 효과적인 교섭을 하려 해도 힐이 이끄는 국무부는 옴짝달싹하지 못하는 상황이다. 그게 싫어서 국무부에선 최근 조셉 데트라니, 제임스 포스터 등 북한문제에 밝은 외교관이 한 사람도 남김없이 사임했다고 한다. ……이제 국무부의 한반도문제 담당국에는 과거 북한과의 교섭 경험이 있는 외교관은 한 사람도 없다. 한국어를 할 줄 아는 사람도 한 사람뿐이라고 한다. 북한과의 교섭만이 아니라 미정부 내부와도 대립의 와중에 있는 힐의 초조함은 상상하기 어렵지 않다."(2007년 2월 21일자)

한때 힐은 너무 초조한 나머지 6자회담은 진정으로 지쳐 있다고 말하면서 "다시는 그 곳에 돌아가고 싶지 않다"고 말했다고 한다.

1994년 위기의 교훈
"처음에 기세를 잃은 것은 한국군이 아니라 락일 것이다."
당시 국방부의 한 관계자가 술회한 말이다. 락과 주한미대사 제임스 레이니가 미국 본국의 지시를 기다리지 않고 '미국인 피난계획'을 추진한 것을 가리키고 있었다. 당시 한국의 김영삼 대통령 얼굴에는 "레이니 대사는 은밀히 자기 가족을 출국시키려 하고 있었다"고 뒷날 회고하였다. 락과 레이니의 움직임을 알게 된 김영삼 대통령은 핏기가 가셨다.

'오퍼레이션 5026'이 벌어지기 두 달 전인 1994년 3월의 일이었다. 판문점에서 열린 남북회담에서 한국 측은 '한반도비핵화선언'의 약속을 어겼다며 북한의 핵개발을 비난했다. 북한 측의 반격에 한국은 움츠러들었다.

"서울을 불바다로 만들어 버리겠다."

한국전쟁 이후 이토록 우리나라가 겁에 질린 적은 없었을 것이다. 서울은 공황상태에 빠졌다. 비상식량과 생수를 사기 위해 시민들은 바삐 시내를 돌아다녔다. 주가는 폭락하고, 외국기업은 철수의 움직임을 보였다.

북한의 이런 상상하기 힘든 폭언(?)은 대북정책을 뿌리째 뒤흔들었다.

"한국은 북한을 흡수통일하지 않는다. 남북통일은 평화공존의 원칙에 의해 이루어질 것이다."

김영삼 대통령의 성명은 훗날 김대중·노무현 정권이 채택하는 '햇볕정책'으로 가는 레일을 깔게 된다.

워싱턴-서울에서 긴박한 전화회담이 있었다. 클린턴과 김영삼의 통화는 20회에 이르렀다.

"나는 한국군의 총사령관이다. 미군이 군사행동을 일으켜도 단 1명의 한국군도 참전시키지 않는다. 미국은 혼자 해라."

클린턴에게 쏟아진 김영삼 대통령의 분노는 열화와 같았다고 한다.

클린턴은 합동참모본부의장 샬리카쉬빌리가 말하는 '리스크가 적은 전면적 선제공격'을 아주 짧은 순간 머릿속에 떠올렸다고 한다. 불가능한 이야기였다. 미국은 1950년의 딘 애치슨과 더글러스 맥아더의 실패가 뼈에 사무쳐 있었다. 한국전쟁 이후 이 지역에 대한 전략단위의 군사행동은 경계하고 있다. 북한이라기보다 중국에 대한 트라우마였다. 한국에서 미군은 사망자 3만 4천 명, 부상자 10만 4천 명, 포로·행방불명 5천 2백 명이라는 희생자를 냈다. 대부분 중국군의 참전에 의한 것이었다. 미국이 경험한, 또는 계속 경험하고 있는 전쟁에서 이만한 희생은 아직 없었다. 이런 공전절후의 경험을 미국인은 깊이 기억하고 있다. 중국에 대한 군사행동을 진정으로 생각한 사람은 맥아더 이후 제복을 입은 사람과 양복을 입은 사람을 막론하고 단 한 사람도 없다.

한국 측의 반발과 중국의 존재! '오퍼레이션 5026'은 그 뒤, 한국 측에 통고함이 없이 행동할 수 있는 '5027'로 이어졌지만, 1994년의 이 위기를 교훈으로 삼고 있다.

미국의 대북정책

책상 위에서의 이야기라면 북한의 의사와 관계없이 북한의 핵보유를 저지할 방법이 확실히 있다. 북한의 핵시설을 공격하고, 지상군을 보내 핵무기를 샅샅이 찾아내면 되는 것이다.

그러나 이런 과정에서 북한과의 사이에 군사적 충돌이 발생하게 되면 미국뿐만 아니라 한국의 일반시민에게 끔찍한 피해가 일어난다. 해결방법은 있어도 대가가 너무 커서 실행할 수 없다는 것이 북한의 핵개발문제를 둘러싼 최대 딜레마이다.

북한의 핵개발에 대하여 미국이 선택할 수 있는 외교안전보장상의 선택지를 검토해 보자.

미국의 대북 핵정책—가능성 1, '선제공격'

대량살상무기(WMD)를 개발하는 나라에 대해 군사력을 행사하는 것은 부시 정부만의 전매특허는 아니다. 공화당 사람들이 '소극적'이라며 비난했던 클린턴 정부 때도 있었던 일이다.

클린턴 정부 시절에 국가안전보장회의(NSC)의 스태프를 맡았던 로버트 리트워크의 분석에 따르면, 다른 나라의 WMD 개발을 막기 위해 '외과수술적인 선제공격'을 검토한 것은 부시(주니어) 정부가 등장하기 전에도 여섯 차례쯤 있었다.

1963년 전후에 케네디·존슨 두 대통령이 검토했던 중국의 핵개발시설에 대한 공중폭격 계획, 1981년에 이스라엘이 실행한 이라크 오시라크 원자로의 폭격, 1991년 이라크와의 걸프전쟁, 1994년에 클린턴 정부가 입안했던 북한의 영변 핵시설에 대한 공격계획, 1998년에 미국이 이라크에 대해 벌인 '사막의 여우' 작전, 1998년에 수단의 화학무기공장에 대한 항공모함 미사일공격이 그것이다(중국과 북한에 대한 공격은 실행되지 않았다).

그러나 부시 정부가 출범한 이후에는 9·11테러를 거쳐 'WMD의 개발과 배치에 대한 선제공격'이 미국의 국가안전보장전략의 하나로 확실하게 자리잡았다. 2002년 1월의 '악의 축' 발언에 이은 같은 해 9월, 부시 대통령은 '국가안전보장전략'을 발표하고, "깡패국가의 WMD 개발·보유를 저지하기 위해서라면 선제공격도 불사한다"고 선언했다. 이듬해인 2003년 3월에 WMD 개발 '의혹' 단계에 있었던 이라크를 선제공격하여 이라크전쟁을 시작한 것은 다 아는 사실이다.

이런 원리·원칙에 따르면 부시 정부가 이라크보다 훨씬 명확한 형태로 WMD 개발에 매진하고 있는 북한에 대해 "외과수술적인 선제공격을 한다"는 선택지를 검토한다 해도 전혀 이상할 것이 없다. 실제로 이런 주장은 정권의 안팎에 존재해 있었다.

그러나 북한을 공격한다는 '매력적'인 아이디어에는 서울 시민(및 한국군·미군)이 북한 화포의 먹이가 되어 수십만 명이 목숨을 잃을 위험이 늘 붙어 다닌다. 이동식 미사일을 비롯하여 지하에 감춰져 있는 여러가지의 대포 등 북한의 각종 무기는 미군도 제대로 파악하고 있지 못하다. 그렇기 때문에 사전에 그것들을 모조리 제거하는 것은 불가능하다.

일단 전쟁이 벌어지면 군사력이 우세한 한-미연합군이 북한을 압도하여 비교적 단기간 내에 승리를 거둘 것은 틀림없다. 그러나 문제는 최종적인 승부가 아니라 그 앞의 단계에서 한국과 주한미군이 입을 피해의 크기에 있다.

클린턴 정부 시절 북한의 핵시설에 대한 선제공격계획을 국방부로 하여금 입안하게 한 당사자였던 윌리엄 페리 전 국방장관과 애쉬턴 카터 전 국방차관보는 2006년 6월 22일 〈워싱턴포스트〉지에 연명으로 기고를 하고, "필요하다면 '대포동' 미사일로 표적을 한정하여 외과수술적인 공격을 단행해야 한다"고 주장하였다. 이에 대해 민주당이 군사력 행사에 소극적이라는 걱정을 불식시키기 위한 정치적 주장이라는 측면도 있지만, 어쩌면 '대포동'뿐이라면 숫자도 얼마 안 되는 데다 위치정보도 파악하기 쉽고, 항공모함 미사일 등을 사용하여 확실하게 파괴할 수 있다는 전망이 있었는지도 모른다.

다만 미국이 아무리 "표적은 대포동으로 한정한다"고 말했다 해도 북한이 그것을 액면 그대로 받아들인다는 보장은 어디에도 없다. 미국이 '대포동'을 파괴한 뒤에 북한이 "어차피

당할 거라면 미리……"라고 생각하여 서울에 화포와 '노동미 사일'로 공격을 가할 가능성은 여전히 남는다. 미군에 의한 외과수술적인 선제공격의 문턱이 낮아졌다고 생각하는 것은 성급하다.

미국은 과거 몇십 년 동안이나 소련(현재의 러시아)과 중국의 핵미사일 사정거리에 든 채로 그 위협과 '공존'해 왔다. 그리고 미국은 러시아나 중국에 대해서와 마찬가지로 북한에 대해서도 핵저지의 논리가 기본적으로는 유효하다고 여기고 있다. 저지 논리의 밑바탕에 깔려 있는 것이 '공포'인 이상, "북한의 지도자처럼 계산이 빠르고 자기의 생존을 최우선 과제로 삼는 유형의 인물에 대한 핵저지의 효과는 높다"는 것이다. 앞으로 북한이 핵실험을 성공하고, 나아가 '대포동'을 실전에 배치하여 "미국 본토가 북한의 핵미사일의 사정거리 안에 든다"고 해도 미국 정부가 이처럼 부작용이 큰 외과수술적인 공격으로 나서는 일은 아마도 없을 것이다.

그러면 미국이 북한의 핵에 대해 "도저히 참을 수가 없다"고 생각하여 외과수술적인 선제공격에 나서는 것은 어떤 경우일까? 가장 가능성이 높은 것은 '북한이 테러리스트에게 핵무기와 핵물질을 넘길 우려가 나온 경우'이다.

자폭테러로 상징되다시피 "나는 아무래도 상관없다"고 생각하는 테러리스트에 대해 공포를 기반으로 하는 억제논리는 별로 통용되지 않는다. 9·11테러 이후에 그렇지 않아도 테러의 공포에 신경이 바짝 곤두서 있는 미국 정부와 시민에게 테러리스트가 핵을 보유하는 사태는 악몽 이외에 다른 어떤 것도 아니다. 뉴욕이나 로스앤젤레스가 초토화될지도 모른다고 걱정한다면, 서울이 걱정돼서 견딜 수 없다 해도 무리는 아니다.

북한군도 테러리스트와의 거래가 미국의 공격을 초래하는 자살행위가 된다는 것은 잘 알고 있고, 김정일 정권이 외화에 욕심이 나서 금단의 라인을 넘는 일은 없다고 믿고 싶다. 그러나 만일 그런 사태가 발생한다면 "북한이라는 국가의 존재는 어떤 대가를 지불해서라도 제거해야 한다"는 목소리가 미국내에서 솟구칠 것은 의심의 여지가 없다. 동맹국인 한국을 위험에 노출하는 문제가 사라지지 않기 때문에 시나리오처럼 간단히 결단을 내릴 수 없으리라고 보지만, '핵의 전이'를 계기로 미국과 북한이 개전에 이를 개연성은 충분히 있다.

미국의 대북 핵정책—가능성 2, '체제전환'

북한이 핵무장을 하는 궁극적 목적이 '체제유지'에 있다고 한다면 논리적으로는 그 체제를 타도하는 것이 북한의 핵무장을 저지하는 가장 효과적인 수단이다. 부시 정부가 거의 종교적인 정열을 갖고 전제정치를 증오하고, 민주주의의 확대를 부르짖는 것을 생각하면 더더욱 "북한의 체제전환=김정일체제의 타도"는 가장 정당한 선택인 것이다.

그러나 정당한 선택이 항상 실현가능하거나, 문제해결에 도움이 되는 것은 아니다. 북한의 체제전환에도 다음과 같은 문제점이 따른다.

첫째, 북한의 핵개발저지를 목표로 하는 한, 체제전환에 시간이 걸리면 의미가 없다. 가령 김정일체제의 붕괴까지 10년이 걸리면 그동안에 북한은 수십 발의 핵탄두를 보유하게 될 것이다. 더구나 중국이 경제지원과 무역관계를 계속한다면 적어도 단기간에 체제전환의 실현 가능성은 저하되지 않을 수밖에 없다.

둘째로, 북한이 조용히 붕괴되어 준다는 보장은 없다. 궁지에 몰린 북한이 이판사판이라며 군사적 공세로 나오면 한국 및 미군이 막대한 피해를 입게 된다. 즉, 체제전환을 겨냥한 접근도 선제공격을 가하는 경우와 마찬가지로 전쟁이 되어버릴 위험이 있는 것이다. 또한 체제붕괴 과정에서 군의 지휘명령계통이 어지러워지면 우발적인 경우도 포함하여 대량파괴무기나 DMZ 부근의 화포가 한국을 향해 사용될지도 모르고, 또 핵물질이 해외의 테러리스트에게 유출될 가능성도 부정할 수 없다.

셋째로, 북한의 체제를 전환하는 것은 가능한 것인가 하는 문제가 있다. 김정일체제의 '내구성'에 대해 미국의 판단은 지금까지 크게 요동쳐 왔다. 1994년에 제네바합의가 맺어지던 무렵 미국 정권의 안팎에서는 "김정일체제가 오래 지속되지 않는다. 북한을 위해 경수로를 만들어 줘도 그것을 사용하는 것은 한국일 것이다"라는 낙관론이 널리 퍼져 있었다. 그러나 1997년경부터는 '김정일체제가 무너진다는 전제 아래 북한정책을 말하는 사람은 초보자'라는 분위기가 워싱턴을 덮고 있었다. 그리고 오늘날에는 체제전환에 희망을 거는 목소리가 다시 부활하고 있는 것 같다.

과거의 사례를 보더라도 경제적인 압력에 의해 체제전환을 촉구하는 시도는 그다지 좋은 성적을 내지 못했다. 예를 들면 이라크의 후세인 체제는 걸프전쟁 뒤의 경제제재를 10년 이상이나 버텼으며, 아마 미국에 의한 공격이 없었으면 지금까지 존속했을 것이다. 쿠바 카스트로 체제는 '쿠바 위기' 이후 반세기 가까이 미국으로부터 경제제재를 받으면서도 미동조차 않고 있다. 중국이 북한을 계속해서 지원하느냐의 여부를 포함하여 김정일체제의 존속 가능성을 예측하기는 매우 어렵다.

마지막으로 체제전환 뒤의 '수혈' 문제가 있다. 가령 김정일 체제가 무너졌다 해도 누가 뒤를 이을 것인가? 한국과의 통일이 이상적이라는 데는 이견이 없겠지만, 적어도 과도기적으로는 북한사회를 정치적으로 대표할 세력이 없으면 큰 혼란에 빠지기 십상이다. 군, 또는 조선노동당 내부에 김 정권의 대체세력은 존재할까? 북한 내부에 민주주의 세력을 조직화하는 것은 가능한가? 망명 북한인 사이에 리더가 될 수 있는 사람은 과연 있는가? 등등의 문제가 산적해 있다.

한반도의 경우 중동과 달라서 민족·종교의 대립이 크게 존재하지 않는다는 것은 다행스러운 일이지만, 미국이 이라크에서 한 것처럼 "김정일만 제거하면 나머지는 민주주의가 해결해 준다"는 식의 적당히 넘어가는 태도로 임하면 무슨 일이 일어날지 모른다. 한반도의 새로운 (통일)국가가 내셔널리즘을 국가통합의 원동력으로 삼고, 반미를 내세울 수도 있기 때문이다.

2005년 9월부터 이루어졌던 금융제재 등을 보면 이미 미국 정부는 북한의 현 체제를 약화시키려고 결정한 것으로 보인다. 다만, 어디까지나 점진적인 효과를 기대하는 선상에서……. 그러나 중동에 군대와 사람, 돈을 쏟아 붓는 상황이 대폭 개선되든지, 북한의 정세가 폭발 직전으로까지 긴박해지지 않는 한 북한에 대한 이런 미국의 압력은 결국 이도저도 아닌 것에 머무를 가능성이 크다.

미국 정부도 "김정일체제가 급격히 요동쳐서 갑작스레 어떤 사태가 일어나도 괜찮다"는 각오를 갖는 데까지는 아직 이르러 있지 않은 것이다.

미국의 대북 핵정책—가능성 3, '부분적 타협'

1994년의 북-미합의에 실패한 클린턴 정부와 똑같다는 소리를 듣고 싶지 않다는 부시 대통령의 정치방침이 존재하기 때문에 "북한과 교섭해야 한다"는 의견이 현 정부 내에 팽배해지는 경우는 거의 없었다.

그러나 "북한과 교섭해서 어떤 종류의 타협을 추구해야 한다"는 의견이 미국내에 전혀 없는가 하면, 그렇지는 않다. 전면적인 타협은 논외로 하더라도, "모든 타협을 거부하여 결과적으로 북한의 핵개발을 그냥 놔두는 것보다는 그것의 속도를 늦추는 일에라도 주력해야 한다"는 의견이 민주당뿐만 아니라 공화당 의회관계자들에게도 뿌리 깊게 존재한다.

그 배경에 있는 것은, "북한의 핵개발문제는 대화로 해결해야 한다"는 이상주의가 아니다. 북한의 핵개발을 확실하게 저지할 수단이 없다는 것과, 미국의 외교정책이 앞으로도 중동에 계속해서 에너지를 쏟을 것이라는 예상을 이유로 하는 일종의 현실주의이다. 북한과의 교섭을 주장하는 사람들 중에는 교섭형식에 대해서도 6자회담을 고집하지 않고, (북한이 바라는) 북-미 두 나라간의 교섭에 따라야 한다는 유연한 의견의 소유자가 많다.

앞으로 북한의 핵개발을 부분적으로라도 제어하려는 방침이 채택된다면 민주당 정부 아래서 하는 편이 가능성은 조금 더 높을 것이다. 다만, 2006년 11월에 있었던 중간선거에서의 패배로 인해 이라크문제의 연착륙을 최우선 과제로 모색하는 부시 정부가 북한에 대해서는 '부분적 타협'노선으로 전환함으로써 일단은 '폭풍'이 일지 않도록 대응해 나갈 가능성이 전혀 없어진 것은 아니다.

미국이 북한의 핵개발에 대해서 '부분적 해결'을 모색하려는 경우를 대담하게 예측하면 "북한이 최종적으로는 CVID(완전하게 검증가능하고, 나아가 불가역적인 핵폐기)를 받아들인다"는 원칙 아래, 그에 이르는 1단계로 "북한이 NPT에 복귀하여 핵무기의 개발을 포기하는 한편, 핵을 평화적으로 이용할 권리는 인정한다"고 합의하는 것도 하나의 상정안이다.

북한으로서는 IAEA의 감시 아래서이긴 하지만, 영변의 실험로를 계속 가동한다면 사용이 끝난 핵연료의 재고를 늘릴 수가 있다. 향후 미국이나 국제사회의 합의를 또다시 백지화하고 재처리를 하게 되면 핵무기의 개발을 재개할 길을 남기게 된다. 가령 기존의 핵무기와 추출이 끝난 플루토늄을 파기하는 데 합의하더라도 사찰 단계에서 속이면 된다고 생각할지도 모른다. 아무튼 핵무기가 있는 곳은 아무도 모르는 것이다. 그 사이에 국제사회가 가한 제재가 단계적으로 해제되고, 새로운 경제협력을 이끌어내면 한숨을 돌리는 것도 가능하다.

'대강의 합의'든, CVID든 지금까지 논의해 온 것은 '북한이 핵개발을 전면적으로 포기하는' 대신에 경제지원을 한다는 것이 기본이었다. 반면에 부분적 타협을 위한 새로운 안은 경제원조의 제공이라는 사탕은 물론 주겠지만, "북한의 핵(개발능력)을 일부 유지한다"는 점에서 미국 측의 대폭적 양보가 된다.

그럼에도 불구하고 미국에게도 이런 종류의 거래를 할 메리트는 존재한다. 북한에 무기급 플루토늄 추출작업을 일단은 멈추게 할 수가 있고, 또 합의시기에 달려있기는 하지만, 북한이 보유하는 핵무기의 수를 최대 10여 개, 적으면 한 자리수로 줄이는 것도 가능해지기 때문이다. 핵무기의 수를 이 정도로 억제할 수가 있으면 군사적 관점에서 보는 북한의 위협은 미국에게 한정적인 것에 그친다.

북한이 앞으로 다시 핵실험을 한다든지, 실전에 사용하는 경우에도 항상 '나머지 탄 수'에 신경을 쓰지 않으면 안 된다. 또 북한이 핵물질을 테러리스트에게 넘길 가능성도 낮출 수가 있다.

미국과 북한이 이와 같은 안에 합의하는 것과, 두 나라가 서로를 믿고 약속을 지킬 것인가 하는 점은 전혀 다른 차원의 문제이다. 북한은 결국 핵개발을 재개할 것이고, 미국도 북한의 이러한 배신행위를 계산에 넣고 있을 것이다. 미국은 그 사이에 북한의 체제전환을 향한 준비를 추진하면 된다고 생각할지도 모른다. 요컨대 서로 시간을 벌려는 한 가지 점에서만 미국과 북한은 타협한 것이다.

그러나 대통령이 누구든 간에 미국은 클린턴 때의 '합의'에 이어 또다시 속을 리는 없다. 교섭노선에 대한 네오콘과 보수파의 비판도 사라진 것은 아니다. 두 나라 사이의 교섭에 응하는 것은 몰라도 교섭내용에 있어 북한에 대한 유화정책을 전면에 내놓는 일은 국내정치적으로 어려울 것으로 보인다. 평양이 미사일 발사와 핵실험 등의 도발행위를 계속하는 상황 아래선 더더욱 그러하다.

여기서 말하는 타협 가운데 "IAEA의 엄격한 사찰결과와 조치를 받아들일 것인가" 하는 기술적이지만 무시할 수 없는 문제도 있다. 현실적으로는 '교섭에 의한 부분적 제어'라는 선택도 간단한 이야기는 절대 아니다.

미 대북정책 180도 바꾼 '김정힐'

WP, "대치에서 화해로 끈질기게 주장"

미국 워싱턴포스트는 2008년 5월 26일 "중간관리가 미국 대북정책의 방향을 바꿨다"는 제목으로 크리스토퍼 힐 국무부 동아시아태평양 담당 차관보를 조명하는 특집기사를 게재했다.

부시 미국 대통령이 재선 대통령으로 임기를 시작한 2005년 초, 콘돌리자 라이스 국무장관은 북한 핵프로그램을 저지하기 위한 전략회의를 열었다. 회의 중 잠잠하던 힐 동아태차관보가 "장관께서 저를 평양에 보내 주신다면 협상을 성공시키겠다"고 말하자, 참석자들의 눈이 휘둥그레졌다. 힐은 이렇게 미국의 대북정책 전면에 등장해 대북 강경파였던 부시를 온건파로 180도 바꾼 핵심인물이 되었다고 워싱턴 포스트 인터넷판이 보도했다.

이 신문은 "미국의 대북정책 변화에 따른 북한 핵 폐기 협상은 부시의 최대 외교적 성과로 떠오르고 있다"고 평가했다. 힐이 '최악의 성적표'를 받을 뻔한 부시의 외교정책을 살렸다는 것이다.

'김정힐'로 불리며 매파 설득

라이스의 지지를 업은 힐은 국무부 내 보수파들의 반대를 물리치고 대북 협상을 이끌었다. 이 때문에 미 행정부 안팎에서 보수파의 비난을 한몸에 받았다. 이들은 힐을 김정일 북한 군방위원장에 빗대 '김정힐'이라며 조롱했다. 힐이 북한과의 대화에 집착해 너무 많은 양보를 했다는 것이다. 그러나 힐의 영향력은 시간이 갈수록 커졌다.

부시 행정부가 북-미 간 직접 대화를 금지하던 시절인 2006년 7월 힐 차관보는 베이징에서 중국, 북한 관리들과 저녁식사 약속을 했다. 중국 관리가 나타나지 않았는데도 그는 북한 관리와 식사를 강행했다.

이는 기술적으로 지침 위반이었다. 라이스 장관은 화가 나서 나중에 중국 외교부장에게 항의했다. 하지만 힐 차관보는 (이를 통해) 원하는 바를 얻었고 협상은 재개됐다.

그는 중간급 관료임에도 불구하고 딕 체니 부통령, 라이스, 스티븐 해들리 백악관 국가안보보좌관과 함께 종종 부시와 조찬 모임을 가졌다. 가끔씩 대통령과 독대하기도 했다.

뉴욕 필하모닉 오케스트라의 역사적 평양 공연에도 힐의 막후 역할이 컸다. 그는 지난해 가을, 평양 공연을 탐탁지 않게 여긴 뉴욕 필 연주자들과 피자로 점심을 하며 평양행을 설득했다. 뉴욕필 대변인은 "그는 단도직입적으로 말했고 많은 사람의 생각을 바꿔 놓았다"고 말했다. 그는 뉴욕 필의 평양 공연을 발표하는 기자회견에도 참석할 예정이었으나, 북측 인사가 참석한다는 사실을 들은 라이스 장관이 참석을 불허했다.

힐은 대북 협상을 통해 언론에 이름이 알려지며 국제적 인물로 부상했다. 반기문 유엔 사무총장은 지난해 힐을 '뛰어난 외교관'이라고 치켜 세웠다. 반 총장은 "힐은 인내와 협상력으로 냉전의 마지막 유산을 청산하고 있다"고 평가했다.

그러나 힐이 언제까지 보수파의 공격을 견뎌내고, 부시와 라이스를 만족시키면서 북한과 협상을 계속할 수 있을지는 미지수다. 국무부의 고위 관료들은 사석에서 힐의 대북 협상에 대해 회의적인 시각을 드러내고 있다.

2006년 북핵 협상 때 협상팀의 차석대표였던 빅터 차 전 백악관 국가안보회의(NSC) 아시아 담당 국장은 "그는 효율적인 협상가이나, 영웅이 되기 위해 언론에 광적으로 집착하는 인물로 볼 수도 있다"고 지적했다. 그러면서 "힐은 (테니스 선수) 존 매켄로라 할 수 있다. 뛰어난 재능이 있어 연습하지 않고도 경기에서 이긴다"고 말했다.

당시 NSC 핵 전문가로 일했던 캐롤라인 레디는 "협상팀은 북핵 실험에 대한 모든 제재 조치를 중단하거나 단념하라는 얘기를 들었다"고 토로했다. 그는 "북핵 협상은 더 이상 협상이 아니다. (당근만 있고) 채찍이 없다"고 비판했다.

북-미 '싱가포르 북핵합의'

핵심쟁점 피해간 정치적 '핵불화가능화 쇼'

북한이 지난 2008년 5월 8일 영변 핵원자로 가동일지 등 1만 8,000쪽에 달하는 플루토늄 핵프로그램 관련자료를 미국 측에 넘기면서 북핵문제는 새로운 국면을 맞고 있다. 여러 차례 어려운 고비 끝에 마침내 북한이 플로토늄 핵프로그램 관련자료를 미국 측에 넘김으로써 북핵문제가 2단계인 신고 단계를 넘어설 수 있을지가 관심사이기 때문이다.

지난 4월 8~9일 6자회담 미국 측 수석대표인 크리스토퍼 힐 미 국무부 차관보와 북한 측 수석대표인 김계관이 회동한 후 합의한 싱가포르 잠정합의의 핵심은 ▲지금까지 몇 kg의 플루토늄을 생산했으며 현재 생산한 플루토늄을 어디에, 어떤 형태로, 얼마나 비축하고 있는가 ▲북한이 러시아에서 구매한 147톤의 고강도 알루미늄 튜브의 사용처 ▲파키스탄 A.Q. 칸 박사의 북핵실험과정에서의 역할 ▲북한-시리아와의 핵확산 등을 이번에 '완전하고 정확한' 방식으로 신고해야 한다는 것이다.

그러나 고농축우라늄(HEU)에서 우라늄농축프로그램(UEP)으로 한결 부드러워진 북한산 천연우라늄의 농축활동 신고여부도 김정일이 쉽게 수용할지 의문이다. 2002년 2차 북한핵 위기의 도화선이 된 고농축우라늄 문제가 흐지부지된다면 미국으로서는 참담한 패배가 아닐 수 없다.

그로부터 5년간 북한은 플루토늄을 계속 추출하고 핵실험을 강행해 왔다. 북한을 핵 보유국의 위치에 오르게 만든 장본인이 미국이라는 비판을 피할 수 없기 때문이다.

북한은 처음부터 고농축이든, 아니든 간에 우라늄농축프로그램 자체를 전면 부인해 왔다.

무샤라프 파키스탄 대통령의 자서전이나 칸 박사의 증언에도 불구하고 북한은 반입된 고강도 알루미늄관의 사용처를 거짓으로 일관해 왔다.

미국과 북한이 이를 적당히 봉합할 가능성은 이미 싱가포르에서 결론났다. 예를 들어 "고강도 알루미늄관은 향후 운영할 경수로의 핵연료 연구용으로 도입되었다"는 등 면피성 해명이 대표적 예이다.

2007년 9월 6일 이스라엘은 시리아를 향해 공군기 편대를 출격시켜 시리아의 핵시설을 초토화시켰다. 핵무기 제조가 시급했던 시리아가 플루토늄 생산에 가장 적합한 영변형 흑연감속 원자로를 성공리에 가동시킨 북한의 도움으로 핵시설 단지를 만들고 있다고 판단한 이스라엘이 비밀리에 추진한 작전이었다. 이 공격으로 시리아 동쪽에서 남북으로 흐르는 유프라테스 강변의 티브나지역에서 북쪽으로 10km 떨어진 알 키바르의 핵 관련시설이 순식간에 파괴됐다.

북한의 비핵화 3단계

미 중앙정보국(CIA) 마이클 헤이든 국장은 조지타운대 강연에서 "지난해 9월 이스라엘군에 공습을 당해 파괴된 시리아의 원자로가 실제 가동됐을 경우 1년 동안 핵무기 1~2기를 만들기에 충분한 양의 플루토늄이 생산됐을 것"이라고 말했다. 북한은 이번 핵신고에서 이 부분을 어떻게든 규명해야 한다.

2007년 2월 13일 핵합의에서 나타난 북한의 비핵화는 3단계로 진행된다는 것이었다. 제1단계는 동결이 아닌 가동 중단이었고, 제2단계는 모든 핵프로그램에 대한 완전한 신고를 바탕으로 현존하는 핵시설 모두를 불능화하고, 최종 단계인 3단계에서 이들을 검증하고 폐기한다는 것이었다.

제1단계에선 북한의 모든 핵시설들은 '폐기'를 염두에 두고 동결해야 함에도 불구하고 언제라도 다시 가동할 수 있도록 '가동 중단'으로 후퇴했다. 10여 기의 핵탄두를 확보한 북한은 현재로서는 핵시설 가동이 상당 기간 긴요치 않다는 입장이다. 이 부분은 나중에 제3단계(폐기)인 보상협상에서 끝내 골칫거리가 될 것이다.

제2단계인 불능화는 실제로 가능한가? 미국의 핵과학 전문가 그룹이 몇 차례 영변을 다녀와 공개한 불능화 현장의 사진으로는 "70% 정도 완료됐다"고 한 말을 믿기는 어렵다.

고물 전동기(모터)와 펌프(3~5년마다 교체해야 하는 소모품)를 뜯어 낸 텅빈 공간을 가리켜 불능화가 순조롭다고 하니 어처구니 없다. 전구를 빼버린 소켓을 보여 주면서 전깃불이 더 이상 들어 올 수 없다고 말하는 것과 무엇이 다른가?

현재 불능화 작업이 70% 진척됐다고 하지만 미국과 북한은 자세한 내용을 공개하지 않고 있다. 알려진 바로는 8,010개의 핵연료봉 가운데 현재까지 인출된 연료봉은 2,000여 개에 불과하다. 내부기기를 모두 빼내고 텅빈 탄산가스 냉각탑은 혹시나 미국이 북한을 테러지원국 명단에서 해제하는 날 CNN에 폭파 장면을 생중계하려고 남겨둔 상태다. 정치외교적 차원의 '핵불능화 쇼'는 이렇게 간단하다.

진정한 북핵 불능화 방법

핵공학적 측면에서 본다면, 북한의 시범적 3대 핵시설 (5MW 흑연감속로, 방사화학실험실, 핵연료봉공장)의 불능화는 결코 간단한 것이 아니다. 예를 들어, 영변의 5MW 흑연감속원자로를 불능화시키기 위해서는, 사용 후 핵연료봉을 모두 원자로 밖으로 인출하여 원자로 건물과 인접해 있는 냉각수조에 집어넣는다.

사용 후 핵연료봉 인출작업과 병행해 원자로시스템의 냉각재인 탄산가스를 모두 빼낸다. 이 탄산가스는 모두 고준위 방사성폐기물에 속하므로 밀폐된 용기에 조심해서 밀봉 저장하고 방사성 폐기물 처리·처분장으로 이송한다.

원자로 상단부를 통해 제어봉을 모두 제거한다. 수십 개에 달하는 조정봉들도 모두 고준위 방사능을 가지고 있다.

흑연감속재를 모두 잘게 부서서 역시 원자로 상단부를 통해 끄집어 낸다. 1,500톤 정도다. 역시 고준위 방사능물질이다.

원자로 내부는 모두 비워졌기 때문에 격납용기만 방사능 차단벽체 내에 남았다. 일반적으로 원자로를 불능화한다면 격납용기 안에 콘크리트를 채워 넣어야 된다.

이 외에 증기발생기, 수중기관, 냉각수관 등도 모두 폭파 공법으로 파쇄시켜야 한다. 겉으로 드러나 있는 파이프는 모두 절단해 폐기물처리·처분장으로 이송해 녹여 버린다. 열교환기·냉각수 순환펌프·탄산가스 순환펌프 등도 모두 제거해 폐기물 처리·처분장으로 이송시킨 후 절단장비로 잘게 절단해 녹여야 한다.

이런 작업은 실제로 매우 느릴 수밖에 없으며 고방사능 하의 위험한 작업이므로 CNN 촬영팀이 접근해 전세계에 생중계할 만큼 한가롭지 못하다.

최종적으로 원자로 시스템 운전조종실이 남는다. 운전조종실의 각종 계기들을 제거하고 실내 장치들을 모두 폭파시키면 영변 5MW 흑연감속 원자로는 전혀 의미 없는 콘크리트 더미일 뿐이다. 그야말로 '돌이킬 수 없는 상태'가 된다.

원자로 건물을 폐쇄하고 봉인한 후 방사능 강도가 약해질 때까지 기다려야 한다. 내부의 방사능 준위를 체크하고 IAEA에 보고해 육안검사가 가능해지면 최종적으로 불능화 검증을 받게 된다.

북한의 핵프로그램 신고는 이런 핵시설 불능화에 비하면 매우 간단하다. 북한이 마음만 먹으면 하루 이틀이면 족하다. 무엇인가를 감추고, 불리한 부분은 삭제하고 변형시키려 하기 때문에 약속을 지키지 못한다.

완전성과 정확성을 확보한 핵 신고서를 제출한다는 것은 북한 입장에서는 핵포기와 더불어 체제를 포기하는 것과 같다. 북한이 테러지원국 명단에서 해제되고 적성국 교역법 적용중단 조치를 받는다고 김정일체제가 보장되는 것도 아닌데 순순히 핵신고서를 내놓기는 어렵다.

플루토늄의 양 정확히 밝혀야

2007년 10월 3일자 합의문에는 신고 대상이 '모든 핵프로그램'으로 명시됐지만 핵무기(또는 핵폭발장치)와 핵실험장 등은 북한의 '옵션' 사항으로 양해되어 있다.

지금까지 감춰 온 핵시설과 핵물질의 위치·개수·규모 이력과 총량·품위·성분·용도·잔량까지 모두 신고하는 것이 '완전성'이고 '정확성'이다.

산에 보유하고 있는 숲을 모두 신고하는 것이 '완전성'이고, 숲 속에 분포되어 있는 나무 한 그루의 종류·크기 상태를 자세하게 신고하는 것이 '정확성'이다.

북한은 누가 뭐라 해도 핵무기 보유국이다. 지난해 10월 9일 지하 핵실험에 사용한 핵탄두(엄격히 말하자면 핵폭발장치)는 무기급 고순도 플루토늄을 가지고 만든 것으로 판명됐다.

최대 관건은 북한이 그동안 생산한 플루토늄의 양이다. 플루토늄을 언제 얼마나 생산했고, 어디에 썼으며, 재고 잔량이 얼마인지, 현재 보유량이 어떻게 만들어졌는지 등을 밝히고 그것을 확인하는 검증 활동까지 허용해야 한다.

물론 이같이 완전하면서도 정확한 신고서를 제출하고 후속조치까지 포함한 강력한 의지를 실행에 옮기더라도 북한이 밝힐 플루토늄 총 생산량이 미국의 예상치와 얼마나 일치하느냐가 신고단계의 최대 쟁점이 될 것이다.

북한이 주장하는 30kg이냐, 아니면 여기에 맞선 미국의 50kg 주장이 맞느냐를 개략적인 추산으로 알아보면, 다음과 같은 계산을 고려해야 할 것이다. 즉

일관성을 유지하기 위해 ▲영변 5MW 흑연감속로에서 배출된 사용 후 핵연료만을 포함하고 ▲제네바핵합의(1994년 10월

21일) 시점부터 2002년 10월 북한의 고농축우라늄(HEU) 프로 그램이 알려진 약 8년간은 재처리가 전혀 없었던 것으로 했고 ▲모든 계산은 최대치를 반영했다.

계산에서는 ①영변 5MW 흑연감속로 가동(1986년 9월)부터 제네바합의 후 핵동결까지는 연소도를 기준으로 계산했고, ② 2002년 10월부터는 북한이 공개적으로 사용 후 핵연료를 배출 하고 재처리를 수행했다는 공식적 발표를 기준으로 했다.

①기간 동안에는 북한이 모든 재처리 과정을 비밀에 부친 정보사항을 기준으로 삼았으며 ②기간 동안에는 2회(2002년 12월 21일, 2005년 5월 11일)에 걸쳐 재처리를 수행했다.

북한은 30kg, 미국은 50kg 생산 주장

북한은 2008년 5월 8일 '핵무기에 관한 핵심문건'을 평양을 방문한 미 국무부 성김 한국과장에게 넘겼다. 북한이 전달한 문건은 폐쇄한 영변 5MW 흑연감속의 상세한 공정일지이기 때문에 북한이 생산한 플루토늄 양을 검증하는 데 어려움이 없을 것이다.

일단 미국에 가동일지 등의 자료를 제출했지만 북한이 마음 만 먹는다면 얼마든지 수정이 가능하기 때문에, 정확성과 유 용성을 확보하는 것이 그리 쉬운 일은 아니다. 김정일이 핵무 기를 자신의 생명줄로 생각하는 데 핵무기 생산량을 정확하게 유추할 수 있는 '핵제조 공정일지'를 단번에, 정확하게 보고할 가능성은 거의 없다. 중요한 것은 시설 가동일지(원자로 운전 제어실 계기판의 기록을 변화에 따라 전산 처리된 것을 말함) 이지 북한이 주장하는 수천 건의 자료가 아님은 분명하다.

다음의 사실은 핵전문가의 견해를 중심으로 하여 시계열별로 북한의 플루토늄 추출 과정을 정리한 것이다.

① 1994년 10월 21일 제네바핵합의 이전

▲ 1986년 9월 : 5MW(e) 원자로는 열 출력으로 25MW(th)이며 최초 운전이 시작되었다.

▲ 플루토늄 생산에 가장 적합한 흑연 감속로는 경수로와는 달리 원자로 가동 중에도 핵연료를 교체할 수 있는 것이 특징이다. 북한은 핵연료 자동장진기를 장착해 운전 중에도 사용 후 핵연료를 수시로 배출하고 있다. 계산에서는 북한이 임의로 수시 배출한 사용 후 핵연료는 고려하지 않았다.

▲ 흑연감속로의 경우, 원자로 운전 중 수시로 연소도를 조절함과 아울러 핵연료를 교체해 무기급 플루토늄을 생산하기에 편리하다. Pu-239의 순도가 90% 이상이므로 무기급 플루토늄(93.8%)의 평균 회수율이 68.5%에 달한다.

② 2002년 10월 고농축우라늄 프로그램 발각 이후

▲ 2002년 12월 21일 핵시설 봉인과 감시카메라를 제거하고 핵동결 해제조치를 개시하면서부터 사용 후 핵연료를 배출하기 시작했다. 배출이 완료된 시점은 발표되지 않았으나 2003년 6월 30일 북한은 미국에 그동안 배출됐던 사용 후 핵연료봉 8,010개(50톤)를 모두 재처리 완료했다고 통보했다.

▲ 북한이 재처리작업을 강행했다는 증거는 당시 영변 상공의 대기 샘플에서 재처리의 결정적 증거인 크립톤-85 기체 동위원소가 검출된 사실에서 비롯되었다.

한-미 당국은 2003년 4월 30일부터 5월 1일까지 북한의 평북 영변 핵단지 내 재처리시설 굴뚝에서 연기가 처음 나왔을

때, 연기 속에 재처리 사실을 입증하는 결정적 증거인 크립톤
-85 가스가 포함돼 있었다는 사실을 이미 알고 있었다.

영변의 재처리시설에서 연기가 나온 직후 휴전선 인근에 배치된 주한미군의 고성능 측정기에서 소량의 크립톤-85가 포함된 사실이 포착됐다. 크립톤-85는 비활성기체로, 대기 중으로 널리 퍼지기 때문에 영변에서 100㎞ 밖에 있는 휴전선 측정기에서도 관측이 가능하다.

▲2005년 2월 10일 북한은 핵무기 보유를 선언하고, 같은 해 5월 11일 영변 5MW 원자로에서 사용 후 핵연료봉 8,010개의 인출 완료를 발표했다.

▲영변 5MW 흑연감속로의 평균 핵연료 연소주기당 플루토늄 평균 회수율은 약 12kg이다.

현재 진행 중인 불능화 전 조치로 배출되는 사용 후 핵연료봉 모두가 재처리된다면 12kg의 플루토늄이 추가될 것이다.

③북한이 생산한 플루토늄의 총량 예상
①최대치 →64kg Pu
②중간치 →37.13kg Pu
③최저치 →30.42kg Pu
④향후 6자회담이 파탄날 경우 →북한은 12kg의 플루토늄을 추가로 확보하고, 최저 42.42kg에서부터 최대 76kg까지 플루토늄을 생산하게 된다.

이렇게 추산한 최저량과는 12.42kg, 최대량과는 46kg, 미국 측 계산값과는 20kg의 편차를 보인다. 핵신고에서 북한은 2회(2003년 6월 30일, 2005년 5월 11일)에 걸친 플루토늄 생산만 고집할 것이다. 이 경우 북한이 생산한 플루토늄은 모두

24kg이다.

북한은 지난 2007년 말 방북한 크리스토퍼 힐 국무부 차관보에게 "플루토늄 생산량은 총 30kg이며, 이 중 핵개발에 18kg, 2006년 10월 실시한 지하핵실험에 6kg을 각각 사용했다"고 설명했다. 임계량을 넘어가는 6kg에 대해서는 아무런 언급이 없었다.

북한이 플루토늄 추출과정과 직결되는 영변 5MW 원자로 등 관련 핵시설의 가동일지, 핵활동 관련시설 목록이 포함되는 등 과거 플루토늄 핵개발 내역을 모두 완전하고 정확하게 신고한다면, 플루토늄 총생산량에서는 미국을 비롯한 6자회담 각국으로부터 신뢰를 받을 것이다.

그러나 북한이 ①2006년 10월의 제1차 핵실험에서 얼마만큼의 플루토늄을 소비했는가를 정확히 밝히지 못하거나 ②현재 비축(저장량+핵탄두)하고 있는 플루토늄의 양에 대해 확실한 근거를 밝히지 못한다면 플루토늄 총생산량을 아무리 신고해도 그것은 거짓에 불과하다.

2008년 4월의 싱가포르 잠정합의에서 미국은 ▲북한과 시리아의 핵확산 문제 ▲북한의 농축우라늄 프로그램(UEP)에 대해 북한이 간접방식으로 신고하고 넘어간다는 선에서 대폭 양보한 것으로 보인다. 미국과 북한은 두 사안에 대해 각자의 입장을 나열하고 넘어가는 이른바 '상하이 코뮈니케' 방식으로 타협점을 찾았던 것이다. 이곳에서의 '상하이 코뮈니케' 방식이란 미-중 수교 당시 중국의 '하나의 중국' 주장에 대해 미국이 이를 인정하는 대신 '인지하고 있다'고 언급하고 넘어갔던 방식을 말한다.

미국은 우라늄농축 관련신고에서 그동안 북한이 해외에서

조달한 것으로 알려진 각종 고농축우라늄 관련 물자·설비에 대한 북한의 납득할 만한 해명을 요구하고 있다.

싱가포르 합의 이전까지 미국은 북한에게 이들 물자·설비를 도입해 사용한 경위를 설명하고, 만약 우라늄농축과 무관하다면 증거를 들어 입증하라고 요구해 왔다. 그러나 이제는 미국이 핵심적인 UEP 증거물들을 열거하면 북한이 "알았다"고만 하면 된다.

핵신고가 이루어져도 비핵화 진전에 필요한 핵심 쟁점을 해소하지 않는 이름뿐인 신고라면 힐 차관보 개인에겐 "협상을 타결했다"는 공은 돌아갈지 몰라도 결함투성이 신고라는 점에서 차라리 없느니만 못한 결과를 초래하게 될 것이다.

부시 행정부는 어떻게든 북한 핵신고를 끌어내기 위해 지난 6개월 동안 기준을 낮춰 주었다. 핵신고 안에 북한의 농축우라늄과 핵무기 실상에 관한 대목, 시리아와의 핵확산 대목이 빠져 있고, 플루토늄 양도 모호한 채 남아 있다면 그런 신고서는 의미가 없을 것이기 때문이다.

UEP의혹

UEP 의혹과 관련하여, 북한이 도입한 것으로 의심되는 설비는 원심분리기와 고강도 알루미늄관 등이 꼽힌다. 북한은 2007년 9월 미 측에 러시아 업자로부터 고강도 알루미늄관 140톤 가량을 수입한 사실 자체는 시인했다.

원심분리기의 경우 페르베즈 무샤라프 파키스탄 대통령이 지난해 발간한 자서전에서 "북한이 칸 박사 네트워크를 통해 20여 개를 수입했다"는 주장을 하면서 국제적으로 주목을 받은 바 있다.

이 자서전에 따르면 칸 박사는 북한에 '거의 20개'의 원심분리기와 유량계, 원심분리기에 쓰이는 특수기름 등 물자와 관련한 기술을 지원한 것으로 되어 있다. 북핵신고의 주요 쟁점은 북한이 이같은 물자들을 신고목록에 포함시킬지와 해명에 필요한 증거를 제시할지의 여부다.

파키스탄이 북한의 핵개발에 기여한 부분은 다음과 같이 추정할 수 있다.

즉 ①핵무기급 고농축우라늄을 생산할 수 있는 기자재, 장비 및 생산시스템 운영기술, ②육불화우라늄(UF6) 완제품, ③고농축우라늄(HEU) 핵탄 제조기술, ④핵탄두(WGPu/HEU 포함) 설계도 등인데 이 부분에 대한 미국의 인지사항에 북한은 분명한 반응을 보여야 할 것이다.

북한에 제공된 원심분리기의 주요 자재로는 ①회전드럼용 고강도 알루미늄관(구경이 큰 파이프 형태), ②회전드럼용 머레이징 강관(구경이 큰 드럼통 형태), ③컨버터(전류·전압 변환용), ④엔드 플러그, ⑤고진공 펌프 등이었다.

그리고 파키스탄이 북한에서 생산될 고농축프로그램(HEU)의 품위 검측용 육불화우라늄(UF6) 50kg(25kg씩 각각 2통)을 지원한 부분도 간접신고서에서 밝혀야 할 것이다.

북한-시리아 핵커넥션 의혹의 실체

2008년 4월 24일 마이클 헤이든 미 중앙정보국(CIA) 국장은 미 하원 정보위원 등을 대상으로 한 브리핑에서 ①이스라엘이 폭격한 시리아 핵시설과 영변 5MW 흑연감속로 건물의 외형상 동일함, ②알 키바르 핵시설 현장에 나와 있던 북한 과학자가 시리아 과학자와 함께 있는 사진과 양국과학자들이 현장에서 같이 작업하는 비디오, ③시리아 원자로의 디자인과 연료봉 배열·숫자 등이 영변 5MW원자로와 "놀라울 정도로 유사하다"는 점 등을 자료화면을 제시하면서 밝혔다.

미 중앙정보국의 이런 정보는 높이 평가받을 만한 노작이었다. 미국이 이같은 결실을 얻기까지 이스라엘은 물론이고 유럽의 여러 정보기관들과의 긴밀한 연계가 바탕에 깔려 있었기에 가능한 것으로 보인다.

1981년 6월 7일 이스라엘 시나이반도의 에치온 공군기지에서 14대의 공군기가 출격해 이라크 바그다드 동남방 25km에 위치한 오시락 원자로를 2분 만에 폭파시켰다.

이로부터 26년 뒤인 2007년 9월 6일 이스라엘은 시리아를 향해 공군기 편대를 띄웠다. 시리아가 영변 원자로를 성공리에 가동시킨 북한의 도움으로 핵 시설을 만들고 있다고 판단하여 비밀리에 추진한 작전이었다.

공습이 있기 사흘 전 시리아에 입항한 북한 선박에서 하역된 화물이 핵시설로 운반되는 것을 확인하고, 이스라엘이 폭격에 나섰다. 이스라엘이 촬영한 항공사진이 증거물로 미국에 전달됐다. 뒤이어 시리아군으로 위장한 이스라엘 특공대가 시리아 북부지역 공습 전에 핵물질을 수거해 분석한 결과 북한산임이 밝혀졌다. 미국이 핵관련 증거를 확인한 뒤, 이스라엘 공군의 시리아 공습을 승인한 것이다.

언제든 원점회귀 가능성

2008년 5월 8일 북한이 미국 측에 제출한 원자로 가동일지는 북한 핵무기의 원료가 되는 플루토늄 생산량을 '검증'할 수 있는 핵심 자료다. 북한이 고의적으로 조작하지 않았다면 정확하게 그 총량을 검증할 수 있을 것이다.

원자로에서 핵연료를 연소시킬 때 플루토늄이 생산되는 예상량을 검증하는 컴퓨터 프로그램 코드 'AVALANCHE(II)'를 만든 이후에도 10여 종의 사용 후 핵연료 연소도 측정할 수 있는 프로그램 코드가 시중에 나와 있다. 재처리 과정에서 발생하는 플루토늄 금속 추출물의 오차는 사용후 핵연료 100톤 당 1kg 내외이므로, 미국은 조만간 '북한의 30kg 주장'을 검증할 수 있을 것이다.

국내외 정치적 사정으로 초조감을 보이던 북-미 양측이 교착상태에 놓인 북핵협상의 돌파구를 마련하기 위해 불완전한 핵신고에 비록 합의는 했지만, 앞으로의 검증과정을 통해 언제든지 그 갈등은 불거질 수 있었다.

주지하는 바와 같이 북한의 비핵화를 위해서는 현재 북한이 보유하고 있는 핵무기와 플루토늄 생산시설, 그리고 핵프로그램에 대해 100% 완벽한 신고만 이뤄져야 한다. 왜냐하면 이제까지의 신고는 철저한 물리적 신고가 아닌 정치적 협상에 의한 타협에 의해 신고가 이뤄졌기 때문이다.

현재 부시 행정부는 임기 말 외교적 성과를 노리고 있고, 북한 입장에서는 테러지원국 지정해제와 미국의 식량지원이 절박하다. 북한이 지금은 테러지원국 지정해제라는 목표 달성을 위해 겉으로는 대단한 성의를 보이고 있는 것 같지만, 완벽한 핵신고와는 거리가 멀어 보인다.

미국으로서는 검증과정에서 기대한 만큼의 조치가 충분하게 이뤄지지 않는다면 언제든 원점으로 돌아갈 수 있다는 계산이다. 그렇기 때문에 북한이 현재의 국면을 돌파하기 위한 임시 수단으로 핵신고를 하더라도 검증에서 비협조적으로 나오면 상황은 언제든지 원점회귀될 것이다.

'제네바합의' 파기 전철 또 밟으려 하는가?

북한은 김일성헌법과 노동당규약에 의거 공산통일을 완수해야 하기 때문에 그 수단인 핵무기를 절대로 포기할 수 없을 것이다. 북한은 2008년 신년사에서도 "2012년까지 강성대국을 완성한다"고 하였는데, 핵무장 없는 강성대국은 있을 수 없는 것이므로 핵무기를 절대로 포기하지 않겠다는 의지를 표현한 것이다. 바로 이런 차원에서 시리아에 대한 핵확산과 우라늄농축프로그램을 신고하지 않고 2012년까지 버티고 나갈 묘수를 찾고 있는 것이다.

북한이 가공할 만한 위력을 가진 핵무기개발을 완성하는 데 있어 남은 과제는 핵물질인 우라늄농축과 미사일에 장착할 핵탄두를 1톤 내외로 소형화·경량화하는 것인데, 이를 위해서는 지하시설 등에서 우라늄을 비밀리에 농축시키는 것과 타격 목표지점에서 핵탄두를 폭발시킬 수 있는 소형의 기폭장치 개발을 완성해야 한다. 때문에 북한은 6자회담에서 경제지원을 받으면서 핵개발의 시간을 벌기 위한 쇼를 하고 있는 것으로 보인다.

이럼에도 불구하고 왜 미국이 북한에 끌려 다니고 있는 것인가? 부시 미국 대통령은 2008년 3월 25일 정치인·기업인 40여 명과의 간담회에서, "북핵외교에서 효과를 보려면 '군사력 사용'이라는 옵션을 테이블 위에서 내려놓으면 절대로 안 된다"고 강조함으로써 북핵의 평화적 해결은 절대로 불가능하다는 것을 암시했다. 그러나 "일반인들은 무력사용의 결과를 이해하지 못하기 때문에 외교적으로 해결할 수 있는 틀을 만

들었다"고 말함으로써 미국의 대선에서 유권자들에게 끼칠 악영향을 피하기 위해 6자회담을 선택했다는 것을 우회적으로 확인하기도 했다. 이런 점에서 추정한다면 북핵문제가 부시정권에서는 더 이상 진전되지 못하고 정체될 가능성이 높다.

북핵 해결을 위해 크리스토퍼 힐 미 국무부 차관보와 김계관이 '싱가포르 잠정합의'에서 이끌어 낸 내용의 요체는 "북한이 시리아에 핵원자로 건설지원과 파키스탄에서 기술을 이전받은 우라늄농축시설 등 핵프로그램을 간접시인(미국이 이 문제를 제기하고 북한이 이의를 제기하지 않음)하면, 미국은 쌀 50만 톤 지원과 테러지원국명단에서 삭제해 준다"는 정치적 보상에 합의한 것이다. 이를 미국 부시 대통령은 동의하였고, 4월 24일 미 정부당국은 의회에서 북한과 시리아 핵협력의 사실을 증거사진과 함께 공개함으로써 북핵 신고를 미국이 대신했고, 또 우라늄농축프로그램은 파키스탄 칸 박사의 증언과 러시아가 알루미늄관 대북 수출을 이미 증언했기 때문에 북한은 간접시인을 한 것이 된다. 그러나 간접시인에 대한 미국 의회 및 정부 내 강경파들이 북핵 중 플루토늄 폐기에 국한되었다는 반발이 심해지자, 부시 대통령은 플루토늄, 우라늄, 핵확산 프로그램을 정확하고 완전한 신고서를 요구하는 등 싱가포르 잠정합의에 배치되는 발언을 함으로써 북한과 재협상하겠다는 뜻을 간접적으로 밝히기도 했다.

어쨌든 '싱가포르 잠정합의'는 북한이 2007년 11월 이미 북핵신고가 끝났다고 주장한 것을 합리화시켜 준 것에 불과하다. 북한 외무성 대변인이 공식적으로 부인한 핵확산과 우라늄농축프로그램을 간접적으로 시인케 하고 경제지원을 할 경우 핵프로그램의 검증 또는 감시단계에서 "강요에 의해 간접적으로 시인한 것이지 실체는 없다"고 부인할 것이다. 북한은 '이미 합의된 사안에 대한 재협상 요구하기'의 협상전략을 구사한다는 말이다. 따라서 '싱가포르 잠정합의'는 북한에게 경제지원과 핵무기개발의 시간을 벌게 해주는 결과를 자초할 가능성이 크다.

결국 북핵문제의 평화적 해결이라는 외교적 성과를 얻어야 하는 부시 정권의 말기적 조급증과 테러지원국에서 시급히 해제되어야 한다는 북한의 이해관계가 맞아떨어져 1994년 '제네바합의 파기' 전철을 또다시 밟으려 하는 게 아닌가 우려가 제기되고 있는 것이다.

크리스토퍼 힐 차관보와 '스톡홀름 증후군'

정권 말기를 맞은 미국의 대북정책이 '지리멸렬'하다고 생각하고 있던 참에 미국으로부터 제대로 된 논평이 나왔다. 미북 교섭에 나선 부시 행정부의 관료 일부를 두고 "북한에 대해 스톡홀름 증후군에 걸렸다"며 통렬하게 비판한 것이 그것이다.

이것은 미 국무부 관료들이 강도의 손끝에서 놀아나고 있다는 것과 같은 의미다.

이곳에서 '스톡홀름 증후군'이란 1973년 스웨덴의 수도 스톡홀름에서 발생한 한 은행강도사건에서 비롯된 용어로 인질이 강도범에 대해 연민을 갖게 된다는 것을 의미한다.

미북 관계로 말하면 '강도'는 '북한'이며, 크리스토퍼 힐 국무부 차관보가 '강도'가 하라는 대로 하는 '인질'에 해당한다. 힐 차관보가 북한의 말을 그대로 받아들여 "독재 정권을 대변하는 단계까지 도달했다"는 것이다.

힐 차관보를 이처럼 비판하고 나선 인물은 바로 미 기업연구소(AEI) 부소장인 댄 블루멘탈(Dan Blumenthal)이다. 북한은 외국인들을 납치하고 인질사건을 일으키기도 하며 가짜 달러를 찍어 마약을 파는 문자 그대로 '강도국가'라 할 수 있다.

그런데 이런 북한을 상대로 힐 차관보는 올 4월 김계관 6자회담 북한 측 수석대표를 싱가포르에서 만나 이상한 합의를 한 것이다. 블루멘탈 부소장의 말에 의하면 미국이 애초 원한 것은 북핵의 '폐기'였는데 '무력화'로 타협해 '북핵의 완전한 신고' 문제와 관련, 핵 기술의 해외 유출문제는 다루지 않아도 된다는 것으로 양국의 거래가 이뤄졌다는 것이다.

특히 힐 차관보는 최근 일본의 '납북피해자가족회'가 북한에 대한 테러지원국가 지정 해제를 하지 말 것을 요청하자 "납치가 테러인지에 대해서는 입장을 정리하지 않았다"면서 줄행랑을 쳤다. 그가 스톡홀름 증후군에 걸려있다는 것이 사실인 것으로 이해되는 발언이다.

"납치는 테러다"라고 말한 것은 그의 상관인 부시 대통령 아니었나? 왜 그토록 북한과 합의문서에 서명하고 싶은 것일까? 혹시 노벨평화상을 노리고 있는 것인가?

물론 이러한 의문은 매우 개인적인 차원의 것이기는 하나, 지난 60여 년간 북한이라는 독재국가가 벌여온 외교정책상의 '간교함'을 간과해서는 안 된다는 우려에서 제기한 것이다.

아직 시간이 남아 있다. 북한에 대해 일방적인 양보를 해서는 안 된다. 그렇지 않아도 대북정책의 축이 오른쪽에서 왼쪽으로 흔들리고 있다. 부시 행정부는 정권 말기의 레임 덕(Lame Duck)에 의해 내부 주도권 싸움이 격화되고 있다.

현 부시 대통령의 아버지는 1992년 보호무역주의자들의 압력에 굴했던 사례가 있다. 클린턴의 경우 2000년 올브라이트 국무장관을 방북시켰으며 이후 자신도 방북하려 했다. 이로 인해 일본뿐만 아니라 미국의 NSC 멤버들의 간이 콩알만 해졌다.

이런 선례를 참고하여 북핵문제와 관련해 보다 구체적이고 세부적인 차원에서의 핵폐기 검증이 이루어져야 할 것이다.

북 외무상, 핵무기는 3단계 폐기대상 제외 밝혀

프리처드 전 미대북특사 "핵물질-핵무기 이전 생각 안해"

박의춘 외무상을 비롯한 북한 외무성의 고위 관리들은 영변 핵시설을 제외한 핵물질과 핵무기는 3단계 핵 폐기 대상이 아니라는 입장을 밝혔다고 2008년 5월 30일 잭 프리처드 (Pritchard) 전 미국 대북특사가 이날 워싱턴 전략국제문제연구소(CSIS) 주최로 열린 6자회담 관련 토론회에서 밝혔다.

지난 4월 북한을 방문해, 박 외무상과 김계관 부상 등을 만난 프리처드 전 특사는 이날 기자와 만나 "북한의 입장은 3단계에서 경수로를 제공받는 조건으로 불능화가 진행 중인 영변 핵시설만 해체하겠다는 것"이라고 말했다.

그는 "북한은 3단계 핵폐기 과정에는 핵물질이나 핵무기는 전혀 포함되지 않으며 미사일, 인권문제도 논의의 대상이 아니라는 아주 간단한 입장을 갖고 있다"고 말했다. 프리처드 전 특사는 이같은 내용을 방북 직후 부시 행정부에 전달했다.

박 외무상 등이 밝힌 입장은 3단계에서 핵무기와 핵물질을 포함한 모든 핵 프로그램을 다루겠다는 한국과 미국의 입장과는 상반된 것으로 논란이 예상된다. 프리처드 특사는 자신의 방북 결과를 전제로 "3단계 핵폐기 과정은 결국 시간 낭비가 될 것"이라고 말했다.

美국가정보국 담당관은 "모든 핵프로그램 폐기될 것"

그러나 미국의 16개 정보기관을 관장하는 국가정보국의 조지프 디트라니 대북담당관은 이날 토론회에서 "북핵 3단계에 대한 나의 이해는 프리처드 소장이 아는 것과 다르다"며 "3단계에서는 북한의 모든 핵 프로그램이 검증 가능하게 폐기될 것"이라고 말했다.

그는 "3단계가 되면 북-미 간에 관계정상화 문제가 논의될 것"이라며 "관계정상화로 가기 위해선 인권이나 납북자, 미사일 문제 등을 다루지 않으면 안 된다고 북측에 수없이 밝혀왔고 2005년 9·19공동성명과 2007년 10·3 합의에도 명시돼 있다"고 강조했다.

한편 6자회담 참가국들은 북한이 핵 프로그램 신고서를 중국에 제출하면 전체회의를 열어 북핵 신고서 검증 방법과 3단계 이행 계획을 협의할 예정이다.

프리처드 전 특사는 1기 부시 행정부에서 대북 특사를 역임했으며, 현재 워싱턴 소재 한미경제연구소(KEI) 소장을 맡고 있다.

제5장
중국의 북한 핵전략
북한과의 관계를 '보통관계'로 만들고 싶다

제구실을 못하는 중국의 영향력

북한의 핵개발을 둘러싼 게임의 주역은 아니지만 중국의 생각은 어떨까?

중국공산당과 북한노동당은 오랫동안 우호관계에 있고, 한국전쟁 때 함께 싸운 관계는 '피의 우정'이라고도 불려 왔다. 그러나 최근 북한과 중국의 관계는 이제 과거와 같은 밀월은 아니다. 오히려 일각에서는 험악한 국면이 두드러지기 시작하고 있다.

그러나 중국이 하는 말로는 북한과의 관계는 예나 지금이나 "좋아하므로 소중히 대한다, 싫으니까 험하게 대한다"는 수준이 아니다. 북한의 존재가 중요한 것은 북한의 미래가 중국에게는 지정학적으로 매우 큰 의미가 있기 때문이다.

북한은 군사적으로나 사상적으로나 중국에게 필요불가결한 완충국가이다. 중국이 국경을 맞대고 있는 이웃나라에 미군이 배치되는 사태를 면하고 있는 것도, 민주주의적 정치체제를 지닌 나라와 이웃하지 않아도 되는 것도 북한이 '그곳에 있는' 덕분인 것이다. 이의 연장선상에서 생각하면 북한의 핵무장에 대한 중국의 자세를 가늠하기란 그리 어렵지 않다.

북한이 급속히 핵무장을 추진하고, 미국을 자극하여 선제공격을 당하는 사태를 초래하면 북한의 현 체제는 무너진다. 그 결과, 북한으로부터 1백만 명 규모의 난민이 중국의 둥베이 지방으로 유입되는 것도 곤혹스럽지만, 무엇보다 북한이라는 국가 자체가 존재하지 않게 되는 것이 중국으로선 뼈아픈 것이다. 그래서 중국으로서는 북한의 핵개발에 제동을 걸고 싶다. 중국이 북한에게 에너지 공급을 때로는 축소하면서도, 북한이 6자회담에 복귀하도록 압력을 가하는 것도 그 때문이다.

다만 북한의 핵개발을 막기 위해 에너지와 식량지원을 장기에 걸쳐 완전하고 계속적으로 정지하는 것까지 중국에 기대할 수 있는가 하면, 그것은 어렵다. 너무 줄여서 북한의 현 체제가 붕괴되면 중국으로선 꿩도 새끼도 다 사라지기 때문이다.

중국의 자세를 결정하는 것 가운데 가장 큰 것이 미국과의 독특한 관계이다. 북한문제뿐만 아니라 군사문제가 얽히고 섥힌 외교문제에 대응을 결정할 때는 중국은 항상 그것이 미-중 관계에 끼치는 영향에 세심한 주의를 기울인다. 타이완문제를 제외하고 "경제발전이라는 국가건설상의 최우선 과제를 실현하기 위해 미국과의 관계를 절대로 악화시켜선 안 된다"는 것이 냉전 뒤의 중국외교에서 가장 중요한 원칙인 것이다. 중국인 전문가들과 대화를 하면서 맨 먼저 뜻밖으로 여긴 것도 "중국은 겁쟁이라고 할 정도로 미국에게 신경을 쓰고 있다"는 사실이었다.

북한의 행동에 대해서는 최근의 중국정부도 우리 정부와는 조금 다른 의미에서의 딜레마로 고민하고 있다. 한편으로 북한의 도발행위를 용인하려 하면 미국과 국제사회로부터 '국제평화 파괴자의 공범'이라는 딱지를 얻게 된다. 다른 한편으로는 북한에 대해 지나치게 엄격하게 대한다면, 북한을 폭발시킨 한국·미국과의 군사적 충돌을 일으키거나, 북한의 체제붕괴를 초래하면 이것 또한 중국에게는 머리 아픈 사태가 기다리고 있다.

이와 같은 상황 아래서 다름 아닌 북한 자신의 행위로 인해 중국은 북한에 대한 압력의 강도를 조금씩 강화하고 있다. 2006년 7월 북한이 미사일을 연속적으로 발사했을 때 중국은 대북한제재의 강제력을 약화시키려고 유엔안보리 결의 1695에서 유엔헌장 제7장의 언급을 삭제시켰지만, 안보리 결의에 거부권을 행사하는 것까지는 하지 못했다.

그로부터 겨우 3개월 뒤, 중국의 이런 노력을 비웃기라도 하듯이 북한은 핵실험을 실시하였다. 참다못한 중국도 이번만큼은 안보리 결의 1718에서 유엔헌장 제7장의 언급을 받아들이지 않을 수 없었다. 그런데도 중국은 군사적 제재를 규정한 제42조가 아니라 경제적 제재를 규정한 제41조의 적용을 주장하여 대북한 제재로부터 조금이라도 군사적 색채를 옅게 하려고 필사적으로 노력했던 것이다.

이 시기에 이르러서도 중국이 북한을 완전히 단념할 결단을 내리는 것은 결코 쉬운 일이 아니었다. 즉 북한이 아무리 미운 나라라 해도 그곳에 있어 주지 않으면 곤란한 것이다. 중국은 대량파괴무기와 관련이 있어서가 아니라 경제지원의 삭감·정지 등 유엔결의 1718과는 관계가 없는 차원에서—즉 자기의 페이스로—압력을 가하고, 핵실험을 다시 실시하지 않는다는 것을 포함하여 북한에 최대한의 자제를 바랄 것이다.

그러는 한편, 미국에 대해서는 (중국이 북한에게 압력을 가하는 것을 조건으로) 북-미 두 나라가 교섭을 갖는 것과, 금융제재를 완화하는 것 등 북한의 체면을 세워 주도록 요청할 것으로 예상된다. 2006년 말에 북-미 두 나라는 6자회담을 약 1년 1개월만에 재개하기로 합의했지만, 두 나라가 중국의 설득을 그대로 받아들인다는 보장은 물론 없었다. 그러나 6자회담이 불충분하나마 계속되고, 그러는 사이 미국이 북한에 대한 압력을 강화하지 않고, 북한 측도 핵개발을 정지(또는 속도 늦추기)해 주면 중국으로서는 최악의 사태는 벗어날 수 있다는 계산도 베이징 정권은 갖고 있을 것이다.

또한 북-미가 군사적으로 충돌했을 때, 중국이 북-중우호협력상호원조조약을 이유로 북한을 군사적으로 지원할 가능성은 거의 없다고 보아도 된다. 이 조약의 제2조는 "한쪽의 체결국이 제3국에 의한 무력공격을 받아 전쟁상태에 빠졌을 때, 다른 쪽 체결국은 즉각 전력을 다해서 군사적 및 그 밖의 원조를 제공한다"고 규정하고 있다. 그러나 중국 측은 이 조문을 개정하지 않고 '해석'을 바꾸는 방법을 써서 미국과의 충돌을 피할 계산인 듯하다.

미국 일부에는 "북한이 핵무장을 하면 일본도 핵무장을 하게 되고, 곤혹스러운 것은 중국이다"라는 의견이 있다. 사실상 일본 연구를 하는 중국인 사이에선 일본의 핵무장론을 군국주의의 부활이라고 규정하고, 경계심을 강화하는 견해가 적지 않다.

그러나 국제관계 전반과 대미관계를 연구하는 중국인 학자들 대부분은 그렇게 생각하지는 않는다. "일본의 핵무장론은 중국에 대해 북한에게 압력을 가하게 하기 위한 미국의 협박이다"라는 냉정한 시각을 가지고 있기 때문으로 보인다. 일본의 국내 여론이 핵무장을 향해 비등해지지 않는 데다 일본이 이미 미국의 '핵우산'아래 있기 때문에 일본이 핵무장을 하든 않든 중국에게 전략상의 의미에는 큰 차이가 없다고 보는 것 같다.

중국의 북한에 대한 영향력에 대해서도 연구자와 정부기관 사이에서는 의견이 분분하다. 아마도 중국 자신이 북한에 대해서 갖는 영향력을 제대로 파악하지 못하는 것은 아닐까 생각된다.

그렇게 말하고 보면 북한에 대해 가장 큰 영향력을 가진 나라는 중국이지만, 북한이 중국의 말이라면 뭐든지 듣는 것은 결코 아니다. 중국에 대한 북한의 의존도의 크기 자체, 즉 평가에 대해서는 논자의 주관에 따라 여러가지로 나뉜다. '세계식량계획(WFP)에 따르면 2005년에 북한이 받은 식량지원 약 108만 톤 가운데 한국으로부터의 지원은 36%인 데 비해 중국 지원은 49%이다.

이것만으로 본다면 압도적이지만, 북한의 식량수요 전체로 보면 중국으로부터의 식량지원은 9% 미만에 불과하다. 가령 그 전체를 중단한다 해도 북한의 지도부가 자기들의 국내적 위신과 권력기반을 위협받을 만한 안전보장정책상의 양보(예를 들면 핵미사일개발의 완전포기)를 결단하겠는가?

물론 중국이 식량지원뿐만 아니라 북한 국내소비의 80% 이상을 차지하는 에너지 지원마저 전면적으로 중단하면 북한경제에 끼치는 영향은 막대해진다. 그러나 그렇게까지 한다는 것은 선전포고와도 같다. 궁지에 몰린 쥐가 고양이를 문다고 "북한이 중국에 대해 대량파괴무기를 사용한다"는 몇 년 전부터의, 있을 수 없을 것 같은 사태까지 중국은 각오할 필요가 있다. '노동'미사일의 사정거리를 서쪽으로 연장하면 수도 베이징도 그 권역에 포함되는 것이다. 북한도 "중국이 자기들에게 강경하게 나오는 데는 한계가 있다"고 판단한 뒤에 국제사회에 대한 도발행동을 반복하고 있는지도 모른다.

'금기정책'의 실패

중국의 수도 베이징에서 가장 가깝게 자리잡은 외국인 북한!

중국인은 이 '북한'이라는 나라를 어느 정도 이해하고 있을까? 아마 대부분의 일반 중국인은 잘 모를 것이다.

시험 삼아 북한에 대한 이미지를 중국인에게 물어보면 어떤 대답이 돌아올까? 예를 들면 40세 이상의 중국인이면 '피로 쌓은 우정'이라고 답할지도 모른다. 이 세대에 공통되는 것은 베이징을 자주 방문했던 김일성이 마오쩌둥과 저우언라이와 악수하거나 포옹하거나 하는 모습일 것이다. 하지만 30대 사람들에게는 그런 이미지조차 남아 있지 않다. "30년 전 중국과 꼭 닮고, 가난한 사회주의 독재국가가 옆에 있다"고 들은 적이 있다는 정도일까? 20대·10대라면 더 애매해진다. 북한과 한국 구별도 할 수 없고, 그 중에는 북한을 한국의 일부라고 생각하는 사람까지 있을 정도다.

오늘처럼 정보가 범람하는 사회에서도 중국에서는 북한정보가 좀처럼 전해져 오지 않는다. 그것은 지도부가 덩샤오핑 시대부터의 국책으로서 북한에 관한 정보를 공개할 것을 피해왔기 때문이다.

TV·신문·잡지 등의 미디어가 주로 다루는 것은 국가지도자와 VIP 간의 친선 분위기의 상호방문과 교류 등 표면적인 뉴스로 한정되어 있다. 중국 국가공무원은 외교부의 직원도 포함하여 공공의 장소에서 허가 없이 북한에 관한 어떤 코멘트나 평론을 해서는 안 된다는 내부통달을 내놓았다.

'북한의 험담을 하지 않도록', '북한 국가체제를 논하지 않도록', '북한을 자극하지 않도록' 등 철저한 북한 정보봉쇄 정책은 일관된 중국의 '북한회유외교'의 산물이기도 하다. 예전 소련과 미국 등 초대국과 싸운 적은 있어도 북한의 원한만은 사고 싶지 않은—김일성과 김정일을 적으로 돌리고 싶지는 않은 것이다. 이전 중국은 북한을 정말 형제, 또는 위기에도 자신의 몸을 걱정하지 않고 도와주는 친척이라고 생각했기 때문일지도 모른다.

그러나 이것이 매우 큰 착오이고 중국의 편견에 지나지 않는다는 것은 누구라도 잘 알 것이다.

역사적인 사실은 어떨까? 중국은 도의상 또는 경제적으로나 군사적으로도 북한을 계속 도와 왔지만, 반대로 북한으로부터 그런 도움을 받은 기억은 없다. 공자의 말을 빌리면 '예상왕래(禮尙往來, 예에 대해서는 예로 응하는 서로의 왕래가 중요하다는 의미)'가 될 것이다. 지금의 방식으로 말하면 'give and take'가 되지만, 이 50년 남짓의 세월을 보면 중국으로부터의 'give'는 있어도 'take'는 없다는 관계가 이어져 왔다.

이런 일방적인 관계를 더 이상 지속해서는 안 된다고 생각하는 관료도 중국에는 적지 않고, 그 중에서도 국무원발전연구센터의 북한문제연구학자 등은 "지금까지 중국이 한 원조를 합치면 그 총액으로 북한을 하나 더 만들 수 있다"고 개탄하면서 말한 적이 있다. 조금 지나친 표현일지 모르지만, 실제로 많은 원조를 했음에도 불구하고 그것이 일방통행이었다는 중국의 한탄이 단적으로 말해 준다.

지금껏 중국은 어느 만큼의 무상원조를 북한에 제공했을까? 중앙과 지방을 합친 정확한 통계는 없다. 그러나 일례를 들자면 예전 당 중앙의 정치국 당무위원이라는 요직에 있었고 대외경제무역부의 부장이라는 중책을 맡은 리란칭은 북한에 대한 막대한 원조를 "북한의 위는 고무 위다"라고 한탄하였다. 얼마만큼 배에 들어가도, 만족하지 않고 요구는 한이 없다는 의미이다.

이런 사정을 마오쩌둥과 덩샤오핑 시대라면 납득할 수 있을지 모른다. 냉전기인 마오쩌둥 시대의 중국을 둘러싼 국제환경에는 엄격한 것이 있었기 때문이다. 자본주의국가나 사회주의국가의 구별 없이 중국은 다른 대국과의 사이에 마찰을 일으키고 있었다. 또 국경을 접한 이웃나라와의 관계에서도 긴장감이 돌았다. 북쪽은 소련·몽골, 서쪽은 인도, 남쪽은 베트남과 불씨를 안고 일촉즉발의 상태였다. 그 가운데 유일하게 동쪽의 북한만큼은 잠자코 중국과의 우호관계를 계속 유지하고 있었던 것이다. 쇄국정책의 고립·불안·공포 속에 당시 중국이 김일성의 충성스러움에 감사를 표한 때문일 것이다. 당시 대다수의 중국인은 피로 쌓은 북한과 중국의 우정을 정신적인 위안으로 삼고 또 의지했다.

덩샤오핑 시대를 거쳐 쨩쩌민 시대에 들어와 중국 정치 및 경제 체제는 근본적인 변혁을 이룬다. 이와 함께 외교 환경도 크게 변했다. 중국은 주변 모든 나라와의 관계개선에 나섰다. 1992년 중국이 우리나라와 국교를 수립하자 김정일이 중국을 '배신자'라고 화를 낸 일은 잘 알려져 있지만, 중국 국내에서도 이 시기에는 이를 반대하는 목소리가 강했었다. 반대 목소리는 특히 인민해방군의 노장들에게 많았고, 그 중에서도 친지웨이(전 국방부장)와 홍쉐즈(전 군후근부장), 그리고 쉬신(전 군 총참모부 총장)등 한국전쟁에 지원군으로서 참전하여 실전에서 많은 전우와 부하를 잃은 장군들로부터의 반발이 심했다고 한다. 이런 장군들은 개인적으로는 김일성을 비롯한 북한 지도층과 친교를 가지고 김일성이 중국을 방문할 때는 환영회와 이에 대한 답례모임에 초대되고, 또 지방시찰 수행원으로도 뽑혔다. 예를 들면 쉬신 장군같은 경우는 김일성의 중국방문 주요 수행원을 네 번이나 맡았다. 그들을 중심으로 한 그룹은 북한과 중국의 관계의 후퇴를 걱정하고, 중국과 한국의 국교수립에 반대했을 뿐 아니라 실제 덩샤오핑과 당 중앙에 진정편지까지 보낼 정도였다.

한-중간의 국교수립은 최종적으로 덩샤오핑과 외교부의 노력에 의해 이루어졌지만, 실제 교류는 한정적으로 당초에는 산둥성의 한 구역에 한정해 대 한국무역을 인정하는 등 북한을 배려한 모습을 보였다. 물론 정치교류에서도 높은 수준의 왕래는 될 수 있는 대로 피하고 매스컴에도 보도하지 않는다는 이례적인 조치를 취했다.

뿐만 아니라 이런 국교수립을 계기로 북한을 말하는 일은 중국에 있어서 금기가 되고, 북한에 관한 모든 문제는 국가기밀로 처리가 되었다. 중국정부가 북한문제에 신경질적이 되고, 외교부의 보도국은 높은 지위의 사람이 외국을 방문하는 경우에만 북한문제용 '질의응답 요항'까지 작성했다. 그 내용은 북한에 관해 상정(想定)되는, 여러 질문에 대한 몇 개 문답으로 질문에 답하는 사람은 결코 이 매뉴얼을 벗어나지 못하고, 만일 정해진 답 이외의 것을 말하면 바로 규율위반이 된다.

매뉴얼에는 혹시 상정문답 이외 질문의 경우, 반드시 "북한은 잘 모르기 때문에 노코멘트라고 답하라"는 지시도 있다.

질문의 구체적인 예를 조금 소개해 보면, 예컨대 '북한의 현황은 어떠합니까?'라는 질문에 대한 모범 답은 "북한은 확실히 지금 일시적으로 힘든 상황이지만, 큰 문제는 아닙니다. 북한의 지도자와 북한인민은 반드시 이것을 극복합니다"이다.

또 '북한의 현 체제를 어떻게 생각하나?', '붕괴한다고 생각하나?'라는 질문에 대해서는 "북한 정치체제는 북한인민이 국정에 근거해 바르게 선택한 것으로 지도자도 국민에 의해 뽑혀졌다. 따라서 제3자가 이러쿵저러쿵 말할 수는 없다"고 적혀 있다.

중국의 입장에서 보면 "적의 험담은 말해도 친구의 험담은 하지 않는다"는 것일 것이다. 미국을 매도하는 것이 있어도 결코 북한을 정면에서 부정하는 것은 없다.

북한과 중국의 이와 같은 관계는 후진타오 시대에 들어서도 크게 변하지 않았다. 시대가 크게 변하고, 중국-북한에 여러 변화가 일어나더라도 중국은 정책을 바꾸지 않았다. 단 북한에 대한 '외교질의응답 요항' 항목만이 계속 늘어났을 뿐이다. '국제문제연구소'는 외교부 직속 연구두뇌집단으로 알려져 있지만, 거기에 소속한 상임연구원 한 사람은 이런 현상이 일어난 배경을 다음과 같이 분석한다.

"외국 대부분의 매스컴은 중국이 북한에 대해 이런 정책을 채택한 이유를 중국이 북한을 이용하고, 대미 및 한국외교전략상 비장의 수단이자 동시에 국제무대에서도 주도권을 장악하려는 야심 때문이라는 견해를 가지고 있다. 물론 그런 요소가 없다고는 말할 수 없다. 하지만 더 주의해야만 하는 것은 이 정책이 실제로는 국내여론을 경계하는 고육지책이라는 점이다. 왜냐하면 현재 북한을 비판하는 것은, 멀지 않은 과거 중국 자신을 비판하는 것이기 때문이다. 현재 북한의 김정일 정권은 어쩌면 30년 전 마오쩌둥 시대의 중국과 닮아서 정치체제에 공통점도 많다. 즉 중국에 있어서 북한을 부정하는 것은 즉 자기부정으로도 이어질지 모르는 위험을 안고 있는 것이다. 미디어가 자유롭게 말할 수 있는 시대를 맞으려면 이것도 하나의 큰 논점이 되는 것은 피할 수 없을 것이다. 따라서 현 지도자로서도 외교문제를 내정 혼란으로 결부시키는 어리석음은 저지르지 않을 것이다. 이것이야말로 중국이 북한에 대한 금기의 이유인 것이다."

단 '20분 전의 통보' 무대 뒤

중국은 지금 스스로가 바라는 것은 아니지만, 북한에 대해 공식적으로 말하지 않을 수 없을 때에 부딪히고 있다.

2006년 7월 갑자기 북한이 미사일을 동쪽 해상으로 발사한 것에 이어, 10월에는 세계가 걱정하고 있던 핵실험을 강행한 것이다. 미사일 발사능력을 고려한다면, 톈진·다롄·칭다오를 포함한 화베이지역의 대도시에 사는 약 1억 8,000만 명의 중국인이 핵무기 사정권 내에 포함되게 된다.

놀라운 일이지만 북한은 이런 의미를 가진 핵실험을 행할 당시 단 20분 전에 이를 중국에 알렸다.

1961년 7월 중국의 총리 저우언라이와 북한의 국가주석 김일성 사이에 '북한과 중국의 우호합작상호조약'이 서명·날인되었다. 그 뒤 '중대사항 사전 상호통고'가 북한과 중국 사이에 맺어지고, 양국 최고지도자 사이에는 이른바 핫라인(국가 정상간의 긴급연락용 직통통신선)이 자연스럽게 형성되었다. 양국은 신뢰관계 강화와 결속을 위해 국가 레벨의 중요한 행동, 그 중에서도 군사·외교상 중요한 행동을 할 경우에는 사전에 될 수 있는 대로 빠른 단계에 상대국에 알려야 한다. 이 핫라인은 한-중국교수립에 의해 약해지고, 김정일 시대에는 빈도가 꽤 떨어졌다고는 하나 현재에도 아직 존재하고 있다.

중국 국내가 대혼란에 빠진 문화대혁명 시대에는 중국의 젊은 홍위병들이 김일성을 '수정주의자'·'주자파'라고 매도하는 사건도 일어나고, 이것에 격노한 김일성이 평양 교외의 중국지원병의 무덤과 공동묘지 간판을 없애는 응보를 한 적도 있었다. 그럼에도 불구하고 김일성과 저우언라이 사이에는 계속 핫라인이 기능을 다하고 있었다.

그러나 2006년 미사일발사와 핵실험에 관해서는 이 핫라인이 그 기능을 다하지 못했다.

게다가 '사전통보'는 늦어도 24시간 전에 이루어지는 것이 지금까지의 관례였다.

이럼에도 2006년 7월 미사일 발사실험 당시 북한 측은 중국 정부에 사전 통보를 하지 않았다. 이어 10월 핵실험에는 통보는 있었지만 이례적이라 할 수 있는 20분 전의 통보였다. 베이징에 머무는 북한대사관 관계자로부터 알게 된 정보에 의하면 문제가 된 10월 9일 북한이 핵실험을 할 약 20시간 전에 본국에서, '중국 측에는 30분 전에 알려라'는 지령전보가 도착했다고 한다. 하지만 지령을 받은 최진수 대사는 이것보다 10분 늦게 중국 측에 통보했다는 것이다.

이 '20분 전 통보'사건이야말로 현재 북한과 중국의 관계를 상징하는 것이라 할 수 있을 것이다.

북한이 이렇듯 표면상 중국에만 핵실험 사전통보를 한 것은 북한과 중국에는 우정이 아직 건재하고, 다른 어느 나라보다도 북한과의 관계가 가깝다고 국제사회에 알린 것이다. 하지만 현실적으로 이 우정은 단 20분의 가치밖에 없다. 다른 나라보다 가깝다고 하더라도 시간상으로는 20분의 거리인 것이다. 단 20분으로 무엇이 가능할까? 중국이 외교상 취할 수단은 없다. 사실 반응조차 보이지 않았다.

북한은 교활하게 중국을 휘두르고, 중국은 완전히 체면을 구기고 말았다. 뒤에 전말을 알게 된 전 부총리 겸 외교부장으로 중국외교의 권위자인 첸치천은 '여경재후(如鯁在喉)'라는 오랜 속담을 들어 한탄했다고 한다. '여경재후'는 물고기의 작은 뼈가 목에 상처를 낸 모양을 나타낸다. 지금 중국의 지식인들이 북한에 대해 품고 있는 심정인 것이다.

북한으로 인해 뜨거운 물을 삼킨 중국은 기분이 나아지지 않을 것이다. 같은 해 10월 18일 탕자쉬안 국무위원이 후진타오 국가주석 특사로 평양에 파견되어 김정일과 회담했을 때에도 이 '20분 전 통보'가 화제로 나왔다. 탕 국무위원은 김정일에게 "우리나라는 20분의 존중은 필요로 하지 않는다, 필요한 것은 북한과 중국 양국의 진정한 상호 신뢰관계이다"라고 냉엄한 어조로 북한을 비판했다고 한다.

"뒷마당에 불이 났다"는 중국의 오래된 속담이다. 집 뒷마당에 불이 났다는 표현에는 속마음과 국내의 예상 밖의 혼란의 의미가 포함되고, 또 가정문제로는 아내가 남편에게 불만을 가지고 이혼을 강요하는 경우에 쓰인다.

지난 2006년 10월 북한의 핵실험에 대해 중국은 이 표현을 썼다. 중국에서 보면 가장 친하다고 생각한 북한이 중국 뒷마당에서 불을 지른 것이다. 이 북한의 행동이 증명하는 것은 지금껏 중국이 행동한 북한에 대한 '회유정책'이나 '금기정책'의 실패이다.

이와 동시에 북한에 대한 외교로 후진타오 주석이 적극적으로 추진해 온 전방위 대국외교의 유일한 실패였다.

이때까지 중국정부의 북한문제 담당기관과 인민해방군, 그리고 당 지도자들 대부분은 북한이 중국의 양해와 합의 없이 핵실험을 하는 것은 있을 수 없다고 믿어 왔다. 중국정부계 연구기관이 분석한 리포트에서도 마찬가지의 결론이 정부에 제출되었다. 그러나 '20분 전 사전 통보'라는 커다란 서비스가 있었더라도 결국은 중국 뒷마당에 불을 지른 것이다. 대기습이었다.

중국은 물론 격노했다. 우선 외교부가 바로 공식성명을 발표했다. 그 내용은 "북한이 국제사회의 광범위한 반대를 무시하고 횡포하게 핵실험을 실시한 것에 대해 중국정부는 단호히 반대한다"는 것이었다.

북한문제에 대한 공식성명으로서 '횡포'와 '단호'라는 강한 말이 쓰인 것은 처음 있는 일이다. 북한외교의 역사 속에서도 전대미문의 사건이다. 특히 '횡포'라는 표현은 예전의 냉전시대, 중국이 적국인 '미국 제국주의'를 비판할 때 쓰인 전문용어라고 해도 좋은 것으로, 대개는 화가 정점에 이른 상대를 강하게 비판해야 할 상황에 쓰인다. 최근에는 미군기에 의해 유고슬라비아 주재 중국대사관 오폭사건 때 쓰인 적이 있었던 말이다.

중국 외교부 대변인 류잔차오 보도국장은 기자회견에서 '핵실험이 북한과 중국 관계에 미친 영향'에 대해 물은 것에 대해 "북한과 중국의 관계에는 틀림없이 마이너스일 것이다"라고 대답했다.

지금껏 북한과 중국의 관계에는, 예를 들어 양국 간에 어떤 우여곡절이 있다고 해도 공식성명에 공공연히 상대를 비난한 적은 없었다. 게다가 예전 적국을 비난할 때 쓰는 강한 표현의 비난 등은 생각할 수 없었다.

이 사실이 증명하고 있는 것은 결국 중국이 더는 참을 수 없게 될 것이라는 점이다.

한편 북한에도 중국에 대한 정책의 변화는 엿볼 수 있다. 그 분기점이라고 생각할 수 있는 것이 2006년초 김정일이 중국을 비공식적으로 방문한 데서 나타났다.

중국을 남북으로 가른 긴 시간에 걸친 비공식방문은 실제로는 갑자기 정한 것이다. 방문 직전 마카오에 있는 금융기관 '방코델타아시아'(BDA)가 미 재무부의 표적이 되고, 이른바 북한에 대한 금융제재가 이루어졌기 때문이었다. 동결된 BDA의 북한정부의 자금은 약 2,500만 달러(약 250억 원)이다. 한 나라에 있어서 큰 금액은 아니지만, 만일 미국이 계속 이런다면 북한의 대외무역 전체로 파급되고, 체제 붕괴를 초래할 정도의 위력을 발휘할지도 모른다는 것을 북한은 느끼고 있었다. 김정일도 당황했다.

김정일의 갑작스런 비공식 중국방문은 미국의 금융제재와 같은 움직임으로 볼 수 있다.

북한 측이 중국공산당 대외연락부를 통해 중국에 전해 온 표면적인 목적은 중국의 남북을 잇는 대동맥 징광선(베이징~

광저우간 철도) 각 주요도시의 경제발전을 시찰하고, 중국의 경제성장 경험을 배우고 싶다는 것이었다. 하지만 김정일의 중국방문의 목적은 다음과 같은 두 가지였을 것이다.

하나는 중국으로부터의 대북한 경제원조와 직접투자의 증액을 요청하는 것이다. 또 하나는 BDA제재에 관해 중국의 도움을 빌려 미국의 금융제재를 해제시키는 것이었다.

중국 정부는 김정일의 방문을 환영하고 더할 나위 없는 대우를 했다. 이것은 지금껏 어느 나라 원수에게도 볼 수 없었을 정도의 VIP 대우였다. 우선 중국공산당 서열 1위에서 9위까지의 정치국 당무위원(후진타오·우방궈·원자바오·쩡칭홍·자칭린·황쥐·우관정·리창춘·뤄간)이 전원 출석하여 회견을 하고, 그 가운데 쩡칭홍과 리창춘은 김정일의 여정에 동행하는 최고의 예우를 했다.

그러나 김정일이 이때 요구한 것은 중국으로부터 의례적인 최고대우를 받는 것은 아니었다. 그는 이 방문으로 가장 중요한 목적을 달성할 수 없었다.

중국 지도층은 계속해서 북한에 대한 경제원조를 약속하고, 직접투자를 늘리는 것도 약속했지만, 구체적인 금융과 내용에는 닿을 수 없었다. 또 북한이 가장 기대하고 있던 금융제재 해제문제 협력에 대해 중국 측은 마지막까지 말을 얼버무리고, 소극적인 자세를 일관했기 때문이었다.

1월 10일부터 18일까지의 긴 열차 여행에 수행했던 중국 외교부 통역관의 이야기에 의하면 김정일의 표정과 태도는 하루가 다르게 변해 가는 것을 느낄 수 있었다고 한다. 처음에는 기분이 좋아 중국 측 수행책임자와 자기 측 수행원에게 말을 걸어 농담도 하면서 담소를 나누었지만, 여행 끝에는 무뚝뚝

한 얼굴로 중국 측 수행책임자와도 거의 말을 하지 않았다고
한다. 그리고 공식활동 이외의 시간은 열차나 호텔에서 북한
에서부터 수행해 온 박봉주(내각총리)·강석주(외무성 제1부
상)·박남기(조선노동당 중앙계획재정부장)·이광호(조선노동
당 중앙과학기술부장)들을 모아 자주 의논했다. 중국을 떠날
때 배웅하러 온 정치국 위원후보 왕강과 악수를 했지만 미소
는 보이지 않았다.

이미 중국은 기대 밖이었다는 실망감을 느낀 김정일은 귀국
뒤 대중정책을 바꾸었다.

그리고 7월 미사일발사 때에는 중국에 대한 사전통보를 하
지 않는 것으로 정책전환을 확실히 하고, 중국이 북한에 대한
UN비난결의에 동조하면 북한에 있는 베이징대사가 연일 중국
외교부에 항의를 했다. 그리고 베이징에 사는 북한인 조직에
동원된 사람들이 외교부 앞에 앉아 '중국은 배신자다'라고 외
치는 퍼포먼스까지 했다. 이런 것은 전대미문의 일이다.

갈림길에 선 동맹관계

"미국의 정보는 자주 틀리니까."

북한이 '대포동' 미사일발사 준비를 하고 있다는 정보가 흘
러나오고 있을 무렵, 중국의 외교부의 한 고관은 이런 반응을
보였다. 이 말의 이면에서 미국의 감시위성에 의한 정보에 대
해 불신감을 드러냄과 동시에, 그것이 사실이라 해도 북한을
설득하여 단념시킬 수 있다고 낙관하는 모습을 엿볼 수 있는
대목이다.

사실 중국은 북한의 설득에 힘을 쏟고 있었다. 예를 들면
북한의 핵문제를 둘러싼 6자회담 의장을 맡고 있던 우다웨이

외교차관은 2005년 11월 이래 중단되고 있던 이 협의를 비공식적인 형태로 개최하고자 사전교섭에 나섰다.

미사일발사가 임박한 6월 28일에는 광둥성 선전에서 하워드 호주 총리와 공동기자회견을 가진 원자바오 총리가 "사태를 악화시키는 행동은 삼가야 한다"고 발언, 수뇌 수준의 지도자가 공공장소에서 자제를 촉구하는 것은 이례적으로 북한에 대한 강한 메시지를 보낸 것이라고 생각된다.

그러나 결과적으로 사전설득공작은 성공하지 못했고 중국은 체면을 잃었다. 외교를 총괄하는 탕자쉬안 국무위원(전 외교부장)이 후일 밝힌 바에 의하면 미사일 발사에 관해 북한으로부터의 사전통고는 없었으며, 정보수집면에서뿐 아니라 UN안보리를 축으로 한 외교절충의 면에서도, 중국은 미국에 비해 완전히 뒤처진 감이 있었다고 한다.

발사 당일인 7월 5일, 일본은 안보리 비공식회합에서 UN헌장 제7장를 근거로 한 북한제재 결의초안을 제시하였다. 미국뿐 아니라 영국과 프랑스의 지지도 얻어냈다. 이에 반해 중국의 왕광아(王光亞) UN대사는 당초부터 '시간벌기'로 움직인 감이 강하다. 일본의 결의안과 관련해서는 구속력 있는 결의의 채택에 소극적인 자세를 표명할 뿐 명확한 대응을 보이지 않다가, 제재를 하지 않는다는 내용의 대안을 제시한 것은 다음날이 되고서이다. 미-영이 이것을 거부하면서 결의안 체결의 자세를 표명하자 체결의 연기를 제안하였다.

첫 대응에 뒤처진 중국에게 유리한 재료가 된 것은 다름 아닌 북한과의 직접대화 파이프이다. 7월 11일은 '북-중상호협력상호원조조약' 체결 45주년에 해당한다. 해마다 있는 기념

행사로서 북-중 정치대표단이 상호 방문하는 계획이 이루어지고 있었다. 중국에서는 후이량유 부총리를 대표로 하여 방북단의 일원으로 6자회담 의장을 맡고 있던 우다웨이 외교부 부부장이 평양에 도착하였다. 답례방문으로 북한은 양형섭 최고인민회의 상임부위원장 등이 11일 베이징에 도착하였고, 같은 날 후진타오 국가주석과 회담했다. 그런 북-중 대화의 성과를 읽어내기 위해 미-일은 유엔 안보리에서 중국의 체결연기제안을 받아들였다.

중국은 북한으로부터 긍정적인 반응을 이끌어낼 수 있었을까? 국제사회의 관심이 집중되었던 북-중 대화였으나 결국 아무런 성과 없이 끝이 났다. 후진타오 주석이 북한 방문단을 만났음에도 불구하고, 중국 방북단은 김정일을 만나지 못하고 돌아왔다. 결국 '북한이 후진타오 주석의 체면을 구긴' 꼴이 되었다.

북한의 이런 자세를 확인한 중국은 자세를 바꾸어, UN안보리에서 대담한 변모를 보여 주었다. 12일 러시아와 함께 독자적인 결의안을 제시, 구속력 없는 의장성명이 바람직하다는 지금까지의 주장에서 미-일에 다가서려는 자세를 어필해 보였다.

실제로는 이른 단계에서 의장성명이 아닌 결의안 채택을 의중에 넣고 있었던 것 같다. 왜냐하면 중국은 미사일발사에 앞서 다른 문제로 냉정하게 '노'를 북한에게 표명하고 있었기 때문이다.

2005년 9월, 처음 공동성명을 채택한 6자회담이 같은 해 11월 이후 다시 긴 휴면상태에 들어가게 된 주요 원인은 미 정부의 북한에 대한 금융제재 때문이었다.

2005년 9월 마카오의 방코델타아시아(BDA)라는 중견상업은

행이 북한 자금세탁의 거점이 되고 있다는 의혹이 있다고 지적하면서 미국의 금융기관과 이 은행간의 거래정지조치를 내린 미 재무부의 결정은 중국에게 '뜨거운 감자'로 떠올랐다. BDA에는 예금을 찾으려는 사람들로 큰 소동이 벌어졌다. 이것을 전해들은 마카오특별행정구 정부는 이 은행을 정부관리하에 두었다. 이 은행에 있었던 북한관련계좌는 동결되었고, 북한은 자금인출과 각종 무역거래의 결제가 불가능하게 되었다.

마카오 정부가 중국지도부와 연락을 하고, 이런 조치를 취한 것으로 미루어 볼 때 당초부터 이 문제에 대한 중국의 관여가 주목된다. 덧붙여 중국의 유력 국유상업은행인 중국은행에도 북한관련계좌가 있다는 정보가 있었다.

이런 가운데, 중국은행이 실제로 북한관련계좌를 동결한 것으로 밝혀졌다. BDA 관계자나 중국의 지도부는 확인을 거부하였으나, 라이스 미 국무장관 등 다수의 외국 고관은 "사실이다"고 인정하였으며, 이런 발언에 중국 측은 항의발언 등을 하지 않았던 것이다.

중국은행의 계좌동결이 확실해진 것은 7월 하순부터이지만, 시작된 것은 미사일발사 전으로 보인다. 당초 미사일발사는, 금융제재를 둘러싼 북-미 2개국간 협의를 미국이 거부한 것에 대해 불만을 표명하기 위한 것으로 보이나, 실제로는 "중국에 대한 반발의 표명이었을 가능성도 크다"고 보인다.

7월 초에는 중앙일보가 김정일이 "최근 중국은 신용할 수 없다"고 말했다고 보도했다. 북한과 중국간의 거래는 예측할 수 없는 부분이 많지만, 중국이 미사일발사 전부터 북한에게 강경한 자세를 보이기 시작한 것만은 틀림없다.

한국전쟁 이후, 북-중관계는 '피로 맺은 동맹관계'라고 불려 왔다. 한쪽이 공격을 받게 되면 다른 한편이 군사원조를 의무화한다는 북-중우호협력상호원조조약은 그 상징적인 문서이다. 그러나 중국은 1980년대부터 '탈이데올로기'와 '실리 우선'을 외교의 기본원칙으로 삼아 왔으며, 이를 북한과의 관계에도 적용하려고 애써 왔다.

1992년 한국과의 국교수립은 그것의 커다란 첫걸음이었다. 지금은 '피로 맺은 동맹관계'라는 표현도 중국지도자들 사이에서 거의 사라졌다. 상호원조조약에 관해서도 탕자쉬안이 외상이었을 때에 "21세기 오늘날의 관점에서 볼 때 그 취지는 우호·호혜·상호협력이다"고 논하면서 군사동맹의 의미를 잃었다는 인식을 표명한 적이 있다.

"북한과의 관계를 보통의 관계로 만들고 싶다"는 것이 중국의 기본자세이다. 평화적인 국제환경을 위협하는 북한의 '생사를 건 외교'나 국제경제 질서를 문란케 하는 위법행위에 '노'라고 답하는 것은 매우 당연한 대응이라고 할 수 있다.

그렇다고 중국이 김정일 정권의 붕괴도 불사할 만큼 냉정한 자세로 돌아섰다는 것은 아니다. 미사일 발사에 의한 긴장의 격화보다도 '북한의 체재붕괴에 따르는 정치적·사회적 혼란이 중국에게는 악몽'과 같다고 한 것이 중국의 한 외교부 고관의 발언일 정도로 양국관계는 변하고 있는 것이다.

중국은 북한과 국경을 접하고 있을 뿐 아니라, 200만 명에 이르는 조선족이 살고 있다. 그 대부분이 북한과 마주하고 있는 둥베이(동북)지방에 집중되어 있으며 친족이 북한에 있는 사람도 적지 않다.

덧붙여 지연과 혈연을 배경으로 한 10만 명 또는 30만 명에 가까운 탈북자가 둥베이지방에서 숨어 살고 있다. 북한의 체제가 붕괴될 경우, 중국이 받게 될 충격은 예측할 수 없을 정도다. 북한과 가깝다고는 하나 태평양 건너에 있는 미국과는 이 점에서 전혀 입장이 다르다.

국내정세도 북한정책을 어렵게 하고 있다. '항미원조(抗美援朝 ; 미국에 대항하고 북한을 지원하는)전쟁'이라고 불리는 한국전쟁에 참가한 군인들이 대부분 은퇴했다고는 하나 아직 많은 수가 건재하다.

그렇기 때문에 될 수 있는 대로 "북한을 몰아세우고 싶지 않다"는 것이 중국 측의 본심일 것이다. "중국이 북한에 대한 생사여탈권을 가지고 있다"고 하더라도, 반대로 북한이 "그럼 붕괴하여 주지", "전쟁하게 해주지"라고 나오면 곤란한 것은 정작 중국 자신이다. 때문에 중국은 북한에 대해 중유공급 등의 경제지원을 해 온 것이며 다양한 면에서 조심스러운 대응을 계속해 온 것이다.

북한에 관한 정보통제는 그 한 예이다. 중국의 미디어는 미국이나 일본에 대해 비판하기를 좋아하지만 북한에 대해서는 비판적인 보도가 대부분 금지되어 있다. 실례로 2004년에 북한에 대해 비난하는 논문을 실은 연구지가 정간처분을 받기도 했다.

김정일 정권에 대해 중국은 경제개혁과 국제사회에 대한 복귀를 유도하면서 연착륙을 촉구한다. 중국 외교부의 고관은 "미국과 같은 외과수술을 중국은 하지 않는다. 부작용이 없는 한방약이 바로 중국의 북한에 대한 대응방침이다"고 말한 적이 있다. 이것은 중국 자신에 대한 실리에 기초한 것으로, 전환은 결코 쉽지 않을 것이다.

안보리에서의 의결채택에는 찬성하면서 제7장에 대한 언급에서는 단호하게 반대하였고, 말레이시아 쿠알라룸푸르의 ARF 때에 6자회담 참가국 중 5개국만이 협의한 것에 반대, 국제사회의 여론으로부터 결정적으로 고립되는 사태를 피하면서도 최후의 일선에서 북한에 대한 배려를 내비치는 대응 등은 바로 이런 사실을 배경으로 한 것으로 보인다.

제6장
북핵 완전 폐기해야 한반도평화 가능하다
민족공조가 아닌, 국제공조로 풀어야

북한핵문제의 해법

미국은 북핵문제에 관해 리비아방식의 해법을 권유하고 있다. 라이스 미 국무장관은 2006년 5월 15일 미국·리비아 공식수교를 발표하면서 카다피의 '역사적 결단'을 높이 평가하고 이란과 북한에 대해 리비아와 같이 핵무기프로그램 등 대량살상무기의 자진 폐기를 촉구했다. 카다피는 2003년 12월 핵무기 의혹시설과 화학무기 등 대량살상무기를 모두 자진폐기하고 국제원자력기구 등 국제기구의 사찰을 요구했다. 미국은 카다피의 아랍식 사회주의체제를 인정하고 경제봉쇄를 해제하고 테러지원국 명단에서 리비아를 삭제했다. 카다피의 결단은 그 자신도 살고 국가도 살리며 리비아를 정상국가로 국제사회의 일원으로 편입시켰다.

국제사회는 북한의 대응을 주시하고 있다. 그러나 현재로서는 북한이 리비아방식을 수용할 가능성은 거의 없어 보인다. 북한은 1950년 한국전쟁의 휴전상황을 끌어오고 있다. 북한체제는 1990년대 초 현실사회주의 붕괴 후 오히려 주체사상을 강화하고 부자세습체제를 실행해 체제의 개혁을 외면하고 있다. 여기서 한 걸음 더 나아가 체제유지를 위해 핵무기프로그램을 개발하고 있다. 1994년 10월 제네바합의로 해결된 것처럼 보였던 북핵문제는 2002년 10월 북한의 농축우라늄 프로그램으로 재발되었다. 제네바합의는 폐기되고 북한이 핵확산금지조약(NTP)에서 탈퇴하자, 중국의 주선으로 베이징의 6자회담이 열렸다. 북한문제의 해법은 6자회담에서 '리비아방식＋반대급부'를 받아내는 데 있다. 반대급부는 경수로와 에너지 공급, 그리고 경제제재의 해제 등이다. 북한이 살 길은 6자회담을 통해 북핵문제 해결의 돌파구를 열고 경제개혁을 통해 체제를 유연화시키는 데 있다. 이것은 한반도의 긴장을 풀고 남북화해 협력을 가속화하는 효과를 발휘할 것이다.

바로 이런 가운데 아직도 우리 사회 일각에서 엄존하고 있는 '맹목적 통일지상주의'는 '낙관적이고 친분적인' 이념을 신봉하는 세력이라 할 수 있다. 이들은 선 민족통일만 부르짖으며 북한주민과 나눔이 없는 분배는 의미가 없다는 외침도 들린다. 통일이 모든 것을 해결한다는 것이다. 우리 경제가 취약한 데다 양극화로 갈등이 증폭되고 있는 현실에서 북과 나누어 먹자는 발상은 '공멸하자'는 주장과 다름이 없다. 앞에서 지적했듯이 북한은 핵무기프로그램과 체제에 아무런 변화가 없다.

이는 북한 당국이 아직도 '전한반도의 공산화 달성'이라는 대남적화노선을 포기하지 않고 있으며, 어쩌면 핵무기 개발을 통해 이전보다 이런 노선에 더욱 집착하고 있음을 보여주는 것으로도 해석할 수 있다. 이런 가운데 우리는 무엇보다 먼저 민주체제를 굳게 다지고 경제를 발전시켜 '파이'를 키워야 한다. 우리보다 엄청난 부국인 서독이 동독을 흡수통일한 지 10

년이 훨씬 지났음에도 불구하고 통일독일은 여전히 허덕이며, 서독 주민의 개인소득이 감소해 유럽연합(EU)의 빈국으로(꼴찌에서 4등) 전락한 사실을 주목해야 한다. 이런 점을 감안한다면 과거 10년 동안 해왔던 것과 같은 식량과 비료 그리고 의약품 등 인도적 견지에서 북한주민을 도와왔던 지원규모를 한정할 필요가 있다. 남북관계는 지난 1972년 동서독이 '기본조약' 체결로 대표부를 교환해 무역, 문화, 학자와 특파원 교환을 한 선례와 동서주민의 상호왕래를 단계적으로 확대한 사례를 원용하는 것이 바람직하다.

동북아시아의 정세는 유럽과는 달리 19세기적 분쟁이 격화되는 혼란상을 나타내고 있다. 이런 정세를 감안할 때, 우리만의 홀로서기는 사실상 어렵다. 미·중·러 핵강대 3국이 한반도를 포위하고 있다. 경제대국 일본이 미국과 동맹을 강화하면서 독도 영유권을 주장하고 있다. 국제사회는 북한과 중국에 접근하는 몸짓으로 읽힌다. 러시아는 6자회담에 참석했으나 미·중·일에 눌려 틈새를 엿보고 있다. 여기서 우리나라의 장기안보를 위해 누구와 동맹을 해야 할 것인가? 홀로서기로 안전보장이 가능한가?

여기서 우리는 유럽 안보를 상기할 필요가 있다. 소련과 공산진영이라는 적(敵)이 모두 자본주의에 편입돼 사라졌는데도 북대서양조약기구(NATO)는 아직 건재하다. 폴란드·체코·헝가리·발틱 3국 등 옛 동유럽 공산권을 거의 모두 회원국으로 영입했다. 유럽은 미국의 핵우산을 냉전 이후에도 계속 씀으로써 러시아의 핵으로부터 안전을 보장받고 있는 것이다. 적이 사라진 유럽 선진국들과 옛 동유럽 나라들이 미국의 핵우산을 계속 쓰는데, 남북분단으로 냉전시대를 사는 한국이 미국의 핵우산을 버리고 과거 노무현 정부시절처럼 '홀로서기'를 한다? 국제사회는 이해하지 못할 것이며, 건전한 상식과 이성을 가진 대다수의 우리 국민들은 더더욱 이해하지 못할 일이다.

이제, 김정일의 결단이 나와야 한다. 왜냐하면 북은 핵무기 프로그램 포기와 경수로, 에너지공급, 불가침과 체제보장을 조속히 받아내야 하기 때문이다. 그리고 우리나라는 OECD 정회원국으로서 민주주의와 시장경제를 더욱더 발전시키며, 적어도 통일할 때까지 미국과 충분하게 협의하여 핵우산을 쓰거나, 이에 상응할 수 있는 능력을 배가할 필요도 있다. 북의 핵을 견제하기 위해서라기보다는 일본의 영토 야망과 중국의 동북공정을 억제하고 한반도의 평화를 보다 확실히 담보하기 위해서다. 중국과 일본 그리고 러시아 등 강대국의 사이에 끼어 있는 한반도의 생존전략 해법은 여기에 있는 것으로 볼 수 있다.

한반도의 평화

북한핵문제는 앞으로도 6자회담과 유엔안보리가 다루게 될 것이다. 북한이 핵실험에 성공했음에도 불구하고 이 두 국제기구는 북한핵의 전면적 폐기를 요구하고 있다. 북한이 과연 실험이 끝난 핵무기를 전면 폐기할지는 아직도 의문이다. 만일 국제사회가 북한과 대타협을 통해 이 문제를 풀지 못한다면 한반도는 북한핵무기와 공존해야 할 핵공포의 시대로 진입하게 될 것이다. 남북의 군사적 균형이 깨어질 수밖에 없으며, 이런 상황에서는 누구의 핵우산을 쓰느냐의 문제가 제기될 것이다. 이 경우 우리나라는 핵무장 국가들 사이에 놓인 사면초가(四面楚歌) 상태에서 살지 않으면 안 될 것이다. 중국과 러시아는 이미 핵강대국이고 북한이 핵무기 보유 클럽에 가입하고 있으며, 일본이 핵무기를 갖는다면 한국만이 핵이 없는 군사적 약소국으로 전락하게 된다.

이런 동북아시아 정세의 진전은 우리나라 국민만의 의지로 풀 수 없다는 점에 비극성이 있다. 우리 국민이 위기를 극복하기 위해 결정하고 선택할 수 있는 것이 별로 없다고 보는 것이 국제문제의 흐름이다. 북한핵문제는 6자회담과 유엔안보리라는 국제기구의 손에 넘어가 있고, 북한핵문제는 여기서 풀릴 수밖에 없는 것이며, 다른 길은 없기 때문이다. 결국 우리에게 중요한 것은 민족공조만 강조하다가는 국제사회에서 독불장군으로 고립무원의 낭떠러지로 전락할 위험이 크다는 점이다. 민족공조를 국제공조와 어떻게 잘 조화해서 비극을 피하고, 항구적 평화를 구축하느냐에 민족적 운명이 달려 있다. 북한이 대타협으로 핵을 포기하는 데서 평화의 길은 열린다.

그러나 북한이 끝끝내 핵을 포기하지 않는다면 우리나라는 미국과 한-미동맹을 더 공고히 유지해 나아가야 한다.

이를 위해 다행스럽게도 지난 2월 새롭게 출범한 이명박정부는 '상생공영정책'에 입각하여 한반도평화체제 정착에 최우선 순위를 두는 가운데 북핵문제를 남북관계와 연계하여 '원칙에는 철저하되, 접근에는 유연하게'라는 정책기조를 표방하고 있다.

특히 과거와 같이 국민들로부터 불필요한 오해와 불신을 자초할 수 있는 '퍼주기', '끌려다니기' 식의 대북 '저자세·눈치보기'를 청산하고, 북한의 정체, 북한의 모든 것을 더 분명하게 알아내는 가운데 북한이 진정으로 평화적 통일을 위한 대화의 마당에 나올 것을 촉구하고 있다.

북한 영변 냉각탑 폭파

북한 핵 활동의 대표적인 상징물로 여겨 온 영변 원자로 냉각탑이 2008년 6월 27일 역사 속으로 사라졌다.

북한의 핵 프로그램 신고와 미국의 '테러지원국 지정' 해제 절차 착수 이후 만 하루도 안 돼 영변 원자로 냉각탑 폭파 이벤트가 이뤄진 것이다.

역사 속으로 사라진 북핵 상징물

오후 5시 5분쯤 26m 높이의 콘크리트 구조물인 5MW급 영변 원자로 냉각탑이 커다란 폭발음과 함께 와르르 무너져 내렸다. 뿌연 연기 기둥이 냉각탑 위쪽으로 뚫린 지름 14m짜리 구멍을 통해 솟구치는가 싶더니 냉각탑은 금세 연기 속으로 사라졌다. 650톤짜리 콘크리트 구조물이 무너지기까지 걸린 시간은 불과 1~2초!

1986년 말 완공된 영변 원자로는 1994년 10월 북-미 제네바합의로 가동이 중단되었다. 그러나 2002년 10월 우라늄농축 프로그램(UEP)을 둘러싸고 미국이 중유 50만 톤 제공을 중단하자 북한은 국제원자력기구(IAEA) 요원을 일방적으로 추방하고 핵확산금지조약(NPT)에서 탈퇴한 뒤 영변 원자로를 재가동했다.

영변 원자로가 재가동되면서 이 냉각탑에서는 그동안 흰 연기가 계속 피어올랐고, 이 장면을 찍은 미국의 위성사진이 공개되면서 북핵 위기는 '현재진행형'임이 국제사회에 알려졌다.

냉각탑 폭파에도 불구, 원자로의 핵심계통은 남아 있어, 시간을 들이면 재가동할 수 있다. 가장 큰 문제는 북한이 제출한 핵신고서가 완전하지 않다는 점이다. 2차 핵위기의 원인이 되었던 우라늄 농축, 시리아 핵이전 문제, 그리고 보유한 핵무기가 포함되지 않았다. 특히 신고에 핵무기가 포함되지 않은 것은 향후 협상에 있어 심각한 걸림돌이 될 것이다. 신고하지 않은 내용이 어떻게 폐기대상이 될 수 있겠는가?

불발된 생방송

6자회담 미국 측 차석대표인 성 김 국무부 한국과장, 북한 외무성 핵심인사들, IAEA 관계자들, 북한의 초청을 받은 미 CNN 등 6자회담 참가국 언론사 5곳의 취재진 등은 폭파 현장에서 약 1km 떨어진 곳에 설치된 단상에서 냉각탑 폭파를 지켜봤다. 이들 참관단은 오후 2시쯤 평양을 떠나 오후 3시 반쯤 영변에 도착했다.

당초 냉각탑 폭파는 CNN 등을 통해 전세계에 생중계될 예정이었지만 영변지역에 위성을 송출할 수 있는 시설이 제대로 갖춰지지 않아 불발된 것으로 전해졌다. 현장취재에 참여한 언론사들은 오후 7시쯤 평양으로 돌아와 냉각탑 폭파 당시의 영상을 각국에 송출했다.

그러나 노동신문, 조선중앙통신 등 북한의 주요 언론들은 영변 원자로 냉각탑 폭파 관련 소식을 전혀 보도하지 않았다.

북핵 6자회담 곧 재개될 듯

2008년 6월 26일 북한의 핵신고서 제출과 미국의 북한 '테러지원국 지정' 해제 착수에 이어 영변 원자로 냉각탑이 폭파됨에 따라 북한의 핵신고서 검증방안을 논의할 6자회담 재개가 초읽기에 들어갔다.

북핵 6자회담 한국 측 수석대표인 김숙 한반도평화교섭본부
장은 냉각탑 폭파가 공식 확인된 뒤 기자들과 만나 "북한 핵
신고서를 건네받았으며, 중국 등 6자회담 참가국들이 회담 재
개 일정을 놓고 마지막 조율중"이라고 말했다.

이동관 청와대 대변인은 브리핑에서 "우리 정부는 북한의
핵신고서 제출을 한반도 비핵화로 가는 중요한 진전으로, 북
한의 냉각탑 폭파는 핵 불능화 의지를 정치적 상징적으로 보
여주는 조치로 받아들인다"고 평가했다.

그러나 정작 그 당사자인 북한 외무성 대변인은 핵신고와
영변 냉각탑 폭파에 대해선 전혀 언급하지 않은 채 "미국 정
부의 북한에 대한 테러지원국 해제 및 적성국교역법 적용중단
조치를 긍정적인 조치로 평가하고 환영한다"고 밝혔다.

북한 "플루토늄 40kg 생산"

'핵무기 6~8개 분량' 신고

북한이 지난 2008년 6월 26일 6자회담 의장국인 중국에 제
출한 핵프로그램 신고서에는 핵무기 제조물질인 플루토늄을
약 40kg 추출했다는 내용이 포함된 것으로 알려졌다. 이 신고
대로라면 핵무기를 6~8개 정도 만들 수 있는 양이다.

미국 국무부 사정에 밝은 워싱턴의 외교소식통은 6월 27일
(한국시간) "북한은 영문으로 제출한 60여 쪽짜리 핵신고서에
서 40kg이 조금 넘는 양의 플루토늄을 그동안 생산했다고 밝
힌 것으로 안다"고 말했다. 북한은 플루토늄 추출량에 대해
한동안 30kg이라고 주장해 오다 지난달 미국에 제출한 1만
8000여 쪽 자료에선 37kg 정도를 생산했다고 설명한 것으로

알려져 있다.

이 외교소식통은 "미국은 북한의 신고가 정확한지 여부를 검증을 통해 가릴 자신이 있다고 본다"며 "북한이 이번에 밝힌 40kg은 진실에 어느 정도 접근한 것이라는 게 미국 측의 판단"이라고 전했다. 소식통은 또 "북한은 고농축우라늄 프로그램(HEU)과 핵확산 문제(시리아와의 핵협력 의혹)에 대해선 두 쪽짜리 부록을 만들어 신고서에 첨부했다"며 "북한은 부록에 'HEU와 핵확산에 대한 미국의 우려를 인정하고 그 문제를 서로 만족할 수 있게끔 해결하는 데 협력할 것'이라는 문구를 적었다"고 밝혔다.

북한이 핵신고서를 제출함에 따라 북핵 6자회담이 빨리 열릴 가능성이 크다고 정부 당국자가 6월 27일 밝혔다.

청와대 핵심 관계자는 "7월 초까지는 6자회담이 열릴 것으로 기대한다"고 말했으며 정부 고위관계자도 "빠른 시일 안에 열릴 수 있을 것 같다"고 설명했다.

영변 냉각탑 폭파쇼로 식량·에너지 등 지원만 12억 달러

북한이 '폭파쇼' 생중계라는 극적 효과를 살리지는 못했지만 국제사회의 경제적 지원을 이끌어 내겠다는 당초 의도를 살리는 데는 별다른 큰 문제가 없을 것으로 보인다. 미국의 50만 톤 식량지원, 6자회담 참가국들의 경제·에너지지원, 한국의 40만 톤 쌀과 30만 톤 비료지원 가능성 등 당장 산술적으로 계산가능한 지원금액만 합쳐도 연간 기준으로 족히 12억 달러는 될 것이라는 분석이다.

에너지지원

북한은 지난해 '10·3합의'로 약속한 중유 100만 톤 상당 지원 중 아직까지 전달받지 못한 60만 톤 상당 지원을 받게 된다.

6자회담 참가국들은 당초 50만 톤은 중유로, 나머지 50만 톤은 중유에 상당하는 금액만큼 설비자재로 공급하기로 했다. 북한은 최근까지 중유 30만 톤과 설비자재 10만 톤 상당을 받아 챙겼다. 앞으로 지원될 중유 20만 톤은 국제시세인 톤당 740달러를 감안하면 1억 4800만 달러에 달한다. 중유 40만 톤 상당 설비자재는 톤당 421달러씩으로 계산하자는 약속에 따라 1억 6840만 달러어치로 평가된다. 총지원액이 현재 시세 기준으로 3억 1640만 달러에 달하는 것이다.

북한, 국제사회 원조 요구할 가능성

미국이 북한에 가하고 있는 여러가지 제재 중 가장 포괄적인 '테러지원국 지정'이 해제되는 데 따라 얻을 수 있는 이익도 적지 않을 것으로 예상된다. 경제적 이익을 정확하게 돈으로 계산할 수는 없지만 북한은 이번 조치를 최대한 활용할 가능성이 높다.

그동안은 수출관리법과 무기수출통제법, 대외원조법 등 여러가지 관련 법률 때문에 대외원조를 받을 수 없었으며, 세계은행 등에서 차관을 도입하는 것도 사실상 불가능했다. 한 대북 전문가는 이번 해제조치로 "북한이 대외지원에 적극적으로 손을 벌릴 가능성이 높다"고 말했다.

미국 "정치적 쇼…부시의 최대 업적"

미국 CNN은 북한이 오랫동안 비밀을 유지해 온 핵프로그램에 대한 구체적인 내용을 공개한 지 하루 만인 6월 27일 핵무기 제조를 위해 플루토늄을 추출했다고 시인한 한 시설이었던 냉각탑을 폭파했다고 긴급뉴스로 전했다. 미국 내 한반도 전문가들 가운데 일부는 영변 핵시설의 냉각탑 폭파장면 중계를 '정치쇼'라고 축소하기도 했지만 대다수 전문가들은 이것이 핵 불능화 과정의 중요한 전기가 될 것으로 평가했다.

CNN은 북한이 한동안 핵시설 신고 등에서 완강한 입장을 바꾸면서 영변의 냉각탑 폭파까지 마다하지 않게 된 것은 일단 부시 행정부의 외교적 노력이 효과를 발휘한 것으로 평가하면서 '부시의 승리'라고까지 치켜 세우기도 했다.

중국 "한반도 비핵화 굳은 결심 표현"

중국의 관영 신화통신은 6월 27일 북한의 영변 냉각탑 폭파에 대해 "북핵시설 중 매우 중요한 설비인 냉각탑을 폭파한 것은 북한이 한반도 비핵화에 대한 굳은 결심을 보여주는 것"이라고 분석했다.

진린보(晋林波) 중국 국제문제연구소 아·태연구실 주임은 "북한의 냉각탑 폭파는 6자회담 2단계의 실질적인 진전이며, 상징적인 의의는 실질성에 비해 훨씬 크다"고 말했다.

그는 "냉각탑 폭파는 6자회담 2단계에 규정된 내용도 아닌 아주 돌발적인 이벤트"라며 "이는 북한이 미국에 대해 상응하는 보상을 받아내기 위한 것으로 보인다"고 분석했다.

일본 "완전한 북핵 폐기 이뤄져야"

일본은 6월 27일 북한의 핵신고 및 영변 냉각탑 폭파와 관련해 "완전한 핵폐기가 이뤄져야 한다"는 점을 강조했다.

후쿠다 야스오 일본 총리는 이번 폭파에 대해 "비핵화의 첫 걸음으로 받아들인다"면서도 "이제부터 확실하게 검증해 나가는 것이 중요하다"고 강조했다. 그는 또 "핵문제와 함께 북한에 의한 일본인 납치문제도 해결해야 한다"며 "북·일협상을 확실하게 해 나가자"고 덧붙였다.

마치무라 노부타카 관방장관은 "핵시설 불능화가 연말까지 이뤄져야 하나 반년이나 늦은 상태"라며 "앞으로 불능화가 신속히 이뤄져 비핵화 프로세스가 진전되는 것이 중요하다"고 말했다.

요미우리신문은 "앞으로 북한이 기만전술이나 합의파기를 시도할 경우 미국은 제재해제 방침을 즉시 철회해야 한다"고 주장했다.

북한 제공 문건에서 HEU 흔적 발견

이런 냉각탑 폭파에도 불구하고 북한 핵문제는 우라늄농축 프로그램 등이 새로운 차원에서 불거지며 북핵협상의 난항이 예상된다.

워싱턴포스트(WP)는 2008년 6월 21일 미국은 북한이 지난달 건네준 약 1만 8000쪽 분량의 영변 핵시설 활동기록에서 고농축우라늄(HEU)에 대한 새로운 흔적을 확보했다고 보도했다.

WP는 미 당국 소식통의 말을 인용해 이같이 보도하며 미국이 지난해 별다른 진전이 없었다며 낮게 평가한 북한의 UEP 개발에 대한 질문이 새롭게 제기되고 있다고 전했다. 또한 콘돌리자 라이스 미 국무장관의 북한 UEP에 대한 최근 언급을 소개하며 이 문제에 대한 미국의 태도 변화를 지적했다.

라이스 장관은 6월 18일 해리티지재단에서 "우리가 북핵협상 과정을 더 깊이 진행할수록 북한의 우라늄농축 능력에 대한 추가정보로 난감해지고 있다"며 "이 정보는 북한과의 거래에 대한 의심을 재차 확인케 하고 있다"고 말했다.

월스트리트저널(WSJ)은 지난 6월 16일 부시 행정부가 파키스탄 핵과학자 칸 박사의 핵 밀매조직을 통해 북한·이란에 전달된 UEP 개발기술이 고급 정보로 밝혀져 이를 우려하고 있다고 전했다.

WSJ는 최근 유럽에서 활동하던 칸 박사의 핵 밀매조직 3군데를 수사한 스위스 당국의 발표를 소개했다. 파스칼 카우체핀 스위스 대통령은 지난달 이번 수사에서 증거로 확보한 컴퓨터 파일에는 핵무기, 무기급 우라늄 농축용 특급원심분리기, 미사일 운송시스템을 위한 자세한 도면이 들어 있었다며 국가안보를 위해 그 증거들을 폐기했음을 밝혔다고 WSJ은 전했다. 그 도면은 북한과 이란의 장거리 미사일에 부착될 수 있는 압축핵탄두로 디자인될 수 있는 내용이라고 서구 외교관들이 우려했다고 WSJ는 보도했다.

미국은 현 북핵문제의 발단인 북한의 UEP 개발수준을 낮게 평가하고 북한의 플루토늄 해결이 시급하다며 최근 북핵합의에서 북한에 플루토늄만 신고하고 북한이 부인하고 있는 UEP와 핵확산 활동은 이에 대한 미국의 우려를 북한이 인정하는 수준에서 타협했다. 하지만 북핵신고를 앞두고 북한의 UEP문제가 커지자 "북한의 핵신고가 완전하고 정확한 것인지 엄격하게 검증해야 한다"고 이미 커지고 있는 주장에 더욱 힘이 실릴 전망이다.

미 하원은 6월 19일 부시 행정부에 북한의 핵검증 강화방안을 요구하는 조항을 마련해 이를 '글렌 수정법' 유보조항으로 처리해 통과시켰다. 이에 따르면 미 국무장관은 북한이 하기로 한 '완전하고 정확한 핵신고'를 미국이 어떻게 확인할 수 있는지, 북한이 6자회담 합의사항을 충분히 준수했다는 확신을 어떻게 유지할 수 있는지 등 북핵 검증조치가 담긴 보고서를 의회에 제출해야 한다고 명기하였다.

라이스 장관은 전날 헤리티지재단 연설에서 "북한에 대한 제한된 정보와 북한의 과거 역사를 볼 때 우리는 북한이 약속을 지킬 것이라고 단순히 믿지 않는다"며 "우리는 검증을 강화할 것"이라고 밝혔다. 그는 "북한이 모든 핵프로그램을 폐기하고 모든 핵확산 활동을 중단하고 국제원자력기구의 비확산조약 복귀 등 북한이 한 약속을 이행하는지 검증할 것"이라고 말했다.

라이스 장관은 이에 앞서 "북한이 곧 핵신고서를 중국에 제출할 것"이라며 "그러면 대통령은 북한의 테러지원국 명단 삭제와 적성국교역법 적용종료를 의회에 통보할 것"이라고 말했다. 그는 "실제효과를 내기 전인 45일 동안 북한 핵신고의 정확성과 완전성을 검증하며 북한의 협력수준을 평가할 것"이라며 "그 협력이 불충분하면 상응하게 대응할 것"이라고 강조한 바 있었음을 상기할 필요가 있다.

"북핵 신고서 검증 기구 6자회담국과 설치 논의"

미국은 미 의회가 북한에 대한 '테러지원국 지정' 해제 문제를 검토할 45일 동안 6자회담 비핵화 실무회의에 검증기구를 설치해 북핵 신고서 내용을 검증할 것이라고 익명을 요구한 워싱턴의 한반도 전문가가 26일 밝혔다. 이를 위해 미 국무부

관계자가 빠른 시일 안에 중국 베이징에서 한국·북한 등 6자 회담 당사국 관계자들과 만나기로 했다.

이 전문가는 "미국은 앞으로 45일 안에 검증 의정서(protocol)를 작성하는 일에 주력할 것"이라며 "북한도 검증에 협조한다는 뜻을 밝힌 걸로 안다"고 말했다. 또 "의정서엔 검증 주체, 국제원자력기구 참여 여부, 검증방식 등이 구체적으로 명시될 것"이라고 밝혔다.

이와 관련, 국무부는 ▶이미 신고된 시설과 핵 프로그램과 관련해 의심이 가는 시설에 대한 사전통보 없는 접근 ▶핵 물질에 대한 접근 ▶핵 물질과 핵 장비에 대한 시료 채취 ▶핵 관계자 인터뷰 ▶모든 핵 관련시설 운영 관련 자료·기록 열람 등이 이뤄져야 제대로 검증을 할 수 있다고 강조하고 있다.

이와 관련하여 워싱턴의 다수 외교소식통은 "6자회담 프로세스를 후퇴시키는 경우는 발생할 것 같지 않다"고 입을 모은다. 한 관계자는 "북한 군부도 영변 원자로에 미국 측 검증단이 접근하는 걸 양해한 것으로 안다"고 했다. 그는 "미국의 검증기술은 뛰어나다"며 "미국이 플루토늄 문제를 검증하다 북한의 고농축우라늄(HEU) 프로그램과 핵확산 활동 단서를 찾아낼 수도 있다"고 말했다.

한편 조지 W 부시 미국 대통령은 26일 테러지원국 명단에서 북한을 뺀다는 걸 의회에 통보하면서 '북한과 북한 국적자에 대한 일부 제재 유지 행정명령'을 발표했다. 행정명령은 "북한과 북한 국적자의 모든 재산 및 재산상의 이해 관계는 계속 차단된다" 등의 내용을 담고 있다.

미 국무부는 "2006년 10월 9일 북한의 핵장치 폭발실험, 핵 확산 활동, 인권침해 등과 관련해 적용된 다른 제재들은 법과 규정에 근거해 계속 남게 될 것"이라고 밝혔다. 이에 따라 북한·이란·시리아 확산금지법(2000년)과 대량살상무기 확산 관련자 자산동결 등을 명시한 행정명령 12938과 행정명령 13382는 계속 적용될 것이다. 또 ▶미사일 개발 관련 제재 ▶인신매매 3등급 지위에 따른 제재 ▶외국지원법 등에서 규정한 인권침해에 따른 제재 ▶국제종교자유법의 특별관심국 지위에 따른 제재 ▶유엔 안보리 제재 결의 1718호 ▶핵실험 국가에 방산물자 판매를 금지한 글렌수정법에 따른 제재도 그대로 유지된다. 이런 가운데서도 국무부산하 국제개발처(USAID)는 북한 의료시설 교체·보수 등을 위해 사마리탄스 퍼스 등 4개 민간단체에 총 400만 달러를 지원하기로 했다.

美의 대북제재 조치, 아직 많이 남아 있다

북한의 핵프로그램 신고서 제출에 맞춰 미국이 '테러지원국 지정' 명단에서 북한을 삭제하고 '적성국교역법' 적용도 해제되겠지만, 앞에서 밝힌 바와 같이 아직도 다른 분야에서 대북제재는 엄존하고 있다.

백악관과 미 국무부는 26일(현지시간) 아침 북한에 대한 일부 제재 해제를 발표하면서 동시에 별도로 시행되고 있는 대북 제재 리스트를 공개했다.

즉 북한의 핵실험, 대량살상무기 확산, 인권침해 등과 관련된 제재는 다른 법과 규정에 따라 계속 유지되고 있다는 것이다. 부시 대통령은 이날 테러지원국 명단 삭제 조치를 의회에 통보하겠다고 밝힌 회견에서도 "미국은 평양의 정권에 대한 환상을 갖고 있지 않다"며 "우리는 여전히 북한의 인권 유린, 우라늄 농축활동, 핵실험과 확산, 탄도미사일 프로그램 등이 한국과 이웃 국가에 주는 위협을 심각히 우려하고 있다"고 힘주어 언급했다.

이는 제재 해제에 대한 미국 내 강경파와 일본 등 6자회담 참가국 내부의 반발을 감안한 언급으로 보인다.

부시 대통령은 북한의 테러지원국 명단 삭제방침을 발표하면서 '북한과 북한 국적자 관련 일부 제재 유지에 관한 행정명령(EXECUTIVE ORDER)'을 함께 내놓았다. 대북 적성국교역법 폐지에도 불구하고 계속 남게 될 교역관련 대북 제재를 구체적으로 적시한 것이다.

행정명령에 따르면 2000년 6월 16일을 기준으로 그동안 차단됐던 북한 및 북한 국적자의 모든 재산과 재산상의 이해관계는 계속 차단되며 북한에 이체·지불·수출 등을 못하도록 했다.

또 미국 시민이나 영주권자, 미국 법에 규정된 모든 단체는 북한에 선박을 등록하거나 북한 국기를 달고 운항하는 권한을 취득하지 못하도록 했으며, 북한 깃발을 단 배를 소유·대여·운행하거나 보험에 들지 못하도록 했다.

부시 대통령은 행정명령에서 "한반도에 핵무기로 사용될 수 있는 핵물질이 존재하고, 확산의 위험이 있다는 것은 미국의 국가안보와 외교정책에 중대한 위협이 된다"면서 "이에 따라 이 위협에 국가 차원에서 긴급히 대처할 것임을 선언한다"고 밝혔다.

부시 대통령은 "이 위협을 다자외교를 통해 대처하면서 북한 관련 제재조치가 계속될 필요성을 알게 됐다"며 행정명령을 내린 배경을 설명했다.

미 국무부는 "부시 대통령의 조치는 대북 적성국교역법 적용을 해제하지만, 대부분의 대북 적성국교역법에 근거한 제재

조치는 이미 2000년에 해제됐기 때문에 이번 조치는 상징적"
이라고 의미를 축소했다. 국무부는 이번 조치로 미국의 대북
제재가 완전히 해제된 것이 아님을 강조했다.

한편 미국 내 북한문제 전문가들은 여전히 미국이 북한을
압박할 수 있는 카드를 가지고 있는 만큼 북한이 얻는 경제적
실리는 크지 않을 수도 있다고 지적했다.

피터슨 국제경제연구소(IIE)의 마커스 놀랜드 연구원은 "북
한이 미국에 수출을 시도해도 미국 정부가 북한산 제품, 특히
나름대로 경쟁력이 있을 수 있는 섬유와 의류에 대해 높은 관
세를 부과할 것"이라며 "이를 감안하면 적성국교역법 적용을
해제해도 북한이 얻는 실익은 그다지 크지 않을 것"이라고 주
장했다.

전략국제문제연구소(CSIS)의 존 울프스탈 연구원은 "북한
은 6자회담 참가국들에게 미국의 이번 제재 해제조치를 지렛
대로 내세울 것"이라고 분석하며 "북한에 대한 미국의 제재가
해제됐다고 대북 투자를 늘리거나 새로 나설 기업이나 단체가
어디 있겠느냐"고 반문했다.

이런 언급으로 미루어 볼 때 이번 냉각탑 폭파 등 북한의
전향적인 조치에도 불구하고 한동안 북핵문제는 '완전하고 정
확한 폐기'가 이루어질 때까지 '산 넘어 산'격의 암초가 기다
리고 있을 것으로 보인다. 바로 이 점에서 북한당국의 '진정
한 핵폐기 의지와 이를 기반으로 한 구체적·세부적인 실제행
동'이 요구된다고 하겠다.

에필로그
북한이라는 판도라의 상자

핵실험, 납치, 아사(餓死), 위조지폐 인쇄, 위조담배 제조, 마약·각성제 밀수, 불법 상아 밀매, 종교집단, 세습체제, 생화학무기 개발, 미사일발사, 수상한 선박, 금융제재, 공개처형, 강제수용소, 미녀군단, 기쁨조, 매스게임, 꽃제비(부랑아), 탈북자, 암시장⋯⋯. 마치 그리스 신화에 나오는 '판도라의 상자'의 정체 같다. 하지만 이것은 판도라의 상자가 아니다. 조선민주주의인민공화국이라는, 우리 코앞에 있는데도 여전히 수수께끼에 둘러싸여 있는 북한집단의 정체를 나타내는 수식어 내지 별칭(別稱)이다.

제2차 세계대전이 끝나고, 남한과 북한은 적대적인 관계를 유지하며 변변한 교류조차 없이 오랜 세월 동안 '가깝고도 먼 나라'로 지내왔다. 그런데 2000년대에 김대중 정권이 들어서면서 두 정권의 관계가 빠르게 진전되면서, 북한에 대한 우리나라 국민들의 관심이 높아졌다. 그리하여 매스컴은 지금까지 쉬쉬해 왔던 북한이라는 '판도라의 상자'의 정체를 일제히 파헤치기 시작했다.

세계 저널리스트들은 북한을 '귀신의 집'이라 불렀다. 처음에 사람들은 북한이라는 '귀신의 집'에 겁을 먹었다. 하지만 영상 등을 통해 북한의 정체가 점점 드러나면서 상황이 바뀌었다. 이들이 보여주는 깜짝 쇼나 전시물에도 사람들이 슬슬 익숙해진 것이다. 이제는 어지간한 쇼나 전시물이 아니면 놀라지도 않는다. 공개처형이나 강제수용이라는 무시무시한 공연이나, 기쁨조나 미녀군단이라는 황당무계한 쇼도 이제는 빛을 잃었다.

예컨대 공개처형을 생각해 보자. 21세기인 요즘 세상에 제대로 재판조차 안 하고 수많은 주민들을 강제로 동원해서 인민재판, 잔혹한 공개처형을 실시하는 나라가 지구상 어디에 있겠는가? 하지만 공개처형이라는 충격적인 영상을 TV로 방송하더라도 사람들은 별로 동요하지 않을 것이다. 이제는 익숙해졌기 때문이다. 이슬람원리주의자들의 테러로 인해 무참한 살해광경 등 잔혹한 장면을 많이 봐 왔기 때문일 수도 있다.

그러나 이 전대미문의 세습국가의 경영자, 김정일은 보통인물이 아니다. 평소 어눌한 말투 때문에 별 볼일 없어 보이는 그가, 마이크 앞에만 서면 이렇게 큰 소리를 친다.

"인민이 굶주리고 있다는 건 알고 있다. 하지만 지금은 강성대국 실현을 위해 핵무기개발에 힘써야 할 때다."

그는 수많은 인민의 고통을 무시하고 거액의 자금을 쏟아부어 미사일을 발사함으로써 전 세계의 빈축을 샀다.

이 경영자의 연출은 여기서 그치지 않았다. 그는 대담하게도 2006년 10월 9일, 지하에서 '소규모 핵실험'(핵실험이 아니었다는 주장도 있지만)을 벌였다.

그는 먼저 10월 3일 외무성성명을 발표했다.

"미국의 핵전쟁 위협과 제재 압력이 한반도에서 점점 커지면서, 우리나라의 안전이 침해받고 있다. 민족의 존망이 걸린

문제다."

그리고 이어 핵실험을 선언했다.

"제반 사정으로 볼 때, 우리는 이 사태를 더 이상 방관할 수 없다. ……전쟁 억지력을 강화하기 위해 새로운 조치를 취할 것이다. 우선 북조선 과학연구 부문은, 안전성이 철저히 보장된 핵실험을 실시할 것이다."

게다가 10월 9일 조선중앙통신사는 지하핵실험을 안전하게 성공적으로 진행했다고 발표했다.

'귀신의 집' 또는 '동토(凍土)의 왕국' 경영자는 언제나 외줄타기외교를 벌여 왔다. 그의 '공갈외교'에는 전 세계가 입을 딱 벌렸을 정도다. 물론 경영자 본인은 매우 만족해했겠지만 ……. 그는 자신이 연출한 '지하 핵실험'으로 들썩이는 세상을 보며 즐거워했을 것이다. '조선인민의 불구대천의 원수'인 미국과 그 패거리인 일본, 북한의 우호국인 중국과 러시아, 북한이 절대 핵을 투하할 리 없다며 안이한 동족의식에 젖어 있었던 '핵 불감증'에 걸려 있었던 김대중·노무현 정권……. 이 모든 나라들이 북한의 지하핵실험에 깜짝 놀라, 실험저지니 대응책 마련이니 하면서 우왕좌왕한 것이다. 그 당황한 모습을 본 김정일은 스스로를 참 대단한 존재라고 착각한 것도 당연하다.

이 '동토의 땅'에서 벌어지는 기이한 현상은 이것뿐만이 아니다. 조선민주주의인민공화국은, 이름과는 달리 민주주의가 전혀 존재하지 않는 희한한 국가다. 김일성의 환갑을 기념하여 1972년 4월 만수대 언덕에 세워진 높이 20m의 동상을 비롯해, 국내 곳곳에는 김씨 일족의 동상이나 흉상이 세워져 있다. 아직 '살아있는 신(神)'인 김정일의 동상은 없다. 김씨 일

족과 관련된 혁명기념관, 박물관, 사적, 전적지 등의 건조물
도 3,000개 이상이라고 한다.

게다가 김정일 이외의 북한 국민들은 모두 가슴에 중국의
'마오쩌둥 배지'를 흉내낸 김일성 또는 김정일 배지를 달아야
한다. 가정마다 공공건물의 가장 눈에 띄는 곳에는 반드시 김
일성과 김정일, 때로는 김정숙의 초상화가 걸려 있다.

이처럼 가정에서 직장, 학교, 군대, 공공건물, 경승지에 이
르기까지 전국이 '위대하신 김일성 수령' 또는, '영도자 김정
일 동지'로 도배된 '동토의 왕국'이 바로 북한이다. 이런 왕국
에 불가사의한 일이 하나 더 있다. 이곳에는 김일성의 초상화
가 그려진 지폐는 있어도, 위대한 지도자라 부르짖는 김정일
동지의 초상화가 실린 지폐는 없다. 독재국가의 최고권력자라
면, 국가의 얼굴이라 할 수 있는 지폐에 초상화를 싣는 게 마
땅하다. 그렇게 자신의 존재를 과시하는 것이 독재자의 상투
적 수단이니까……. 그런데 이 독재자는 '동토의 왕국'의 책
임자가 된 지 10년이 넘었는데도, 점퍼를 입은 곱슬머리 남자
의 모습이 그려진 지폐를 아직까지 발행하지 않고 있다. 현재
발행되고 있는 최고액 지폐는 만 원권이다. 백 원권, 천 원
권, 만 원권 지폐에는 김일성이 그려져 있다.

실은 이 수수께끼를 해결해 줄 보고서가 최근에 공개되었
다. 국가정보원이 1999년 5월에 극비로 작성해서 대통령 및
측근 몇 명에게만 공개했다는, 〈김정일의 정신분석〉이라는 조
사보고서다. 다음 글은 그중의 일부다.

"김정일은 아버지에게 인정받으려고 조선노동당에서 왕성한
활약을 펼쳤다. 1971년 조선노동당 선전선동부에서 활동을 시
작한 그는 웅장한 건축물이나 김일성 동상을 많이 세웠다. 김

정일은 아버지에게 존경심과 사랑받고픈 갈망, 열등감, 위축감 등 복잡한 감정을 품었을 것이다."

이 '귀신의 집'이자 '동토의 왕국'인 북한의 현재 책임자는 어디까지나 전 사장이 세운 건물을 그대로 이어받았을 뿐이다. 그는 우두머리이긴 하지만 결국 부모의 위광을 등에 업은 후계자에 불과하다. 물론 그는 '선군정치'라는 독자적 노선을 걷고 있긴 하다. 그러나 이것도 김정일의 독자적인 사상이나 통치이념에서 나온 게 아니라, 따지고 보면 아버지인 김일성의 방식을 답습한 결과물이다. 아마 그 자신도 이를 깨닫고 있을 것이다.

북한은 '김일성이 만든, 김일성과 그의 일족을 위한 나라'다. 김정일은 '김 왕조'의 현재 우두머리에 지나지 않는다. 그는 이 사실을 잘 알고 있다. 그래서 그가 '주석'이란 자리를 마다하고, 언제나 '유훈(遺訓)정치'라면서 김일성을 앞세우는 것이다. 김정일은 김일성에 비해 카리스마도 부족하고 풍채도 왜소하며 인민들의 지지도도 그리 높지 않다.

게다가 김정일의 출생지는 러시아의 하바로브스크 지역이다. 영리한 그는 그 사실을 숨기고, 자신이 조선민주주의공화국 혁명의 성지인 백두산 기슭 한 오두막에서 태어났다며 역사적 사실을 꾸며냈다. 요컨대 인민에게 충성심과 신앙을 억지로 불어넣은 것이다. 결국 그는 억압을 통해 '위대한 지도자'로 숭배받고 있는 안데르센의 벌거숭이 임금님일 뿐이다. 이 사실을 너무나 잘 알고 있기 때문에, 그는 국가의 큰 얼굴 노릇을 마다하는 것이다.

북한은 1948년 9월 9일 건국 이후 김씨 일족에 대한 숭배를 인민에게 강요하고 있다. 굶주린 인민 앞에 근로니 증산 장려니 하는 슬로건을 내걸고 있다. "슬로건으로는 배를 채울 수 없다. 흰 쌀밥 쇠고기국이 먹고 싶다. 이런 슬로건은 이제 지겹다!" 이러한 인민의 절절한 외침에도 김정일은 귀 기울일 생각조차 안 한다.

그러기는커녕 이번에는 '핵보유국 대열 합류'와 '김정일에 대한 충성'을 부르짖는 거대한 간판들을 세우고 있다.

"핵보유국이 되는 것. 오천 년 민족 역사 중에서도 특히 역사적인 이 사건을 빛내자!"

"핵보유국으로서의 자신감을 지니고, 선군혁명 총진군에 새로운 박차를 가하자."

"핵보유국의 당당한 긍지와 자부심을 가지고, 제국주의자들의 온갖 도전을 단호히 분쇄하자."

이렇게 기세등등한 간판들을 평양 시내나 교외 곳곳에 설치해서 인민의 충성을 부채질하고 있는 것이다.

이런 모습을 보면 북한도 이제 곧 망하겠다 싶지만, 실상은 그렇지도 않다. 이 북한의 경영자, 김정일은 보통 강압적이고 집요한 게 아니다. 지금 이 순간에도 2천 3백만 명에 달하는 주민들은 굶주려 죽어갈 위기에 처해 있다. 이 마당에 천문학적 자금이 투여되는 핵개발이란 얼마나 황당하고 위험스런 일인가?

'북한'이라는 판도라의 상자는 아직 완전히 열리지 않았다. 그렇기 때문에 우리로서는 이제까지 드러난 몇몇 사안이나 행태만을 가지고 속단(速斷)을 해서는 안 될 것이며, 보다 정확하고 완전하게 그 실체의 속성을 파악하는 데 주력해야 할 것이다.

이전의 몇몇 친북좌파세력들이 북한이 내세우는 '우리민족끼리'나 '민족공조'의 달콤한 말에 현혹되어 마치 그들에게 '민족통일'의 원동력이 있는 것처럼 현실을 오도한 전철을 밟아서는 안 된다.

지금도 우리의 155마일에 이르는 군사분계선상에는 12,000여 문의 장사포가 우리의 수도인 서울을 겨냥하고 있고, 수백 km에 이르는 미사일 및 민족공열을 가져올지도 모르는 가공할 만한 위력을 가진 핵무기가 그들 손안에 있기 때문이다.

지금이야말로 다른 어떤 때보다도 현실인식을 보다 정확하게 할 때이다. '유비무환'이라는 용어의 의미를 새삼 되새기면서 말이다.

주요 참고문헌

Joseph S. Bermudez, Jr., *The Armed Forces of North Korea* (Martin's Press, New York, 2001)

Joels S. Wit, Daniel Poneman, and Kobert L. Gallucci ; *The First North Korean Nuclear Crisis* : GOING CRITICAL, Brooking Institution Press, April 2004.

Victor D. Cha, David C. Kang ; *Nuclear North Korea : A Debate On Engagement Strategies,* umbia Univ Pr, April 2005.

James Clay Moltz & Alexandre Y. Mansourov, ed., *The North Korean Nuclear Program-Security, Strategy, & New Perspectives from Russia* (Routledge New York & London 2000)

Armacost, Michael. H. and Daniel I. Okimoto des., *The Future of America's Alliances in Northeast Asia,* Stanfore : Asia Pacific Research Center Publications, 2004.

Cornin, Patrick M. ed., *Double Trouble : Iran and North Korea as Challenges to International Security,* Westport, Conn. : Praeger Security International, 2008.

Kelley, James A., "U.S.-East Asia Policy : Three Aspects," Robert M. Hathaway and Wilson Lee eds., *George W. Bush and Asia : A Midterm Assessment,* Washington, D.C. : Woodrow Wilson Insternational Center for Scholars, 2003.

Pritchard, Charles L., Failed Diplomacy : *The Tragic Story of How North Koear Got the Bomb,* Washington, D.C., The Brookings Institution Press, 2007.

Clark, Richard A., *Against All Enemies : Inside America's War on Terror,* N.Y. : Free Press, 2004.

Gardner, Lloyd C., and Marylin B. Young eds., *The New American Empire,* N.Y. : The New Press, 2005.

Medeiros, Evan S., "Strategic Hedging and the Future of Asia -Pacific Stability," *The Washington Quarterly, 29-1,* Winter 2005.

Larson, Eric V., Norman D Levin, Seonhae Baik, and Bogdan Savych, *Ambivalent Allies? : A Study of South Korean Attitudes Toward the U.S.,* Santa Monica : RAND Corporation, 2004.

Zbigniew Brzezinski, *Second Chance : Three Presidents and the Crisis of American Superpower,* Basic Books, 2007.

相馬勝 〈北朝鮮最終殲滅計劃〉 講談社, 2006.

重村智計 〈今の韓國·北朝鮮かわかる本〉 三笠書房, 2007.

矢野義昭 〈日本はすでに北朝鮮核ミサイル200基の射程下にある〉 光人社, 2008.

黃民基 〈ならず者國家はなぜ生き殘つたのか〉 洋泉社, 2007.

須川淸司 〈米朝開戰〉 講談社, 2007.

歐陽善 〈對北朝鮮·中國機密ファイル〉 文藝春秋, 2007.

〈北朝鮮クライシス〉 日本經濟新聞社, 2006.

福田惠介 〈金正日と北朝鮮問題〉 東洋經濟新報社, 2007.

朱燮日 〈金正日とアメカが手を結ぶ日一朝鮮半島から核はくなるか〉 長崎出版, 2007.

〈これが北朝鮮核問題のすべてだ!〉, 〈朝鮮半島のいちばん長い日〉, 이상 東洋經濟新報社.

〈北朝鮮五十年史〉, 〈ザ·ペニンシユラユラ·クエスチヨン〉, 이상
　朝日新聞社.

〈北朝鮮 米國務省擔當官の交涉秘錄〉, 〈北朝鮮II 核の秘密都市寧
　邊を往く〉, 이상 中央公論新社.

〈核と女を愛した將軍樣 金正日の料理人「最後の極秘メモ」〉, 〈金
　正日大圖鑑〉, 이상 小學館.

〈北朝鮮「虛構の經濟」〉, 集英社新書.

〈危機の朝鮮半島〉, 〈資料 北朝鮮研究〉, 〈金正日體制の北朝鮮〉,
　이상 慶應義塾大學出版會.

〈朝鮮を知る事典〉, 平凡社.

「朝鮮總聯」, 在日本朝鮮人總聯合會.

〈民團＋總連の「和解」のウラで何が起こっていたのか！？〉, 洋泉社.

〈金正日「闇ドル帝國」〉, 光文社.

〈北朝鮮を知るための51章〉, 明石書店.

〈北朝鮮軍特殊部隊の脅威〉, 光人社.

〈二つのコリア〉, 共同通信社.

강석승 외 〈북한학개론〉, 법문사, 1999.

강석승 외 〈방위연감〉, 국제문제연구소, 2002.

강석승 외 〈북한총람〉, 북한연구소, 1995.

강석승 외 〈북한대사전〉, 북한연구소, 2002.

강석승 외 〈국제사회와 북한〉, 홍익재, 2004.

강석승, "북한 핵개발 추진과정" 외, 〈국방저널〉, 국방홍보원,
　2007.11, 2008.1~7.

조선일보, 중앙일보, 동아일보, 매일경제, 문화일보, 월간조선,
　신동아, 월간중앙, 한국논단, 경제풍월, 연합통신.